BIBLIOTHÈQUE DE LA NATURE
publiée sous la direction
DE M. GASTON TISSANDIER

LES RACES SAUVAGES

BIBLIOTHÈQUE DE LA NATURE

Publiée sous la direction de M. Gaston Tissandier

Les Récréations scientifiques ou l'Enseignement par les jeux, par M. Gaston Tissandier. La physique sans appareils, la chimie sans laboratoire, la science appliquée à l'économie domestique, 3e édition entièrement refondue. 1 vol. gr. in-8 avec 250 figures dans le texte.

Les Voies ferrées, par M. L. Baclé, ancien élève de l'École polytechnique, ingénieur civil des mines. 1 vol. grand in-8, avec 143 figures dans le texte et 4 planches hors texte.

Excursions géologiques à travers la France, par M. Stanislas Meunier, docteur ès sciences, aide-naturaliste au Muséum d'histoire naturelle. 1 vol. gr. in-8 avec 96 figures dans le texte et 2 planches hors texte.

Les principales applications de l'Électricité, par M. E. Hospitalier, ingénieur des Arts et Manufactures. 2e édition entièrement refondue. 1 vol. gr. in-8 avec 135 figures dans le texte et 4 planches hors texte.

Les nouvelles Routes du Globe, canaux et tunnels, par M. Maxime Hélène, avec une lettre de M. Ferdinand de Lesseps. 1 vol. gr. in-8 avec 87 gravures dans le texte et 4 planches hors texte.

Les Races de couleurs, curiosités ethnographiques, par M. Alphonse Bertillon. 1 vol. gr. in-8 avec 107 figures dans le texte et 8 planches hors texte.

Prix de chaque volume, broché.................................... 10 fr.

Relié avec luxe, fers spéciaux, tranches dorées.......................... 13 fr. 50

CORBEIL. — TYP. ET STÉR. CRÉTÉ.

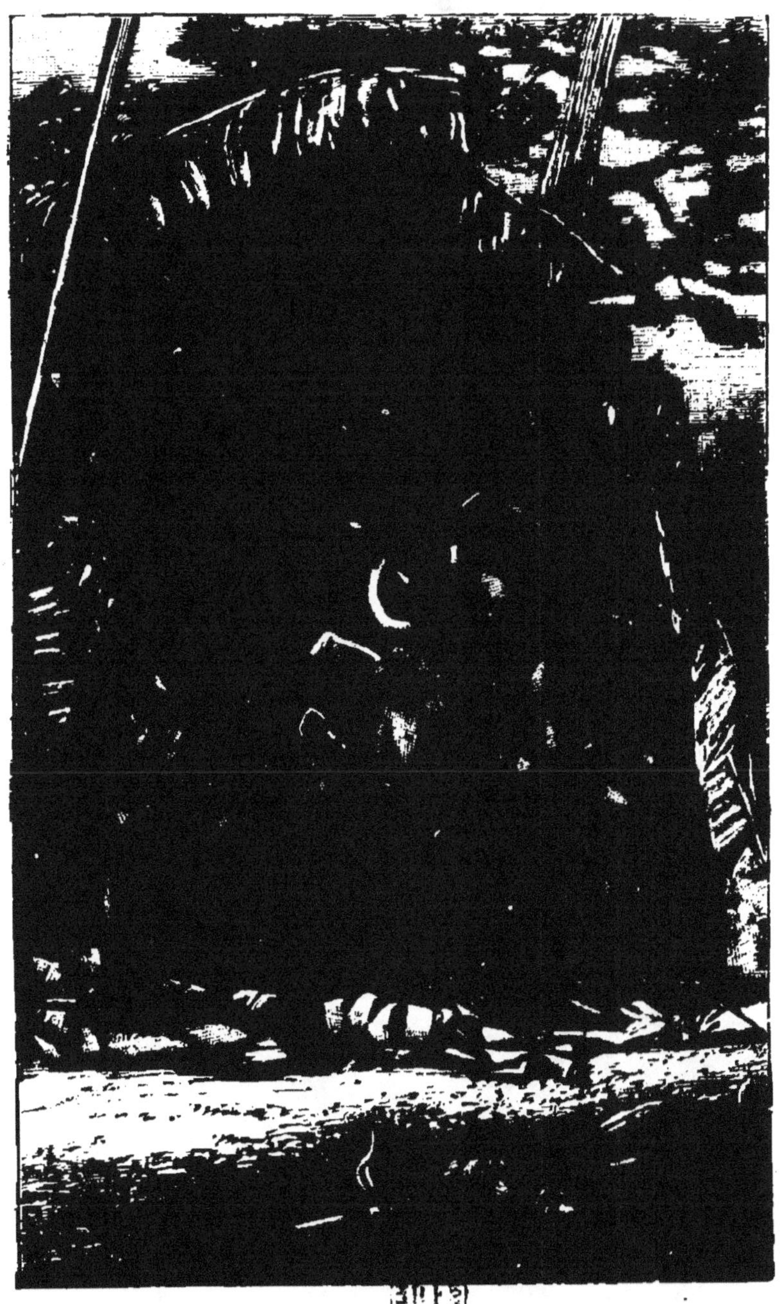

Groupe de Galibis au Jardin d'acclimatation de Paris.

BIBLIOTHÈQUE DE LA NATURE

ETHNOGRAPHIE MODERNE

LES RACES SAUVAGES

PAR

ALPHONSE BERTILLON

MEMBRE DE LA SOCIÉTÉ D'ANTHROPOLOGIE DE PARIS

LES PEUPLES DE L'AFRIQUE, LES PEUPLES DE L'AMÉRIQUE
LES PEUPLES DE L'OCÉANIE
QUELQUES PEUPLES DE L'ASIE ET DES RÉGIONS BORÉALES

Avec 115 gravures

dont huit planches hors texte

PARIS

G. MASSON, ÉDITEUR

LIBRAIRE DE L'ACADÉMIE DE MÉDECINE

120, Boulevard Saint-Germain, en face de l'École de Médecine

INTRODUCTION

L'ethnographie est une science nouvelle, non par les faits qu'elle expose et dont beaucoup étaient connus au siècle dernier, mais par l'interprétation qu'on a su leur donner depuis quelques années.

Le succès considérable des exhibitions humaines du Jardin d'Acclimatation montre que l'esprit du public s'intéresse de plus en plus à l'ethnographie, qui nous fait envisager les choses en dehors des préjugés et des modes de notre race. En nous faisant assister au premier pas de l'homme vers le progrès, elle nous donne une idée philosophique sur notre civilisation et nos mœurs, sur ce que nous avons été, et sur ce que nous serons.

Le sauvage est *légiste*, quand il veille, avec tout le fanatisme de l'ignorance, à ce que les jeunes observent les mœurs des ancêtres; *mathématicien*, quand il compte sur ses doigts ; *botaniste*, quand il distingue les plantes alimentaires, des vénéneuses ; *physicien*, quand il allume son feu ; *chimiste*, quand il cuit ses aliments ! Plus tard, ces recettes régularisées et mises en ordre deviendront des sciences par l'invention de l'écriture. C'est cette connaissance qui marque la limite entre la barbarie et la civilisation.

Certes, les coutumes des races civilisées d'Asie et d'Europe sont aussi du domaine de l'ethnographie; mais sur ce terrain la législation comparée, la géographie et l'histoire l'ont précédée depuis longtemps. Le sujet s'est élargi et a changé d'aspect.

L'étude des races sauvages et demi-civilisées de l'Afrique, de l'Amérique anté-colombienne et de l'Océanie, forme un ensemble spécial, à la fois limité et varié. C'est celui que nous avons envisagé. Nous nous sommes efforcé d'en écarter toute monotonie en multipliant les faits. Partout où nous avons pu, nous avons remplacé l'*abstrait* par le *concret;* au lieu de dire, par exemple : ce peuple est généreux, cet autre est anthropophage, nous avons préféré citer telle ou telle anecdote conduisant à ces mêmes conclusions.

Notre principale préoccupation dans le choix de nos exemples a été de n'admettre que des récits d'une authenticité incontestée et d'écarter tous les détails soit anatomiques, soit sociologiques, qui auraient fait de notre livre un ouvrage trop technique.

Le crayon aussi artistique qu'exact de M. Albert Tissandier et de ses collaborateurs du Journal *la Nature* nous a permis d'abréger bien des descriptions.

Le premier devoir d'une œuvre de vulgarisation, qui a la prétention de rester vraiment scientifique, est de reproduire, sous la forme la plus simple possible, les idées des maîtres qui lui ont ouvert la voie. Nous n'y avons jamais manqué, en citant scrupuleusement nos sources d'information.

Nous espérons avoir réussi à faire comprendre tout l'intérêt des études relatives à la naissance de la civilisation, à son essor plus ou moins rapide, à l'extension ou à la décadence de telle ou telle race ; les faits qui s'y rattachent nous ouvrent de grands horizons et nous font mieux comprendre les devoirs du citoyen envers sa patrie !

A. B.

Novembre 1882.

LES
RACES SAUVAGES

PREMIÈRE PARTIE

LES PEUPLES DE L'AFRIQUE.

I. — LES BOCHIMANS.

Les Bochimans sont probablement la plus ancienne race de l'Afrique Australe. Ils ont dû à une époque reculée s'étendre depuis le Zambèze jusqu'au Cap. Les cartes de géographie du siècle dernier portent encore les Bochimans comme habitant entre la colonie anglaise et le Gariep. Actuellement, on en trouverait bien peu dans ces régions. Ils ont été repoussés par les Boers, les Cafres et les Hottentots jusque dans ce sahara de l'Afrique australe, le désert de Calahari. Ils ne sont plus que quelques milliers et leur nombre va rapidement en diminuant. Les anthropologistes qui veulent étudier sur place les derniers restes d'une des races les plus primitives du globe doivent se hâter. Le jour prochain où l'introduction des puits artésiens dans ces contrées désolées en aura rendu la traversée plus facile aux caravanes, les Bochimans achèveront de disparaître.

D'après Fritch, le nom de Bochiman (Busch-mann) ne signifierait pas homme habitant les bois, mais homme des bois. Cette appellation leur aurait été donnée par les premiers colons hollandais qui, dit-on, avaient pris pour des singes ces êtres à face humaine qui se sauvaient à leur approche.

Le Bochiman ne donne à sa race aucun nom générique, et les *Hottentots* le désignent sous le nom de *sdb* (au pluriel *sdn*), mot qui signifie à la fois en leur langue *indigène* et *sauvage*.

Ce double sens a donné lieu à quelques confusions, les Hottentots ayant l'usage de désigner indistinctement sous le nom de *sdn* toutes les hordes nomades, ramassis de brigands de différents peuples qui errent au nord de la colonie du Cap, en Hottentotie. Il en est résulté que le type des *sdn* a été longtemps indéterminé et que les Bochimans étaient considérés comme des Hottentots redescendus à l'état sauvage. Livingstone lui-même s'y est laissé prendre, et il n'y a que quelques années que les caractères tranchés de cette race ont été nettement séparés de ceux des peuples avoisinants.

Les Bochimans se distinguent d'entre tous les peuples de la terre par la petitesse de leur taille qui est comprise entre 1m.20 et 1m,40. Elle ne dépasserait 1m,40 que très rarement, nous disent les voyageurs. Mais il faut noter que les Bochimans étant presque toujours dans un état de maigreur extrême, les observateurs qui se sont contentés d'une appréciation de la taille à vue d'œil ont été souvent déroutés par leur état squelettique. Sans compter qu'en Europe 1m,30 de haut correspond à une taille d'enfant et que nous ne sommes pas habitués à toiser au juger des individus bien conformés et d'une taille aussi petite.

La peau des Bochimans est d'une couleur jaune sale qui correspond à celle du vieux cuir tanné, ou, si l'on préfère, à celle d'un café au lait où l'on n'aurait mis que quelques cuillerées de lait. La saleté qui la recouvre contribue à la faire paraître plus foncée ; elle est de plus sillonnée de rides, de bourrelets remplis de crasse, ce qui leur donne un aspect repoussant.

L. Vincent donne de leur physionomie la description suivante : « Leurs cheveux sont courts, crépus, assez rares, d'une couleur noirâtre et plantés en demi-cercle sur le front ; leur nez est très épaté, les pommettes et les arcades zygomatiques sont très saillantes ; leurs yeux sont écartés, leur figure est hideuse ; leurs lèvres épaisses, livides et proéminentes ressemblent plutôt à un groin qu'à une bouche. Leur angle facial est peu développé, il a 72 à 74°. Ils ont très peu de barbe et ont d'ailleurs l'habitude de s'épiler. En un mot, les Bochimans ont une physionomie beaucoup plus repoussante que bien des chimpanzés et surtout de jeunes gorilles. »

Fig. 1. — Homme Bochiman.

La saillie des pommettes et l'affaissement des tempes donnent au contour de leur face l'aspect général d'un losange aux angles effacés. Leurs cheveux sont tellement courts que la première fois que Levaillant vit des Bochimans, il crut qu'ils étaient fraichement tondus. Ces cheveux se groupent en petites touffes qui laissent entre elles des espaces glabres, quoique leurs racines soient uniformément distribuées. Mais ce qui contribue le plus à donner à leur physionomie ce type de babouin, dont parle Vincent, c'est la saillie de leurs màchoires jointe à l'aplatissement des cartilages des os du nez. Il en résulte que leur profil, au lieu d'être convexe, comme celui du type caucasique, est concave comme celui des singes.

La cause de cet aplatissement est la même chez le Bochiman et le singe, et doit être attribuée à la soudure prématurée des os du nez qui reste atrophié. C'est ce qui faisait dire à Cuvier, en parlant de cette partie du squelette de Bochiman, que jamais être humain ne s'était montré plus près du singe que celui-là.

D'autres caractères anatomiques d'infériorité contribuent à placer le Bochiman au dernier degré de l'échelle des races humaines.

Citons entre autres les bords de ses lèvres à arêtes vives et ne formant pas le bourrelet si prononcé du nègre, et l'absence de la ligne âpre du fémur.

Le crâne est dolichocéphale, c'est-à-dire plutôt long en proportion de sa largeur: son indice céphalique est de 73, c'est-à-dire que la largeur maxima de sa tête divisée par sa longueur donne comme quotient 0,73. Ces chiffres n'indiquent donc que la forme générale du crâne sans tenir compte de sa grosseur, de son volume absolu. La capacité du crâne bochiman est du reste très faible: 1250 cent. en moyenne; celle du Parisien est de 1560. Le cerveau est par conséquent très petit, et se distingue encore par la simplicité de ses circonvolutions qui rappellent le cerveau de nos gâteux. Dans nos pays, un individu pourvu d'un cerveau semblable serait idiot. (Gratiolet.)

Enfin le docteur Thulié, qui a étudié la race des Bochimans avec la plus grande sagacité et auquel nous avons beaucoup emprunté, a, le premier, fait remarquer la direction particulière de leur pouce qui est comme tiré en haut vers le poignet et moins opposable.

Nous n'avons parlé jusqu'à présent que du Bochiman mâle; chez la Bochimane, point n'est besoin de regarder d'aussi près pour distinguer les caractères ethniques. Les visiteurs de la galerie d'anthropologie du Muséum ont certainement remarqué le moule en plâtre colorié de la femme bochimane, connue sous le nom de « Vénus hottentote ». Ses formes exagérées attirent tous les regards. Cuvier, qui a observé cette femme en 1815, en a fait la description : « Elle avait une façon de faire saillir ses lèvres, dit-il, tout à fait semblable à ce que nous avons observé chez l'Orang-outang. » Pour qui a vu ces anthropoïdes, la remarque est très expressive. « Ses mouvements avaient quelque chose de brusque et de capricieux qui rappelaient ceux du singe ; ses lèvres étaient constamment enflées. »

Cuvier comparait le développement postérieur des femmes bochimanes avec celui des mandrilles, papions, etc. Ce caractère a été désigné par les anatomistes sous le nom de « stéatopygie » et a frappé tous les voyageurs qui ont parcouru l'Afrique australe.

On raconte que les femmes qui sont le mieux partagées sous ce rapport, passent dans leur pays pour les plus belles. La stéatopygie est du reste utilisée par les femmes du pays pour porter les enfants.

« Les mères en voyage, dit Levaillant, transportent leurs enfants trop jeunes sur leur croupe ; j'en ai vu courir ainsi, et l'enfant âgé de trois ans, posé debout sur ses pieds, se tenait derrière elle, comme un jockey derrière un cabriolet. » Ce même auteur regarde la stéatopygie comme propre aux seules Bochimanes ; elle permettrait de distinguer les sexes dès la première enfance. « J'ai vu, raconte-t-il à ce sujet, une petite fille de trois ans, entièrement nue, comme le sont à cet âge toutes celles des sauvages, jouer et sauter devant moi pendant plusieurs heures. Je la plaignais d'être chargée de ce gros paquet qui me paraissait devoir gêner ses mouvements, mais je ne m'apercevais pas qu'elle fût moins libre. Quelquefois, pour s'amuser d'un jeune frère avec qui elle jouait, elle marchait à pas comptés, puis, appuyant fortement le pied contre la terre, elle communiquait à son corps un ébranlement qui faisait remuer cette masse comme une gelée tremblante. Le bambin cherchait à l'imiter, mais n'en pouvait venir à bout ; il se dépitait d'impatience, tandis que sa sœur riait à gorge déployée. »

Les hommes comme les femmes portent généralement une espèce de jupe faite en peau de chacal et ne dépassant pas les genoux (fig. 1). Les femmes y joignent souvent une sorte de manteau en forme de capuchon qui les aide à fixer leurs enfants sur leur dos.

Les hommes nus jusqu'aux hanches portent souvent des ceintures de coquillages et des bracelets en cuivre. Les femmes sont très fières quand elles peuvent se procurer des objets de verroterie et des coquillages. (Vincent.) Malgré ce goût pour la toilette, l'un et l'autre sont d'une saleté repoussante. Ils ne se lavent jamais et la couleur naturelle de leur peau disparaît sous la crasse accumulée; ils ont de plus l'habitude de s'enduire le corps de graisse d'antilope mélangée de terre rougeâtre. Après leur repas, la peau de leur ventre leur sert de serviette et ils s'y essuyent les doigts. Si la chasse a été mauvaise, ils remplaçent la graisse de mammifères par une espèce d'huile qui s'échappe des nymphes des fourmis quand on les fait chauffer; puis ils mangent ces nymphes. L'odeur aigre qu'exhale cette pommade, permet de les reconnaître à distance, et, paraît-il, chasse les moustiques. Elle constitue pour le Bochiman un revêtement très utile qui le protège contre les changements de température et les morsures des insectes.

Si le Bochiman est mal vêtu, il est encore plus mal logé et dort exposé à toutes les intempéries dans des trous garnis d'herbes, replié comme un chat.

« A voir, dit Moffat, quelques-unes de leurs habitations, il est impossible de ne pas se demander si c'est bien là le domicile d'êtres humains. Dans les contrées boisées, ils font un creux dans la terre au milieu des buissons, et se procurent une espèce d'abri en ramenant les branches au-dessus de leur tête. C'est là qu'un homme, sa femme et ses enfants s'entassent pêle-mêle sur un peu d'herbe, dans un trou qui n'est pas plus grand qu'un nid d'autruches. Là où les buissons manquent, ils creusent leur nid sous une saillie de rocher, à moins qu'ils ne le trouvent dans une caverne ou dans une fissure de la montagne. »

Ils ne sont guère plus industrieux pour la confection de leurs armes : l'arc et le pieu. Le grand bouclier de cuir qui protège leurs voisins, les Cafres, n'a jamais été imité par eux. Toute leur intelligence s'est spécialisée dans la façon de se servir de leur arc d'un mètre de haut avec lequel ils envoient à 100 ou 150 pas des flèches de 50 cent. de long. La précision et la rapidité de leur tir est extraordinaire ; les flèches semblent se succéder sans interruption, et ils manquent rarement leur but à 50 pas. La pointe de ces traits est armée d'un os aiguisé et empoisonné, dit-on, avec le venin d'un grand serpent jaune. Quand ils peuvent, ils remplacent l'os par un morceau de fer pointu, qu'ils se procurent par échange ou par vol. Ils y attachent un grand prix, mais ne savent pas faire rougir ce métal pour le travailler ; ils le martellent à froid jusqu'à ce qu'il ait pris la forme qu'ils ont en vue. Et pourtant parmi les Bochimans un certain nombre ont passé comme esclaves plusieurs années en Cafrerie, où ils ont eu maintes occasions de voir forger le fer !

Ils n'ont pas cherché davantage à imiter leurs voisins en élevant du bétail comme les Cafres, ou des brebis comme les colons d'origine européenne. Ils connaissent cependant bien ces troupeaux et risquent souvent leur vie pour les voler.

La chasse continue à être leur moyen d'existence. Armés de leur arc et d'un carquois contenant une vingtaine de flèches, ils poursuivent à la course l'antilope et le zèbre avec tout l'acharnement d'un fauve. L'hippopotame et l'éléphant même ne sont point à l'abri de leurs pieux. Ils couvrent ces animaux de blessures, et s'ils arrivent à les tuer, ils se jettent sur les cadavres et font la curée des entrailles comme les chiens. Moffat attribue aux Bochimans un stratagème de chasse qui dénoterait plus d'intelligence. « Les Bochimans, dit-il, ont recours à un moyen simple et ingénieux pour approcher l'autruche à la chasse. Le déguisement se compose d'une espèce de selle, dont le dessous est garni de plumes d'autruche de manière à imiter le corps de l'oiseau, et d'un cou d'autruche empaillé avec la tête. Le chasseur commence par se peindre les jambes en blanc ; puis il place sur ses épaules la selle de plumes, et saisit de la main droite la partie inférieure du cou, et de la gauche l'arc et les flèches empoisonnées. J'en ai vu qui imitaient si parfaitement l'autruche, qu'à quelques toises de distance, il était impossible de découvrir la fraude. Cet oiseau humain a l'air de brouter le gazon, il tourne la tête en regardant de côté et d'autre d'un air d'intelligence, secoue ses plumes, marche et court alternativement jusqu'à ce qu'il arrive à une portée d'arc du troupeau ; et quand les autruches prennent la fuite en voyant l'une d'elles atteinte d'une flèche, il fuit avec elles. »

Leur mets de prédilection est le miel. Ils savent très bien suivre une abeille au vol, et découvrir sa ruche, qu'ils regardent alors comme leur chose ; ils la surveillent et la défendent au péril de leur vie. Ils sont aussi très friands des œufs d'autruche, dont ils tirent leur unique vaisselle, car l'art du potier leur est inconnu.

La chasse a-t-elle été infructueuse, ce qui arrive très souvent, les Bochimans deviennent pantophages. « La faim les contraint à se nourrir de tout ce qu'il est possible de manger, les fruits de leurs festins sont les oignons d'ixia, de l'ail sauvage, de la gomme d'acacia, etc. ; ils dévorent avec avidité toute espèce d'êtres vivants, sans excepter le lézard et la sauterelle. Il n'y a pas jusqu'aux serpents venimeux qu'ils ne fassent griller pour les manger, après leur avoir arraché la tête. » (Moffat.)

Ce sont les femmes qui vont à la recherche de ces aliments, armées d'un bâton pointu durci au feu. Les hommes ne pensent à leur venir en aide que lorsque la faim les pousse.

Une de leurs grandes ressources en temps de famine, sont les grosses nymphes blanches des fourmis, si nombreuses dans l'Afrique australe. Leurs chiens, les seuls animaux domestiques qu'ils possèdent, excellent dans la recherche de cette pâture, que les Cafres appellent par dérision : « le riz du Bochiman ».

Les pluies de sauterelles qui ravagent quelquefois le pays, sont aussi une bonne aubaine pour ces pauvres affamés et les chiens, leurs associés. Les uns et les autres engraissent rapidement sous l'influence de cette nourriture. Leur peau se distend. les plis qui la sillonnent disparaissent, et si ce régime abondant se prolonge pendant deux ou trois semaines, ils arrivent à un état d'embonpoint qui les rend méconnaissables.

Cette facilité à l'engraissement rapide a été très remarquée par les voyageurs qui sont allés jusqu'à en faire un caractère ethnique, propre aux Bochimans.

Ce qui est certain, c'est qu'ils jouissent d'un excellent estomac : un demi-mouton pour un repas ne les effraie pas ; mais leur pouvoir d'abstinence est égal à leur pouvoir de voracité. L'un d'eux a pu vivre pendant quinze jours uniquement d'eau et de sel. Ils passent ainsi continuellement de l'abondance à l'extrême famine, sans avoir l'idée de faire la moindre provision ; la graisse de leurs tissus constitue leur seule réserve.

Si l'alimentation est devenue tout à fait impossible dans leur désert, ils se jettent sur les Hottentots et volent leurs troupeaux. L'expédition a-t-elle été heureuse, ils poussent le bétail enlevé dans un endroit où ils se croient en sûreté, et l'abattent immédiatement jusqu'à la dernière tête. Jamais ils ne gardent un animal vivant plus de quarante-huit heures. Ils détruisent ainsi tout un troupeau. Les cadavres se pourrissent avant qu'ils aient eu le temps de les dévorer, et leur retraite devient un véritable charnier. La chair dont ils ne peuvent se gorger est dévorée par les chiens et par des nuées de vautours qui arrivent de tous les points de l'horizon. Les fermiers qui poursuivent les ravisseurs, connaissent cette façon d'agir, et accourent là où ils aperçoivent des bandes d'oiseaux de proie.

La horde des Bochimans est-elle surprise, ils sont tous tués jusqu'au dernier. Les Cafres, Hottentots ou colons même, en voyant leurs troupeaux aussi sottement détruits, égorgent hommes, femmes et enfants, que, dans d'autres circonstances, ils cherchent à réduire en esclavage. Car non seulement le malheureux Bochiman doit continuellement lutter pour chercher sa nourriture, mais encore il est entouré de peuples ennemis, qui l'ont déjà expulsé de ses meilleurs territoires de chasse, et qui poursuivent sa destruction avec acharnement.

En Cafrerie et en Hottentotie, on tue les Bochimans comme on tue les loups dans d'autres pays. Un Cafre, député d'une petite horde, se trouvant en 1804 au Cap, aperçut dans l'hôtel du gouvernement, parmi les autres domestiques, un jeune « Sâb » âgé d'environ 11 ans, et le perça d'un coup de bassagaie. Sparrman donne des détails plus circonstanciés, cités par le Dr Thulié : « Quand un ou plusieurs fermiers ont besoin de valets, ils se réunissent et font un voyage au pays habité par les Bochis, eux, leurs Hottentots et même quelques Bochimans pris depuis quelque temps et déjà accoutumés à la fidélité. Ils épient ensemble les repaires des Bochis sauvages, et les découvrent ordinairement à la fumée de leurs feux. On les trouve par bandes depuis dix jusqu'à cinquante et même cent, tant grands que petits. Les fermiers osent assaillir cette multitude pendant la nuit, avec six ou huit hommes, qu'ils ont soin, avant tout, d'aposter tout autour, à une certaine distance du kraal ; alors ils donnent l'alarme par quelques coups de feu ; ce bruit inattendu répand une si grande consternation parmi toute la bande des sauvages, qu'il n'y a que les plus hardis et les plus intelligents qui osent franchir le cercle et se sauver. Ceux qui sont en sentinelle, fort aises d'être débarrassés à si bon marché des plus mutins, aiment bien mieux ceux qui sont demeurés stupides. »

Les Bochimans sont donc voués à une destruction prochaine, s'ils continuent à rester une population absolument nomade. Il leur suffirait de changer leur genre de vie, de garder les troupeaux qu'ils volent au lieu de les tuer, pour pouvoir résister quelques siècles encore à l'envahissement des races supérieures. Le centre du désert de Kalahari contient, paraît-il, des contrées fertiles; pourquoi ne s'y fixent-ils point? Quelle est la force d'inertie qui les empêche de se plier aux conditions nouvelles que l'envahissement des étrangers sur leur territoire leur impose ?

Ne serait-ce pas dans la simplicité des circonvolutions de leur cerveau qu'il faudrait chercher la cause de cette sauvagerie incorrigible ?

Leur état social est à la hauteur de leur industrie. Ils ne se sont pas encore élevés à la notion de la tribu, et vivent par petites bandes de vingt à trente sans reconnaître la direction d'un chef. La cérémonie du mariage y est inconnue; le consentement mutuel forme des unions temporaires. L'adultère n'existe point et ne peut exister; la virginité n'a aucun prix aux yeux d'un Bochiman, et sa langue n'a qu'un seul et même mot pour désigner : jeune fille, femme, épouse. En un mot, la horde bochimane vit en promiscuité.

On distingue pourtant quelques usages. Ainsi un jeune homme ne peut prendre d'abord qu'une femme; il ne s'empare d'une seconde que quand la première commence à vieillir, ce qui arrive rapidement. La première femme, au lieu de vivre avec la nouvelle sur un pied de supériorité, comme cela arrive dans la majorité des pays polygames, lui est soumise, et doit faire la partie la plus dure de l'ouvrage. C'est là un caractère remarquable d'infériorité morale.

La femme, dans la famille bochimane, remplit le rôle de l'esclave et de la bête de somme. Elle court toute la journée avec ses enfants sur le dos, à la recherche de racines sauvages, pendant que l'homme chasse ou dort.

L'amour filial est très développé chez ces malheureuses, quoique la maternité soit pour elles un surcroît de peine. Les chasseurs d'esclaves ont su tirer parti de ce sentiment. Incapables de se rendre maîtres de la femme bochimane, qui, lorsqu'elle n'est pas surprise, fuit avec la rapidité d'un cheval sur le terrain rocailleux du désert, ils cherchent d'abord à s'emparer de ses petits, sûrs que la pauvre mère viendra les rejoindre en captivité pour veiller sur eux. Le père n'a qu'une faible part de ce dévouement; on en a vu qui livraient leurs enfants aux lions pour les rassasier quand ils rôdaient trop près de leurs huttes. Si la mère vient à mourir pendant l'élevage, on enterre l'enfant avec elle. « Que ferait cet enfant sur la terre sans sa mère? » disait un Bochiman. Car l'amour de la Bochimane ne s'étend pas au delà de ses petits, et elle ne se chargerait point d'élever des enfants autres que les siens.

Ils enterrent du reste rarement leurs morts. Aussitôt qu'un des leurs, affaibli par l'âge ou la maladie, devient une charge pour la horde, ils lui donnent des vivres pour quelques jours et l'abandonnent dans le désert où il ne tarde pas à être dévoré par les bêtes. « Ils ne se sont pas encore élevés jusqu'à l'anthropophagie », disent les ethnologistes.

Les Bochimans ont-ils des idées au sujet d'une vie future? Il est difficile de le savoir. Mais, quoi qu'il en soit, ils sont déjà sensibles à la perte d'un des leurs, et manifestent énergiquement leur douleur en s'amputant une phalange du petit doigt.

Lichtenstein raconte qu'un Bochiman ayant tué une sorcière qu'il croyait auteur de maléfices, lui écrasa la tête, l'enterra et alluma un grand feu dessus, afin d'en finir une fois pour toute avec elle. Cela dénote déjà chez cet homme une idée de la survivance : il voulait détruire jusqu'à l'âme de la sorcière.

D'un autre côté, Campbell raconte que, demandant à un chef bochiman s'il croyait à un autre monde après sa mort, ce dernier lui répondit qu'il ignorait ce qu'en pensaient les autres, mais qu'il savait bien, lui, qu'après sa mort il serait mangé par un loup et que tout serait fini.

Ils placent dans leur esprit les animaux sur le même rang que l'homme, et leur prêtent les mêmes passions qu'à eux-mêmes : c'est le début de l'anthropomorphisme. Tout ce qui les entoure semble doué de sensibilité, le ciel, les arbres, les sources. Ils insultent le ciel quand il ne pleut pas, méprisent et rejettent la flèche qui a manqué son but. — Nous-mêmes, dans un moment de colère, ne jetons-nous pas loin de nous la chose, outil, plume ou lettre qui a trompé nos espérances ? — Le sentiment qui fait agir le Bochiman est chez nous devenu irréfléchi, instinctif.

On raconte que chaque Bochiman a un animal spécial dont il ne mange pas, et dont il porte le nom.

En résumé, des superstitions extravagantes semblent constituer toute leur religion.

Comme exemple de la distinction du bien et du mal chez ces êtres primitifs qui jugent tout à leur unique point de vue, nous donnons la réponse suivante dénuée d'artifices : « On commet une mauvaise action, disait un Bochiman, quand on m'enlève

Fig. 2. — Fac-similés de dessins bochimans.

ma femme ; je fais une bonne action quand je ravis la femme d'un autre. »

Ils ont pourtant sur un point une supériorité intellectuelle qui les sépare nettement des peuples avoisinants : c'est leur aptitude au dessin.

Les Cafres et les Hottentots, qui leur sont supérieurs sous tant d'autres rapports, ne dessinent point. Il ne faudrait pas croire pourtant que ces œuvres d'art soient très difficiles à imiter. Ce sont des esquisses ne donnant que le contour des figures, analogues mais inférieures à celles que nous ont laissées les peuples préhistoriques (fig. 2).

On a pu voir, en 1878, à l'exposition anglaise du Cap de Bonne-Espérance, quelques *fac-similés* de ces dessins. Un des plus remarquables représentait un homme assez bien campé, portant devant lui, à bras tendus, une énorme branche feuillue, derrière laquelle il cherchait à se dissimuler. A une certaine distance, une antilope s'arrêtait, les cornes en avant, dans l'attitude de la méfiance. C'est une chasse à affût ambulant, analogue au stratagème de l'autruche dont nous venons de parler. Quelques autres gravures représentaient des femmes hottentotes reconnaissables à leur stéatopygie que l'artiste indigène s'était attaché à rendre avec une grande complaisance, tandis qu'il avait négligé la tête (Dr Bordier).

Cette aptitude artistique de la part d'une race aussi inférieure est digne d'attention. Il ne faut pas oublier que c'est la coutume de couvrir les murailles de dessins allégoriques qui fit naître chez les Égyptiens l'écriture figurée et les hiéroglyphes qui, eux-mêmes, engendrèrent les alphabets phéniciens et grecs.

Les Bochimans n'allèrent pas si loin. Avant de songer à écrire, il aurait fallu savoir parler, et leur langue est si pauvre, qu'ils doivent l'appuyer de gestes nombreux, et ne peuvent causer dans l'obscurité (Lubbock). Elle tire un caractère particulier de la présence de consonnes clinquantes ressemblant aux claquements que les cochers de nos pays adressent à leurs chevaux pour les exciter.

La langue des Bochimans est, après tout, peu connue. Elle semble varier d'une horde à une autre, tout en présentant un type commun. On la range dans la classe des langues agglutinantes, c'est-à-dire parmi celles qui expriment les différentes formes grammaticales : modes, personnes, etc., par des juxtapositions de racines.

La forme du pluriel s'exprime par la répétition du même mot. Il n'y aurait que trois adjectifs numéraux, *un*, *deux*, *trois : t'a*, *t'oa* et *quo*. Les plus forts calculateurs arriveraient pourtant à compter jusqu'à dix, en combinant ces mots entre eux. Ainsi pour dire quatre, ils disent : *t'oa t'oa;* cinq s'exprime par *t'oa t'oa t'a*, et ainsi de suite. Après dix, ils sont perdus, et encore est-il rare qu'ils arrivent aussi loin.

Les linguistes ne trouvent que quelques points de parenté entre la langue des Bochimans et celle des Hottentots, tandis que les anthropologistes regardent les deux peuples comme cousins.

II. — LES HOTTENTOTS.

Le Hottentot, par son physique et par ses mœurs, nous apparaît comme un trait d'union entre le Bochiman indigène et le Cafre dont nous parlerons dans le chapitre suivant. C'est une population métisse, acculée à la pointe du continent et qui a dû prendre jour, il y a des siècles, au milieu des guerres suscitées par l'invasion des Cafres dans l'Afrique australe.

Van Riebeek, chirurgien hollandais, fondateur et gouverneur de la colonie du Cap, nous donne les premiers renseignements sur les Hottentots. Il les décrivait, en 1652, comme un peuple très pauvre, possédant seulement quelques bestiaux, et qui changeait volontiers une vache contre un morceau de tabac de la grosseur d'un doigt. Van Riebeek parle également dans une be ses dépêches, de naturels se distinguant des Hottentots proprement dits par leur extrême maigreur, n'ayant ni feu ni lieu. se nourrissant de racines et armés de flèches empoisonnées. On ne saurait donc mettre en doute que les Hottentots et les Bochimans n'existassent dans le sud de l'Afrique bien avant que l'arrivée des colons eût modifié les arrangements nationaux des peuplades indigènes.

On distingue trois grandes tribus parmi les Hottentots : Les Griquas au sud, les Koranas ou Goranas au nord-est et les Namaquas à l'ouest de la Hottentotie.

Quelques Namaquas et les Koranas sont seuls restés indemnes jusqu'à présent de mélanges avec l'étranger. Les Griquas ont perdu jusqu'à leur langue et se servent d'un parler moitié cafre, moitié hollandais. Ils s'appellent dans leur langue « koin », au pluriel« koi-koin », ce qui signifie « hommes ». On peut dire de ces koi-koins qu'ils ne se ressemblent entre eux que par les caractères qui leur sont communs avec les Bochimans, caractères qui chez eux sont toujours affaiblis.

Le Hottentot a une taille moyenne de 1m,50, dix centimètres de plus que celle du Bochiman. Les cheveux crépus, noirs et réunis en touffes, ont les mêmes caractères chez les deux peuples; mais la peau du Hottentot est plus foncée, tout en restant plus claire que celle du Nègre et du Cafre. Sa face est aplatie et son profil moins concave. Son front est plus large, ses yeux plus grands, les os du nez se soudent plus tard et sont moins effacés ; il a très peu de barbe, ses oreilles sont énormes et sans goutte. Les mains et les pieds restent petits. La stéatopygie est fréquente, mais infiniment moins que chez les Bochimans.

Son tempérament est également moins robuste que celui du sauvage bochiman, et sa paresse est proverbiale : même la faim ne le rend pas plus actif. Il serre un peu sa ceinture, s'enroule à la manière des hérissons, se couvre entièrement de sa peau de mouton, et cherche à étouffer la faim par le sommeil.

C'est dans la possession de troupeaux que se révèle la véritable supériorité du Hottentot sur son voisin. Le lait de ses vaches, sous toutes ses formes, compose le fond de sa nourriture. Ses bœufs lui servent de bêtes de charge et de selle ; il arrive à les faire trotter assez bien et surtout très longtemps. Enfin il s'habille avec la peau de ses moutons. Une jupe et une espèce de manteau, appelé « *kaross* » lui suffisent hiver comme été ; s'il fait trop chaud, il le retourne et met le poil dehors. Les hommes vont tête nue, mais les femmes portent un bonnet de peau. Elles aiment beaucoup la verroterie et les bracelets.

Les Hottentots en toilette n'oublient jamais leur petit chasse-mouches. C'est une queue de chacal montée sur une tige de bois mince et qui forme manche. Ils s'en servent comme éventail, et en même temps comme serviette, jouet et mouchoir.

Ils fument avec passion des feuilles de chanvre sauvage que les riches mêlent avec du tabac quand ils peuvent s'en procurer. Les Européens leur ont aussi donné l'idée de fabriquer des liqueurs spiritueuses. Ils savent préparer une espèce de bière de miel, le *kri*, qui mousse comme du champagne, et ils distillent une sorte d'eau-de-vie de baie ; un vieux canon leur sert de serpentin ; voilà certainement une industrie qu'ils n'ont pas inventée.

Ils ont du reste une mémoire très vive pour tout ce qui les touche de près, pour ce qui concerne leurs bœufs, par exemple. C'est ainsi qu'une épizootie, la capture d'un éléphant ou un grand orage, leur servent de points de repaire chronologique.

Pour la fabrication de leurs ustensiles et de leurs armes, ils ne sont guère plus avancés que les Bochimans. Ceux qui n'ont pas encore de fusils, se servent d'arc et de flèches empoisonnées. Les objets que fabriquent leurs ménagères sont aussi fort primitifs ; des outres et des vases poreux pour recueillir le lait de leurs vaches, représentent toute la vaisselle hottentote.

S'ils ont appris à travailler le fer à chaud, ils sont incapables de l'extraire eux-mêmes du minerai, et se le procurent tout préparé soit chez les Cafres, soit chez les colons européens.

Les Hottentots, étant exclusivement pasteurs, se déplacent suivant leurs besoins d'eau et de pâturage. Aussi leurs habitations sont-elles des plus élémentaires. Ce sont de grandes huttes hémisphériques, de 4 mètres de diamètre et de 1 mètre de haut, où l'on entre en rampant. Elles ont la forme générale des ruches d'abeilles de nos pays, et sont construites au moyen de branches recourbées et de joncs, recouvertes de peau en hiver. Le foyer est situé au centre et la fumée sort par la porte. Plusieurs de ces cabanes groupées en rond, forment le village ; on place les moutons au milieu, tandis que les bœufs broutent en dehors du cercle sous la surveillance de quelques gardes.

Ils ignorent la propriété territoriale individuelle ; mais la possession d'un nombreux troupeau donne une grande influence sociale. Le pouvoir est organisé patriarcalement ; dans quelques tribus le fils succède au père quand il a réussi à le renverser en luttant avec lui : c'est le droit du plus fort. Les chefs s'habillent à l'européenne et cherchent à augmenter leur autorité à mesure qu'ils s'approchent de la colonie (Dr Letourneau).

Après le chef, c'est le sorcier qui est le plus respecté dans leurs villages. Il est marchand de talismans. On l'invoque en outre pour avoir le beau temps ou la pluie, pour réussir dans une entreprise, qu'il s'agisse d'une affaire de chasse, de bétail ou d'amour.

Les missionnaires qui ont vécu parmi ces nomades, se sont ingéniés à leur trouver une espèce de religion ou au moins une tendance à des idées religieuses et mystiques. Mais s'ils suivent volontiers les prédications, c'est, d'après Fritsch, pour assister à la distribution de tabac ; ils désertent l'église aussitôt après avoir reçu leur part.

Un missionnaire qui voulait leur inculquer la notion de conscience, qui leur fait absolument défaut, s'efforçait de leur décrire le terrible tourment intérieur qui, après la faute, vient troubler le coupable. Quelque temps après, comme il s'informait de l'effet de ses leçons auprès de ses catéchumènes et leur demandait quelle idée ils se faisaient des remords, il reçut cette réponse édifiante : « Ce sont sans doute des coliques ! »

Bleeh a collectionné avec soin leurs légendes qui forment le fond de leurs croyances superstitieuses. Il n'y a pas de lecture plus fastidieuse et plus insipide. Ce sont des espèces de fables où le lièvre, le bœuf, le moustique, jouent des rôles insensés. Elles ont du reste une certaine portée morale ; ainsi dans ces récits les actes de désobéissance des jeunes filles sont souvent punis par leur transformation en grenouille ! — On a beaucoup commenté leur légende du lièvre et de la lune : la lune, racontent quelques Hottentots, a envoyé le lièvre aux hommes pour leur annoncer le renouvellement de la vie ; mais le lièvre s'est trompé et a annoncé la mort! — La lune, très fâchée, chauffa une pierre et brûla la bouche du messager infidèle, d'où résulta le « bec du lièvre ».

Dans une autre fable on parle d'un koi-koin qui tue sa femme, parce qu'il croit qu'elle a été gourmande; après lui avoir ouvert le ventre, il découvre avec tristesse qu'elle était seulement enceinte; et il essaie, ajoute la légende, de la faire revenir à la vie en lui recousant la peau avec des épingles de bois.

La lune est souvent considérée comme un morceau de cuir, parce que, disent les Hottentots, elle est jaune et froide ; et le soleil comme un morceau de lard! — Il y a loin de ces fables grossières à l'astrolâtrie compliquée des races supérieures.

Ils ne croyent pas à la mort naturelle, et l'attribuent à des maléfices. Ils secouent fortement les moribonds pour les réveiller et leur crient des reproches dans les oreilles, parce qu'ils quittent leur famille. Mais pour peu que la maladie leur semble contagieuse, ils abandonnent tous le village et laissent le malheureux sans secours.

Dans d'autres circonstances ils brûlent la cabane du mort sur sa tombe et quittent l'endroit pour plusieurs années. Voici au moins un excellent principe pour prévenir la propagation des maladies infectieuses !

Quand ils enterrent les morts, ils les déposent dans une fosse peu profonde et les placent dans une position accroupie, de façon à leur donner « la position qu'ils occupaient dans le sein de leur mère », nous disent quelques voyageurs sentimentaux; il est plus probable qu'ils ont en vue de s'épargner de la peine en évitant de creuser une fosse plus longue ! — Ces funérailles ont lieu au milieu des gémissements des femmes et se terminent par l'édification d'un petit tertre sur la tombe.

Tous ces caractères nous montrent que les Hottentots ont déjà franchi les premières étapes qui séparent l'homme sauvage de l'homme barbare. Les autres actes de leur vie ont suivi les mêmes progressions. C'est ainsi que le mariage et la vie de famille apparaissent en même temps que la possession des troupeaux. Le mariage hottentot est d'ailleurs un acte purement commercial, dépourvu de toute sanction et résiliable à volonté. La fille est la propriété de ses parents qui la troquent à l'amiable, généralement contre un bœuf ou une vache. (Campbell.)

Comme ces pauvres femmes vieillissent vite, les hommes ont l'habitude de retenir d'avance des petites filles de six à sept ans, pour remplacer plus tard leurs épouses vieillies ! — Elles sont nubiles de douze à treize ans et leur vieillesse est précoce comme leur nubilité.

Mais ces pauvres créatures ne sont cependant pas étrangères à l'amour pour leurs enfants, et en prennent autant de soin qu'elles peuvent. « Le petit Hottentot, à sa naissance, est baigné dans de l'urine de vache, puis frotté de suif et de sève de figuier et couvert d'une poudre odoriférante, puis fixé à l'aide de courroies sur le dos de sa mère, qu'il ne quitte plus. Les travaux de la maternité sont motifs pour les femmes de fumer sans discontinuer; et pour amuser leurs poupons, elles les font, dès le plus jeune âge, goûter aux délices d'une bonne pipe ! — (Girard de Rialle.)

Naissance, mariage et mort, tout chez eux est occasion de réjouissances où interviennent festins, danses et musique. Leurs instruments sont le tam-tam et le gorah, espèce de guitare, sur lequel ils sont d'ailleurs incapables de jouer aucun air. Cette musique, toute grossière qu'elle est, produit sur eux un effet extatique.

La phonétique de la langue hottentote est très variée, la série de ses voyelles très nuancée, et on peut les nasaliser toutes. Elle possède également quatre consonnes clinquantes, analogues à celles des Bochimans. Elle est agglutinante comme la langue des Bochimans et toutes les langues africaines.

Ce chapitre sur les Hottentots s'applique exclusivement à l'Hottentot primitif, c'est-à-dire aux tribus de Grands-Namaquas et de Koranas. Quant aux autres, à mesure qu'on avance vers la colonie, le type physique s'affaiblit et les mœurs des ancêtres disparaissent. C'est ainsi que les villages deviennent fixes, que le costume national est abandonné, etc. Le sang cafre, mélangé de sang boër, c'est-à-dire hollandais, perce de plus en plus. Le nombre de ces Hottentots coloniaux dépassait 80,000 au dernier recensement. Quant aux Hottentots libres, ils sont infiniment moins nombreux, et sont destinés à être rapidement absorbés par les premiers.

III. — LES CAFRES.

Les voisins et ennemis héréditaires des Hottentots sont les Cafres, race de pasteurs et d'agriculteurs, ce qui prouve dejà une certaine civilisation. Ils sont en effet plus barbares que sauvages. « Les Cafres méritent, dit Livingstone, la qualification de magnifiques sauvages, qui leur a été donnée par les autorités militaires chargées de les combattre. Ils sont grands, bien faits, vigoureux, d'une intelligence pleine de ruse, d'un caractère énergique et brave. Leur admirable organisation, le développement et la beauté de leur corps, la forme de leur crâne, les placeraient à côté des races européennes, si ce n'était leur peau noire et la toison qui les couvre. »

Le mot Cafre provient du mot arabe « Kafir », qui signifie « infidèle » ; il a été adopté par les Portugais, qui qualifiaient ainsi au dix-septième siècle tous les peuples de la côte est de l'Afrique.

Depuis, ce terme s'est spécialisé et s'applique exclusivement aux peuples qui habitent le nord-est de la colonie du Cap au sud du Zambèze. On les partage en deux groupes principaux :

1° Les Betchouanas, qui comprennent vingt-trois tribus différentes groupées au centre de l'Afrique australe ;

2° Les Cafres proprement dits, qui habitent la côte orientale jusqu'au 20° degré de latitude environ, et dont la principale nation est celle des Ama-Zoulous, connue de tous nos lecteurs.

Betchouanas et Cafres présentent à peu de chose près le même type physique et moral et parlent des langues sœurs. Ce sont des hommes à chevelure rude et crêpue et à peau d'un noir cuivré. Ils ont la tête longue et étroite du nègre (dolichocéphale), mais plus volumineuse; ils sont peu prognathes et ont les lèvres et le nez assez proéminents; leur physionomie, intelligente et sérieuse, rappelle le type arabe. Ils ne jouent ni ne boivent, mais ont, comme tous les noirs, un amour effréné pour tout appareil extérieur. Ainsi les chefs ornent leur bonnet de plumes d'autruche, de queues de lion et de rubans de toutes couleurs. Leurs bras, leur cou, leurs jambes, sont surchargés d'objets voyants. Ils ne dédaignent non plus un doigt de tatouage et s'enduisent le corps de graisse (fig. 3).

Le vulgaire se contente d'un vêtement beaucoup plus simple et analogue à celui des Hottentots : une espèce de ceinture et le « kaross » en cuir de bœuf préparé de façon à lui donner la souplesse du drap, en font tous les frais.

Leurs armes primitives étaient la zagaie et la massue; pour la défense, un immense bouclier en cuir toujours accompagné d'un long panache de plumes d'autruche enroulées comme un thyrse autour d'une baguette. Beaucoup maintenant ont des fusils à pierre qu'ils se procurent par voie d'échange, mais ils sont toujours très habiles dans la fabrication de leurs armes nationales. Forger le fer est chez eux une profession noble qui confère parfois des droits politiques. C'est un métier scientifique, et le forgeron est appelé « le médecin du fer ». Ils se servent pour leurs travaux d'un soufflet à deux sacs que nous retrouverons plus tard chez les nègres de l'Afrique équatoriale, chez les Malais et chez tous les peuples primitifs qui font usage du fer. C'est un appareil assez ingénieux, consistant en deux sacs longs et étroits, se terminant l'un et l'autre par un tube en corne, qui amène l'air par un conduit commun jusqu'au foyer. L'extrémité opposée au tube est munie de deux baguettes parallèles, qui permettent, en les pressant l'une contre l'autre, de fermer à volonté l'ouverture destinée à aspirer l'air.

De grosses tenailles, deux ou trois petits marteaux et une pierre plate pour enclume complètent l'outillage de la forge.

Rien de plus simple que leur façon d'opérer. Ils entretiennent un feu très vif dans un trou qu'ils ont rempli de bois et de minerai magnétique de fer ; ils font agir leur soufflet jusqu'à ce que le fer réduit se rassemble au fond du trou en une masse blanche et pâteuse. Ils le retirent alors du foyer au moyen de leurs tenailles, le martellent pour chasser les impuretés qu'il contient et obtiennent ainsi un fer excellent, égal à celui de Suède.

Dans les tribus les plus avancées, ils élèvent pour leur foyer une espèce de four, de un mètre environ de haut.

Ils ne sont pas aussi ingénieux dans l'édification de leurs huttes, qui sont semblables à celles des Hottentots et construites également par les femmes. C'est dans ces grandes cabanes basses et sans moyen de ventilation, que les Cafres passent la nuit avec toute leur famille, et qu'ils entassent en outre de grandes jattes de lait en fermentation, des outres de graisse rance pour les onctions de corps, des quartiers de viande pourrie, des sacs de sorgho, maïs africain, etc., en un mot toutes leurs provisions.

La civilisation rudimentaire des Cafres repose principalement sur leur agriculture. Comme on l'a vu, ils sont déjà assez prévoyants pour emmagasiner leurs récoltes ; ils savent ménager leurs provisions et s'imposent, dit-on, des jeûnes volontaires, quand ils craignent une famine. Aussi leur population est-elle beaucoup plus dense que celle de leurs voisins ; ils se réunissent en grands bourgs qui comptent quelquefois plusieurs milliers d'habitants sous la direction d'un même chef.

Ils sont d'une humeur très batailleuse, toujours en guerre avec les autres tribus dont ils cherchent à ravir les bestiaux. Dans ces luttes ils dépouillent les morts et égorgent les blessés et même les femmes, alors que celles-ci les implorent en découvrant leurs seins et en criant ; je suis femme ! je suis femme ! (Thompson.) L'humanité, l'amour de son semblable d'une tribu à une autre, leur est inconnue : toute leur ambition est de posséder le plus de bétail possible. Ils arrivent en moyenne à réunir de quinze à vingt bêtes à cornes chacun, qu'ils soignent avec amour. L'importance de ce troupeau donne la mesure de leur fortune et du nombre de femmes qu'ils peuvent prendre.

Quoique chez les Cafres boire du lait soit un déshonneur pour les adultes, ils trayent eux-mêmes leurs vaches, et il est défendu à la femme d'y toucher. « Dans l'opinion publique cafre, soigner le bétail est une besogne supérieure. Aussi en Cafrerie la vache est-elle appelée « la perle à poil ». C'est que pour l'homme primitif, la domestication de la race bovine marque une ère de rédemption. » (Letourneau.)

Ces animaux, dit Livingstone, sont très doux, très familiers et surtout très gais ; il suffit que le bouvier qui les précède commence à sauter pour qu'ils se mettent à gambader follement. Rien n'est plus pittoresque que la vue de ces grands troupeaux de bœufs venant s'abreuver dans les torrents qui sillonnent le haut pays (fig. 4).

Ils utilisent aussi leurs bœufs pour trotter à la mode hottentote, mais n'ont jamais eu l'idée de s'en servir pour aider leurs épouses dans les travaux des champs. La culture, moins distinguée à leurs yeux, est réservée uniquement aux femmes, qui doivent fouiller la terre avec une petite bèche, l'ensemencer et récolter. Elles arrivent ainsi à produire des melons d'eau, des haricots, du tabac et le précieux « holcus sorghum », le maïs africain. Elles sont en outre meunières et écrasent les grains dans des mortiers en bois ou en pierre, si semblables à ceux qu'on trouve sur les bas-reliefs égyptiens, que Livingstone en a fait graver un dans ses récits de voyage comme la meilleure représentation du procédé suivi aujourd'hui en Cafrerie.

Tous ces travaux si pénibles sous le climat des tropiques vieillissent les femmes rapidement. Les voyageurs ont souvent constaté, combien les femmes, de potelées et joyeuses à l'état de filles, devenaient émaciées et affreuses après leur mariage. Mais il est singulier d'observer qu'elles trouvent leur sort des plus naturels et ne se rendent nullement compte de la pitié qu'elles nous inspirent. Moffat, le beau-père de Livingstone, voyant un

Fig. 3. — Groupe de chefs Cafres.

jour la femme d'un chef de Betchouanas travailler péniblement avec ses compagnes à la construction d'une de leurs cabanes, leur conseilla de se faire aider par leurs maris; ce qui occasionna une hilarité générale. La reine Mahuto lui répondit en plaisantant que s'il connaissait une médecine pour faire faire ce travail à son époux, elle serait bien contente, qu'il lui en donnât un peu!

Au sein des tribus de l'Afrique australe, la femme mariée occupe, comme chez les anciens Romains, la position de sœur des enfants du mari. Un chef cafre dit en parlant de lui et de sa famille : « Moi et mes enfants » ; et les femmes comptent parmi ces derniers.

Le mariage se fait moyennant une valeur payée aux parents de la fille par ceux du jeune homme : c'est le mariage par achat. Si la femme achetée est stérile, le mari peut la renvoyer et reprendre les vaches qu'il a données en échange. Si, au contraire, les termes du contrat ont été imparfaitement remplis par le mari, si, par exemple, la quantité de bois qu'il devait fournir, n'a pas été livrée, le mariage est rompu ; le beau-père reprend sa fille avec les enfants qu'elle a pu avoir et se montre très satisfait de voir sa famille accrue de petits êtres qu'il pourra vendre plus tard si ce sont des filles, et qui augmenteront son pouvoir dans le village, si ce sont des garçons.

La polygamie est très répandue, et les femmes estiment un homme en proportion du nombre de ses épouses. Quand on leur dit qu'en Europe l'homme ne peut en avoir qu'une seule, elles s'écrient qu'elles ne voudraient pas habiter ce pays, et ne comprennent pas que les Européennes s'arrangent d'un pareil usage,

Il est certain que dans les familles où il y a plusieurs femmes. elles se partagent les travaux rudes et que le labeur de chacune se trouve diminué d'autant.

Ces pratiques, jointes au système de dot en usage, loin d'accroître la population tendraient au contraire à la diminuer. Les vieillards opulents dont les troupeaux sont nombreux, épousent toutes les belles filles, et les gens dépourvus de bétail, c'est-à-dire sans fortune, sont obligés de se passer d'épouse ou se contenter de laiderons qui ne trouveraient pas d'hommes riches. (Livingstone.)

Quel que soit le nombre de femmes, les enfants sont soignés et aimés. On observe très souvent chez ces races primitives des traits délicats d'amour maternel. Ainsi un voyageur raconte qu'arrivé un soir dans un village et couché assez près d'une hutte pour entendre ce qui s'y passait, il fut réveillé sur les deux heures par un bruit de grain qu'on broyait sous la meule. « Ma, dit une voix enfantine, pourquoi moudre quand il fait noir? » La maman engagea la petite à dormir et lui donna la matière d'un beau rêve en ajoutant : « Je fais de la farine pour en acheter de l'étoffe à l'étranger afin que ma mignonne ressemble à une princesse! »

Une Française aurait-elle parlé et agi autrement?

Chaque homme est le chef de ses enfants. Ceux-ci bâtissent leurs cases autour de la sienne, et plus sa famille est nombreuse, plus son importance est grande. Au centre de chaque cercle de huttes se trouve une place, la *cotla:* c'est l'endroit où les membres de la famille, excepté les femmes et les enfants, se rassemblent pour travailler, prendre leurs repas et discourir sur toutes les nouvelles du jour.

Un sous-chef a un certain nombre de cotlas autour de la sienne, qui elle-même se groupe autour de celle du chef, située au centre de la cité.

La propriété foncière est inconnue : « le suzerain » est le maître suprême. C'est lui qui distribue, chaque année, les terres suivant les besoins des familles, condamne ses sujets à mort, décide à son gré de la paix ou de la guerre, etc. Comme tous les puissants de la terre, ces roitelets sont entourés d'une petite cour de *ntsi-ntsi*, onomatopée qui en langue basoutos signifia d'abord « mouche », puis « parasite », être qui bourdonne autour d'un chef comme une mouche autour de la viande.

L'organisation militaire des tribus cafres rappelle par certains traits celle des anciens Germains. Les hommes adultes font tous partie de l'armée, et sont divisés suivant leur âge en *mopato*,

espèce de compagnonnage dont tous les membres doivent s'aider entre eux et se soumettre à l'autorité d'un même chef. Tous les six ou sept ans, on forme un nouveau mopato au moyen des jeunes gens de dix à seize ans; mais avant d'y être admis, chaque jeune soldat doit subir une période d'initiation. On lui apprend la danse et les exercices guerriers, puis les mystères de l'administration africaine. Un certain nombre de coups de bâton sont jugés nécessaires pour compléter cette éducation. Puis il est renvoyé dans la cité, où il est admis à siéger parmi les anciens dans la cotla.

Chaka, le fondateur de la puissance militaire des Cafres-Zoulous, avait perfectionné ce système et augmenté le nombre de ses soldats en absorbant dans son armée, au lieu de les égorger, tous les individus que ses hordes guerrières pouvaient atteindre. Panda, un de ses frères et successeurs (fig. 5), sut pendant des années entretenir et accroître cette nombreuse armée; et lorsque plus tard son fils Cetiwayo lutta contre les Anglais, il put leur opposer près de 50,000 hommes.

La constitution vigoureuse des Cafres en fait d'excellents soldats. Les exercices corporels qui sont en usage dans toutes leurs tribus, développent encore ces qualités de leur race. C'est ainsi que les jeunes gens du même mopato font entre eux des courses de vitesse devant la tribu assemblée. Mais c'est pour la danse qu'ils sont le plus passionnés. Les danses guerrières où les femmes interviennent peu ou point ont toutes leurs faveurs. Ils s'y livrent avec une frénésie qui stupéfie les voyageurs lorsqu'ils n'ont pas assisté à des scènes analogues en Amérique ou en Australie.

Cazalis en a tracé le tableau suivant : « Quelques centaines d'hommes robustes, la tête ornée de panaches et de houppes, l'épaule gauche couverte d'une peau de panthère, se forment en rond. Le signal est donné, un chant de guerre s'élève, et cette masse s'ébranle simultanément comme si ce n'était qu'un seul homme. Toutes les têtes se tournent à la fois, tous les pieds frappent la terre en cadence avec une telle force qu'on sent le sol trembler à plus de cent toises. Pas un muscle qui ne soit en mouvement, — pas un visage qui ne se décompose! — Les physionomies les plus douces prennent une expression sauvage et féroce. Plus les contorsions sont violentes, plus la danse paraît belle. Cela dure des heures entières, sans que les chants faiblissent ou que les gestes frénétiques perdent de leur vigueur. Un son étrange remplit les courts intervalles où la mesure fait taire les voix : c'est la respiration haletante des danseurs s'échappant avec violence et retentissant au loin comme un râle surnaturel. »

Cet acharnement à prolonger un exercice si fatigant provient des défis que s'adressent les jeunes gens, de village à village. C'est à qui tiendra le plus longtemps : souvent le gain d'un bœuf dépend de quelques coups de jarrets de plus. On a vu des danseurs tomber morts sur place, d'autres prendre des courbatures difficiles à guérir.

Pour augmenter le plaisir que leur procure dans la danse les battements réguliers des pieds et des mains, ils entourent leurs corps de guirlandes et de grelots, après s'être déjà surchargés de verroteries et d'immenses anneaux de cuivre portés au cou, aux bras et au bas des jambes.

Les danses auxquelles les deux sexes prennent part, ont des mouvements lents, efféminés, mais rarement gracieux.

Leur musique se fait sur une espèce de tambour de basque qui a pour auxiliaire la *lésiba* et le *toumo*, sorte de violon ou harpe à une seule corde dont le bruit les ravit. On raconte que Gaïko, chef des Ama-Kosas, tribu des Cafres, voyant une dame anglaise à son piano, lui dit fort gravement qu'il avait « une chose » qui chantait bien mieux. La dame, fort surprise de voir son instrument déprécié par un sauvage qu'elle s'était attendu à jeter dans l'extase, le pria d'exhiber « sa chose ». Le chef alla bien vite chercher un toumo, et le frappant de sa baguette avec l'air entendu d'un virtuose : « Voilà, dit-il, ce que vous n'égalerez jamais! »

Un autre de leurs plaisirs est de fumer et de priser; ils ont même un instrument tout spécial pour prendre le tabac en poudre.

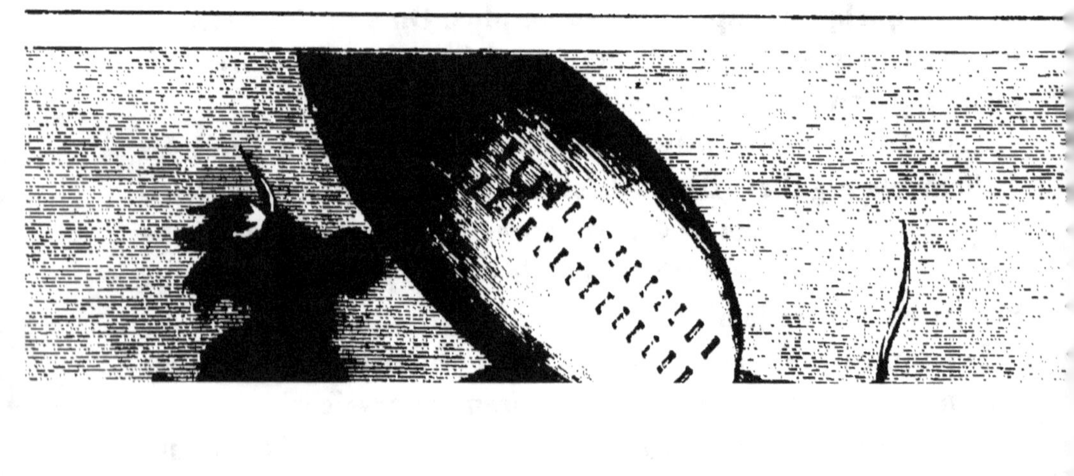

C'est le *lébéko*, petite spatule en métal qui a la forme d'une petite cuiller, et qui, au besoin, leur rend tous les services d'un mouchoir. Ils prisent toujours avec solennité et ne permettent à personne de leur parler tandis que, le lébéko à la main, ils projettent la poudre odorante dans leurs fosses nasales.

On les a accusés de cannibalisme et on cite parmi les Bassoutos quelques tribus qui, dépouillées de leurs troupeaux, se sont nourries de chair humaine pendant plusieurs années. Par gourmandise et par économie, elles auraient persévéré dans leurs pratiques longtemps après être rentrées en possession de leurs richesses.

Lorsqu'une nation arrive à pratiquer le cannibalisme avec aussi peu de répugnance, il est permis de croire qu'elle ne l'a pas abandonné depuis de nombreuses générations. Pourtant la majorité des Cafres ont des goûts moins arriérés et préfèrent la viande pourrie. Les Cafres du Natal l'appellent « *Oubomi* » et désignent ainsi tout plaisir exquis. Par analogie, ils indiquèrent ce mot aux premiers missionnaires qui l'employèrent dans la traduction des livres saints pour rendre l'expression pieuse de béatitude céleste. La métaphore n'était pas heureuse ; mais on a dû être bien embarrassé pour la remplacer par une meilleure quand on s'est aperçu de la confusion. Les Cafres n'ont aucun culte, aucune idole, aucune idée religieuse. Ce fait psychologique si remarquable étonnait et désespérait le grand Livingstone; car non seulement ces peuples n'ont point d'idées religieuses, mais ils paraissent fort récalcitrants à comprendre celles que les missionnaires s'efforcent de leur inculquer. « Ces pauvres païens, écrit-il, nous font toujours bon accueil... Ils écoutent nos paroles avec attention, avec respect ; mais quand nous nous mettons à genoux pour prier un être invisible, nous leur paraissons tellement ridicules, tellement insensés, qu'ils sont saisis d'un rire inextinguible. » Et il ajoute : « J'étais présent lorsqu'un missionnaire essaya de chanter un hymne au milieu d'une réunion de Betchouanas ; l'hilarité de l'auditoire fut si grande, que chaque visage en était inondé de larmes. »

Ils croient pourtant aux esprits et à une certaine survivance après la mort. Ainsi ils ne tuent pas un éléphant sans faire des excuses « au grand chef dont la trompe est la main », et en lui affirmant que sa mort a été l'objet d'un pur accident.

Les cadavres des gens du commun sont simplement jetés dans un ravin non loin du village, et les chacals du pays se chargent de la sépulture; mais les grands chefs sont enterrés au centre de leur cotla avec trois calebasses monstres remplies d'aliments destinés aux repas du mort et des esprits qui pourraient lui rendre visite. Les Zoulous s'imaginent que leurs ancètres les visitent sous la forme d'un serpent; aussi saluent-ils avec respect ces reptiles lorsqu'ils se montrent près de leurs huttes. D'autres tribus croient qu'on peut tuer les esprits. Burton leur ayant parlé de Dieu : « Où est-il, dirent-ils, que nous allions le tuer; c'est lui qui dévaste nos champs, fait périr nos femmes et nos enfants. »

Chaque tribu des Betchouanas porte le nom d'un animal: poisson, singe, lion, et éprouve une crainte répulsive pour cet animal. Si quelqu'un des leurs vient à mourir, toujours ils se rappellent à point quelque pronostic funeste remontant à une vingtaine de lunes de là : tel coq a perché la nuit devant sa porte, et a chanté, etc.

D'autres superstitions sont moins inoffensives; c'est ainsi qu'on sacrifie tout enfant dont les incisives supérieures sortent les premières. Les nouveau-nés albinos sont rarement épargnés, mais s'ils échappent à la mort, leur peau tachée de blanc et leurs yeux rouges inspirent une certaine crainte et, une fois adultes, on les choisit souvent pour sorciers.

Si toutes ces croyances sont contradictoires, il ne faut pas s'en étonner, car jamais prêtre cafre n'a songé à les relier par un fil conducteur et à en faire un dogme. Son rôle de sorcier est plus réduit et consiste uniquement à conduire la pluie sur le pays au moyen de la fumée de certaines plantes.

Malgré cette absence de religion, les Cafres ne paraissent pas être d'une moralité inférieure à celle des peuples fétichistes. « On pourrait, dit Livingstone, en choisissant telle ou telle circonstance, les dépeindre comme extrêmement bons ou très mauvais. » Ils respectent les vieillards, et ne sont pas étrangers à une certaine politesse, mais n'ont nulle compassion pour les malheureux ; personne, par exemple, ne s'inquiète d'un enfant sans famille. L'assassinat est regardé sans désapprobation, et ce n'est pas le pardon, mais la vengeance qui est considérée comme une vertu. De tous les délits de notre code pénal, le vol seul est puni ; l'adultère est considéré comme vol et puni comme tel. On comprend que chacun veille sur sa propre sécurité, mais com-

Fig. 6. — Langalibalele, chef cafre révolté.

ment une société agricole serait-elle possible sans la répression du vol ?

Le point de vue change si l'on vole une tribu ennemie ou un étranger. Cette façon d'accroître le capital social est regardée comme très licite. Ainsi Lichtenstein achetant un jour comme curiosité des anneaux de métal chez les Betchouanas, s'aperçut, mais trop tard, qu'il avait acheté plusieurs fois le même anneau, que des amis du vendeur avaient volé derrière son dos.

Rien d'étonnant si ce même voyageur nous parle ensuite des

Cafres comme d'un peuple très rusé! Malgré cette astuce, quelle infériorité! Ils ne possèdent que trois noms de nombre distincts; conçoivent et expriment les autres par des métaphores : c'est ainsi que chez les Zoulous le nombre « six » s'exprime par une main plus un pouce. Aussi sont-ils incapables de faire le moindre calcul, et force leur est, lorsqu'ils vendent leurs moutons, de les vendre un à un. Inutile de dire qu'ils ne connaissent pas leur âge. « L'homme se souvient-il de l'époque où il est né? » répondent-ils très étonnés d'une pareille question. Il leur serait d'ailleurs impossible de compter aussi loin, et ils apprécient grossièrement leur plus ou moins grande vieillesse au moyen du nombre de *mopato*, qu'ils ont vu instituer.

Les Cafres, quoique intelligents et comprenant vite, sont peu perfectibles et se plient difficilement aux procédés nouveaux. Il est très difficile, par exemple, de leur apprendre à bâtir d'équerre, et les missionnaires qui se sont établis chez eux, ont dû poser eux-mêmes toutes les pierres et toutes les poutres de leurs habitations, pour qu'elles fussent posées carrément. Constamment en lutte avec les Hottentots et les Bochimans, ils n'ont jamais pensé à imiter leurs arcs et leurs flèches, qui pourtant portent beaucoup plus loin que le javelot, et peuvent rendre des services dans bien des circonstances où les armes à jet direct sont complètement inutiles.

Cette supériorité d'armement a peut-être sauvé Bochimans et Hottentots d'une extermination complète avant l'arrivée des Européens. Maintenant que les Anglais cherchent à mettre fin aux guerres continuelles de ces tribus, les Cafres désertent leur pays et envahissent pacifiquement la colonie. Le dernier recensement en comptait 250,000 établis sur le territoire anglais. Des migrations ultérieures, et l'absence de guerre feront accroître rapidement ce nombre. S'ils arrivent à se plier aux nécessités de la civilisation, ils deviendront peut-être un danger pour l'indépendance future de la colonie. En attendant, le gouvernement du Cap les soumet à une sévère réglementation, leur interdit de porter des armes sans autorisation, etc.

Nous intercalons ici (fig. 6) le portrait d'un chef de tribu cafre, Langalibalele, qui eut, à ce sujet, maille à partir avec la justice anglaise, il y a quelques années. Sa figure finaude nous montre le Cafre sous son nouvel aspect, avec l'accoutrement européen.

Les *laudatores temporis acti* regretteront peut-être le temps où ces mêmes chefs se couvraient la tête de plumes d'autruche et de peaux de lion !

Les langues cafres sont caractérisées par leur façon de placer les préfixes en tête : une de leurs tribus, qui maintenant est absorbée dans la colonie anglaise, portait le nom bien connu de *Basuto*, qui est le pluriel de *mo-suto*, tandis que le pays s'appelle *le-suto*, la langue *se-suto* et son adjectif *bo-suto*.

D'autres appellent un magicien *m-ganga*, qui fait au pluriel *wa-ganga*, magiciens, etc. On voit que les préfixes du pluriel varient d'une peuplade à l'autre.

Il est utile de se rappeler ce petit détail grammatical quand on consulte les cartes géographiques de ces pays; car géographes et voyageurs désignent souvent le même peuple soit avec le préfixe pluriel ou singulier, soit sans préfixe. C'est ainsi que les *Kololos* de Livingstone figurent généralement sur les cartes sous le nom de *Makololos*.

L'étude comparative des langues africaines a montré que les Cafres, comme leurs légendes le confirment, ont conquis et occupé toute l'Afrique australe et toute la côte est. Partout on retrouve des traces de leur langue dans les dialectes apparentés qui constituent la famille des langues *bantou*. Ce terme est la racine commune des mots signifiant « hommes » dans ces différentes langues ; il est maintenant d'un usage général pour désigner ce grand groupe linguistique.

IV. — LES PEUPLES DE LA COTE ORIENTALE ET DU CENTRE DE L'AFRIQUE.

Presque tous les peuples du centre de l'Afrique visités ces dernières années par Stanley, Cameron, Livingstone, appartiennent à la famille *bantou* par la langue, tandis que les anthropologistes les placent à côté des Nègres.

Fig. 7. — Esclaves Macouas.

Ces nations sont soumises depuis plusieurs siècles à une influence désorganisatrice qui prend naissance dans les guerres continuelles engendrées par la polygamie et l'esclavage. Les luttes intestines entre village et village y règnent à l'état permanent. « Tu dois savoir, comme marin, disait un nègre à Bouet-Willaumez, que les grands poissons mangent les petits ; et ainsi le grand dieu l'a voulu sous l'eau et sur la terre. » De même les plus forts enlèvent et vendent les plus faibles, jusqu'à ce qu'ils soient vendus à leur tour.

Ces échanges continuels de population ont introduit dans ces contrées tant d'éléments différents, en esclaves ou commerçants, Arabes, Malais, Cafres et Nègres, que les individus d'une même tribu diffèrent souvent étrangement entre eux.

C'est ainsi que les Macouas (fig. 7 et 8), qui habitent entre la côte et le lac Nyassa, et qui ont fourni beaucoup d'esclaves au

Fig. 8. — Esclaves Macouas.

marché de Zanzibar, présentent tantôt le groin du nègre, tantôt le profil délicat de l'Arabe.

L'esclavage est tellement entré dans les mœurs de ces peuples, qu'ils le considèrent comme une institution naturelle, un des fondements de la société. Les esclaves eux-mêmes regardent comme déloyal l'homme qui s'enfuit après avoir été vendu et frustre ainsi son nouveau propriétaire d'un droit de possession régulièrement acquis.

Bien traités, ces esclaves s'attachent à leur maître. Chouma et Souzi, les deux fidèles serviteurs de Livingstone, qui ont rapporté son corps jusqu'à Zanzibar, étaient capables de tous les dévouements (fig. 9 et 10).

Le premier appartenait à la tribu des Aïahous, au nord des Macouas, et le second à celle de Choupanga, établissement du bas Zambèze.

Toutes ces petites suzerainetés sont gouvernées par des tyrans

Fig. 9. — Chouma.

qui font exécuter ou mutiler leurs sujets pour satisfaire leur caprice, ou pour faire parade de leur puissance aux yeux des voyageurs européens. Dans le Londa, par exemple, le bourreau assiste à toutes les réceptions royales portant à son cou des espèces de ciseaux dont il fait journellement usage pour couper des oreilles. Si le chef rêve deux ou trois fois d'un même individu, celui-ci est accusé d'attenter aux jours de son roi par des artifices secrets, et condamné à mort.

L'influence des magiciens y est tout aussi pernicieuse. Pour pronostiquer l'avenir, ils n'hésitent pas dans les grandes circonstances à écorcher des enfants tout vivants ou à les faire bouillir.

Fig. 10. — Souzi.

Toutes ces atrocités et bien d'autres encore justifient les efforts des nations européennes pour chercher à faire pénétrer en Afrique les bienfaits de la civilisation.

Les habitants du Manyéma.

Parmi ces contrées récemment découvertes, une des plus curieuses assurément est le Manyéma, dont la langue est une des dernières vers le nord se rattachant au groupe bantou.

Les habitants du Manyéma se distinguent de leurs voisins par leur nez droit (Livingstone) et par la longueur de leurs cheveux, qui, chez les femmes, descendent quelquefois jusqu'à la taille.

Les hommes prennent le plus grand soin de ces cheveux qu'ils rasent, réunissent en touffes ou redressent en cône sur la tête. Les femmes laissent croître leur chevelure. « Leur costume consiste en une corde passée autour de la taille, et en deux petits tabliers d'étoffe d'herbe ; celui de devant est de la dimension d'une demi-feuille de papier ; celui de derrière un peu plus large. »

Ces tabliers sont souvent ornés de perles et brodés avec soin ; lorsqu'elles travaillent à la pêche ou au champ, elles les remplacent par de petits bouquets de feuillages. (Cameron.)

Leurs armes se composent de sabres, de lances et de boucliers en bois ressemblant à des portes.

Ils sont compatissants aux malheurs d'autrui et ils paraissent s'aimer les uns les autres. (Stanley.)

Ils n'en sont pas moins anthropophages et d'une anthropophagie dégoûtante. Ils mangent les hommes morts de maladie comme ceux qui sont tombés sur le champ de bataille. Leur régal est d'en faire macérer la chair dans l'eau jusqu'à la pourriture et de la manger sans plus de préparation, ce qui leur fait contracter une odeur révoltante.

Cameron les entendit chanter les jouissances du cannibalisme ; le résumé de cette idylle était que la chair de l'homme est bonne, et celle de la femme mauvaise ; on ne doit recourir à cette dernière que lorsque les vivres sont rares ; mais elle n'est pas à mépriser quand celle de l'homme fait défaut.

Ils se livrent à cette gourmandise sans la moindre vergogne. Livingstone raconte qu'il a rencontré un jour un homme, qui avait un paquet de dix mâchoires humaines suspendues à l'épaule au moyen d'une cordelette. Questionné par lui, il déclara avoir tué et mangé les propriétaires de ces mâchoires, et lui montra le couteau avec lequel il avait découpé ses victimes. Tous les assistants s'étaient mis à rire en voyant Livingstone exprimer son dégoût.

Le chef du village est dévoré comme le vulgaire, ce qui n'empêche pas qu'on respecte sa mémoire. Sa tête, dont on a eu soin de manger la chair, est mise dans un pot et reste dans la demeure du défunt. On ajoute que les affaires publiques sont communiquées à ces têtes comme si elles étaient encore en vie ; ces crânes seraient ainsi conservés de père en fils. Souvent on les remplace par des statuettes en bois ou des cônes d'argile, et on met beaucoup de soin à faire prononcer et répéter exactement par les enfants les noms des personnages qu'ils représentent. Dans certaines circonstances, ils offrent à ces effigies de la viande de chèvre que les hommes se partagent ensuite. C'est là un genre de sacrifices aux mânes que l'on retrouve chez beaucoup d'autres peuples.

Dans toutes ces régions, on rencontre souvent des huttes en miniature que les parents construisent pour leurs morts et où ils déposent de la nourriture. Livingstone a même vu une femme refaire la hutte de sa mère, brûlée par les ennemis, et s'en aller contente après cet acte de piété filiale. Remplir son devoir fait toujours plaisir à l'homme, quels que soient ses mœurs et sa race.

Le cannibalisme des habitants du Manyéma, comme celui de beaucoup d'autres peuples anthropophages, est justifié par leur religion et semble tirer son origine de la crainte des morts. Lorsqu'ils dépècent, rôtissent le corps de leur ennemi et en dispersent les ossements, ils s'imaginent détruire ainsi l'âme, qui doit avoir quelque chose de plus matériel dans leur esprit que dans le nôtre.

« La perspective d'être mutilés ou brûlés après leur mort, dit Livingstone, est pour les habitants du Manyéma une cause de désespoir, en ce sens que cela doit rendre impossible leur retour au pays natal et rompre à jamais toute relation entre eux et leur famille. Ils sont convaincus qu'ils perdraient ainsi le pouvoir de faire du bien aux gens qu'ils aiment et la faculté de nuire à ceux qu'ils détestent. Ainsi la mort n'étant pas une fin qui empêche l'action de la bienveillance ou de la vengeance, les ennemis doivent croire qu'ils ne seront à l'abri des ressentiments qu'après avoir digéré le corps de leurs adversaires. »

Le même voyageur rencontra un jour un convoi d'esclaves que des traitants emmenaient loin de leurs pays, et qui chantaient comme s'ils ne s'étaient pas rendu compte de leur malheur. Leur ayant demandé la cause de leur gaîté, ils lui répondirent qu'ils se réjouissaient à l'idée de revenir après leur mort tourmenter et tuer ceux qui les avaient vendus. Ces projets de vengeance auraient été anéantis, si, au lieu d'être vendus, ils avaient été mangés. Mais la joie de ces esclaves peut tout aussi bien s'expliquer par leur contentement d'avoir la vie sauve ; car l'esclavage, tout cruel qu'il est, constitue un progrès manifeste sur l'état antérieur où les vaincus étaient toujours massacrés.

Les habitants du Mányéma ont d'ailleurs pour la vie humaine le plus grand mépris. Le meurtre, surtout s'il est pratiqué sur un habitant d'un village voisin, honore un homme et lui donne le droit de porter une peau de chat musqué ou une plume rouge de perroquet. Livingstone nous parle d'un individu qui, ayant tué une femme sans aucun motif, a été à peine inquiété ; il avait offert sa grand'mère pour être tuée à sa place, et la cause entendue, on ne tua ni grand'mère ni petit-fils.

Ces assassinats, tout en honorant leurs auteurs, sont la cause d'un état de guerre permanent de famille à famille. Mais ces guerres ne sont pas très meurtrières. Comme les héros d'Homère, les armées ennemies commencent par se livrer des batailles d'injures. Puis on échange quelques traits, et les deux partis se retirent satisfaits aussitôt qu'il y a un ou deux morts. — Chaque homme tué leur fournit un repas de viande. —

Leur goût pour la viande est un des motifs déterminants de leur cannibalisme. Quoiqu'ils soient industrieux et intelligents, ils n'élèvent point de bétail et n'ont d'autres animaux domestiques que des chiens, des poules et des chèvres.

Ils attachent à ces dernières un prix inestimable. C'est la monnaie courante pour s'acheter des femmes : une belle jeune fille vaut dix chèvres. Si après le mariage elle vient à être enlevée ou si elle meurt, tous les regrets du mari sont pour les chèvres données inutilement ; qui pense à la femme elle-même ?

A cela près les femmes sont assez respectées. En temps de guerre, il règne pour elles une espèce de trêve de Dieu qui leur permet d'aller sans péril aux marchés des villages voisins.

Comme dans presque toute l'Afrique, ce sont elles qui sont chargées de l'édification des maisons. Elles s'en acquittent fort

Fig. 12. — Habitation lacustre du lac Mohrya.

bien et élèvent de grandes huttes basses et rectangulaires, assez bien alignées et situées sur une hauteur. Devant la porte de chaque maison se trouve une petite véranda où se réunit la famille. Chaque village a deux ou trois grandes rues, larges de 50 mètres, courant de l'est à l'ouest et inondées de soleil. Les averses fréquentes de ce pays rendent ces dispositions indispensables.

A l'extrémité de l'une des rues et la commandant dans toute

sa longueur est la maison commune où se tient le conseil et où l'on se réunit pour causer. Au milieu de la grande rue se trouve une plate-forme d'argile battue où est enfoncé un énorme tronc d'arbre, dans lequel sont creusées un certain nombre d'augettes de manière que plusieurs femmes puissent à la fois y broyer le grain. Ce tronc remplace le moulin de nos villages (fig. 11).

Le sol est extraordinairement fertile et les habitants hospitaliers.

Au sud du Manyéma, les habitants du lac Mohrya construisent des maisons sur pilotis qui rappellent les anciennes habitations lacustres d'Europe.

Ces grandes huttes sont séparées de la surface de l'eau par une hauteur d'environ six pieds; aux pilotis sont suspendus les filets de pêche. Les habitants ne quittent leurs retraites que pour cultiver la terre ou faire paître leurs chèvres. Quoiqu'ils aient des canots amarrés à leurs habitations, ils préfèrent pour correspondre entre eux, nager d'une maison à une autre (fig. 12).

Ces détails curieux ont été rapportés en Europe par le commandant Cameron, qui malheureusement n'a pu avoir aucun rapport direct avec cette population.

Les Niams-Niams.

Un autre peuple cannibale de l'Afrique centrale, les Niams-Niams, a été visité il y a une dizaine d'années et étudié avec soin par le célèbre voyageur russe le docteur Schweinfurth, aux récits duquel nous empruntons la plupart de nos renseignements.

Le pays des Niams-Niams est situé, comme on sait, au nord-est du lac Victoria, à 6° de latitude nord. Les habitants, tout en différant beaucoup par leur extérieur de ceux du Manyéma, s'en rapprochent par leurs mœurs sanguinaires.

Comme eux, ils mangent les victimes de la guerre et surtout les vieillards et les enfants, qui sont d'une proie facile. Les malheureux qui meurent sans famille, sont livrés à la boucherie. Les mains et les pieds passent pour les morceaux les plus délicats; la graisse d'homme est d'un usage général tout en étant d'un prix élevé, difficilement abordable aux petites gens.

Les personnes trop grasses sont mal à l'aise dans ce pays et le quittent d'habitude pour se retirer dans une tribu voisine, ennemie du cannibalisme.

Comme les habitants du Manyéma ils n'élèvent pas de bétail et n'ont en fait d'animaux que des chèvres et des chiens; et pourtant ils sont continuellement en guerre avec les peuplades voisines qui ont des troupeaux de bœufs : ils dévorent berger et troupeaux — mais dédaignent l'élevage.

A défaut de viande, ils mangent, comme les autres Africains, des fourmis. Ils y joignent une nourriture végétale, composée de citrouilles, manioc, patates, bananes, éleusine. Ils ignorent l'usage du sel et le remplacent par du lessivage de cendre.

Le terme de Niams-Niams signifie « gros mangeurs ». Il est d'un usage général dans la langue arabe du Soudan ; mais eux-mêmes s'appellent « Zandès ».

Les Niams-Niams sont d'un aspect saisissant. Grands, musclés, agiles, ce sont des guerriers dans toute l'acception du mot. La couleur de leur peau approche de celle du chocolat; les jambes sont courtes par rapport à leur taille, et leur crâne, d'après Schweinfurth, serait presque brachycéphale, c'est-à-dire plus large et moins allongé que celui des Cafres et des Nègres. C'est là un fait d'une importance considérable, et qui, bien constaté, ferait des Niams-Niams une race spéciale.

Ils se liment les incisives en pointe, pour mieux saisir, dit-on, le bras de l'adversaire dans le combat. Ils se tatouent finement le front, les tempes et les joues en y dessinant des petits carrés : c'est une marque de nationalité. Ils ont en outre sur la poitrine et en haut des bras des signes et des points en zigzags. Des peaux de bêtes leur servent de manteaux pour se draper ; ils laissent pendre la queue de l'animal derrière leur dos, ce qui a donné lieu peut-être à la légende des hommes à queue du centre de l'Afrique.

Les rois et les chefs se réservent l'usage exclusif de la peau du léopard.

Mais leur grand sujet de vanité est leur coiffure. Tandis que celle des femmes est très simple, les hommes varient la leur à l'infini.

Schweinfurth fait la description suivante d'une des coiffures les plus singulières qu'il ait vues dans le pays :

« La tête est entourée d'un cercle de rayons rappelant l'auréole d'un saint ; ces rayons sont formés de la chevelure elle-même, divisée en une multitude de petites tresses tendues sur un cerceau orné de cauris ; le cerceau est fixé au bas d'un chapeau de paille au moyen de quatre fils de fer que l'on retire avant de se coucher. La coiffure peut ainsi se plier à volonté ; elle demande une grande attention et les gens du pays y consacrent chaque jour beaucoup de temps. »

Ces artistes capillaires n'avaient jamais vu de blanc avant l'arrivée du voyageur russe dans leur pays ; ce qui les frappait le plus en lui, ce n'était pas la couleur de sa peau, mais ses grands cheveux unis. « Est-il tombé de la lune, disaient-ils, cet homme avec des poils de chèvre sur la tête ? » — Nous comparons bien les cheveux des nègres à de la laine ; mais l'idée de comparer des cheveux d'Européen à du poil de chèvre ne pouvait venir qu'à un Africain.

Le caractère des Niams-Niams est indomptable ; ils se font tuer plutôt que de se laisser réduire en esclavage. Lorsqu'on arrive à s'emparer de quelques-uns d'entre eux, leur esprit de révolte leur ôte sur le marché toute valeur commerciale.

Les rapports entre sujets et rois sont moins serviles que ceux des autres noirs, mais tout aussi dangereux. Quelquefois, pour faire montre de leur pouvoir les jours de réception, les rois Niams-Niams bondissent à la manière des fauves sur un de leurs malheureux sujets et lui tranchent la tête d'un coup de sabre. (Schweinfurth.)

Ils sont polygames. Leur roi Parafio comptait jusqu'à cent femmes qui lui avaient donné deux cent cinquante enfants. (Colonel Long.)

Les mariages seraient réglés par le souverain sans consulter

Fig. 13. — Chanteur ambulant des Niams-Niams.

les intéressés. Un homme qui désire prendre femme, exprime son vœu au monarque qui lui cherche une épouse convenable. Ces unions, quelque prosaïques qu'elles soient, donnent de bons résultats. Les maris aiment leurs femmes et sont prêts à tous les sacrifices pour les ravoir s'ils viennent à les perdre. Schweinfurth nous parle de pauvres Niams-Niams à qui des trafiquants avaient volé leurs femmes, et qui hurlaient la nuit autour de son camp d'une façon lamentable.

Les femmes prises à la guerre sont divisées en trois catégories : les jeunes sont gardées pour le service de la maison, celles d'un âge mûr employées aux champs, et les vieilles envoyées à la cuisine comme viande de boucherie.

Les femmes indigènes sont belles, bien faites et ont les extrémités très petites. Elles se peignent le corps d'une façon variée, pour laquelle la mode change souvent. Leurs cheveux sont relevés élégamment par derrière en un simple chignon dans le genre de celui des jeunes miss anglaises. (Colonel Long.) Une guirlande de feuilles compose tout leur vêtement. Du reste, elles évitent les regards des étrangers et sont très réservées avec eux. Leurs maris, fort jaloux, punissent de mort toute mauvaise conduite.

Leurs principales occupations sont la culture et l'arrangement des cheveux de leur seigneur et maître. Les jours de fête, elles le suivent dans les figures compliquées d'une ronde gracieuse, ou dansent, sous la conduite du roi et de ses guerriers, une espèce de cancan furieux.

Les chanteurs ambulants du pays ont un aspect des plus grotesques. Coiffés d'un chapeau mirobolant, ils battent la mesure avec leur tête en ébouriffant leurs cheveux, ce qui leur donne l'air d'une tête de méduse. « Ces chanteurs de profession, appelés *nzangas*, sont aussi économes de leur voix qu'une prima donna usée ; il est impossible de les entendre si l'on n'est pas à côté d'eux. Pour instrument, ils ont la guitare du pays dont le maigre *zigue-zigue* est en parfait rapport avec le murmure nasillard de leur récitatif (fig. 13). »

« Du reste, contrairement à leurs voisins, les Niams-Niams s'abstiennent de toute musique bruyante ; ils n'emploient les tambours et les trompes que pour le rappel ; et, chez eux, l'exécution musicale a tout le caractère d'un chuchotement d'amoureux. » (Schweinfurth.) Malgré leur extrême voracité, ils oublient de boire et de manger, dès qu'ils entendent de la musique, et ils en entendraient indéfiniment.

Les Niams-Niams ont d'autres plaisirs plus distingués encore. Ils ont un sens artistique assez développé, décorent leurs chaises, leurs pipes, leurs vases, etc., de sculptures aussi symétriques que délicates.

Tous les villages niams-niams présentent la même disposition : une dizaine de cases (habitations et greniers) sont groupées autour d'une place commune, toujours très propre, au milieu de laquelle on voit un arbre chargé, en guise de trophées, de superbes crânes de buffle, de crânes d'homme, de pieds, de mains desséchés, etc.

Ces coutumes d'anthropophagie n'empêchent pas les Niams-Niams d'être assez hospitaliers. On trouve chez eux et chez leurs voisins les Mombouttous, l'étrange coutume de l'échange du sang, qui est également d'usage chez nombre de peuples de l'Afrique méridionale. C'est une cérémonie qui consiste à faire une petite incision à l'avant-bras de chacun des contractants, et à mêler les deux sangs en se déclarant amis l'un de l'autre. On dit que cet engagement est toujours fidèlement tenu.

Leurs croyances superstitieuses ne diffèrent pas notablement de celles des autres sauvages d'Afrique. Ils croient à l'existence d'esprits toujours malfaisants et hostiles qui se réfugient dans les forêts profondes, et dont le murmure serait le langage.

On a essayé de rapprocher les Niams-Niams des Pahouins et des Fans qui habitent le Gabon. Les uns et les autres pratiquent l'anthropophagie ; leurs arrangements domestiques et leur conformation physique sont semblables.

Les deux peuples ont une réputation égale de bravoure et d'audace. Enfin les traditions des Pahouins racontent qu'ils viennent du nord-ouest, ce qui correspond assez bien à l'orientation respective des deux pays. La langue des Niams-Niams n'est pas assez connue pour jeter quelque lumière sur cette question. Nous en dirons autant sur la théorie du Dr Schweinfurth qui voit dans les Niams-Niams un rameau de la race peule ou race rouge d'Afrique.

Au sud du pays des Niams-Niams habitent les Mombouttous, qui leur ressemblent beaucoup, tout en exagérant leurs qualités et leurs défauts. Ces derniers sont par exemple beaucoup plus industrieux; ils construisent pour palais de leurs rois de grandes halles hautes d'une quinzaine de mètres, et fondent de puissantes monarchies, à l'inverse des Niams-Niams qui ne constituent que de petites principautés.

Mais ils sont encore plus amateurs de nourriture humaine que leurs voisins du nord. La chair d'homme se vend ouvertement au marché. On voit devant toutes leurs habitations des portions de membres à moitié rongés. Ils boucanent la chair humaine et en font même des conserves! — Schweinfurth raconte que leur roi Mounza se réservait les jeunes enfants comme une friandise — et que chaque matin on lui servait un de ces malheureux à sa table!

Les Akkas.

Schweinfurth fut le premier qui, en 1871, pendant son séjour à la cour du roi des Mombouttous, eut l'occasion d'examiner les Akkas ou Tiki-Tiki, race de pygmées, qui habitent au sud des Mombouttous, vers le troisième degré de latitude nord. Deux ans après, le courageux voyageur italien Miani pénétra dans le même pays, et fut aussi frappé par la vue d'esclaves de la même race. Il en acheta deux et repartit avec eux pour l'Europe. Mais il mourut en route des fatigues du voyage. Un domestique fidèle rapporta en Italie ses papiers, ses collections et ses deux précieux esclaves, qui furent recueillis et élevés par un riche seigneur italien, le comte Miniscalchi. C'est le plus âgé de ces deux nains, présenté à la fois de face et de profil, dont nous reproduisons ici la photographie prise à son arrivée au Caire (fig. 14).

Fig. 14. — Jeune Akka de face et de profil.

Les caractères les plus apparents de ce dessin : la dépression de la racine du nez, le nez trilobé, le peu de saillie des mollets etc., sont communs aux deux frères. Leur teint est d'un brun-chocolat foncé. Leur mâchoire se projette en museau d'autant plus accusé que le menton est fuyant; ils tiennent ordinairement les jambes écartées.

Depuis huit ans qu'ils sont élevés en Italie, l'aîné, âgé actuellement de 20 à 22 ans, a grandi de 31 centimètres, ce qui lui donne une taille de 1m,42 centimètres, qu'il ne dépassera plus; le second, plus jeune de trois ans environ, n'a pas encore acquis son maximum, mais il sera plus grand que son aîné; il a actuellement 1m,41 centimètres de haut.

Le ballonnement excessif de leur ventre a beaucoup diminué, depuis qu'ils ne sont plus soumis à une alimentation irrégulière et exclusivement végétale.

Le comte Miniscalchi se loue beaucoup des qualités morales de ses pupilles, de leur goût pour le travail et la musique. Ils ont appris à lire et à écrire en deux ans. Cette intelligence et cette vivacité d'esprit ont été très souvent constatée chez les jeunes noirs.

Schweinfurth avait fait aux Akkas une réputation d'imbécillité; mais ses observations avaient surtout porté sur un esclave déjà âgé qu'il avait eu quelque temps avec lui et à qui il n'avait jamais pu apprendre un mot d'arabe. Des élèves plus jeunes se seraient probablement montrés plus intelligents.

La race pygmée était connue des historiens grecs. Hérodote, Aristote, Strabon, et plus tard les historiens arabes ont mentionné leur existence en leur assignant un pays d'origine voisin de celui où on vient de les retrouver. Mais l'imagination des Grecs avait encore exagéré leur petitesse ; ils les représentaient comme des êtres minuscules, hauts de 60 centimètres et qui se faisaient battre par des grues.

En réalité, d'après l'ensemble des observations recueillies jusqu'à ce jour, les Akkas ont une taille moyenne de 1m,30 centimètres à 1m,50 centimètres et sont des chasseurs déterminés qui ne reculent même pas devant l'éléphant. Ils cherchent d'abord à lui percer les yeux à coups de flèches, puis l'attaquent la lance à la main. Ils sont d'une agilité extraordinaire et bondissent à des hauteurs et à des distances étonnantes. En guerre, ces petits êtres se battent fort vaillamment et savent résister aux terribles Momboultous.

D'après Adimokou, chef Akka que Schweinfurth a pu interroger, ils seraient partagés en huit tribus obéissant à des rois distincts et portant une désignation particulière.

Aucun voyageur n'a encore pu pénétrer jusque dans leur pays et vivre avec eux; aussi ne connaît-on que très peu de choses sur leurs mœurs.

L'anthropophagie ne leur répugnerait nullement, et on dit qu'ils ne possèdent en fait d'animaux domestiques que des volailles.

Lorsque la race naine des Akkas fut retrouvée, il y a dix ans, par Schweinfurth et Miani, on fut tenté de la considérer comme un intermédiaire entre l'homme et les singes anthropomorphes.

Quelques anthropologistes voulurent aussi voir en eux des descendants de Bochimans, qui, plus habiles que leurs frères du Cap, auraient su résister à l'invasion des nègres, venus on ne sait d'où. Cette hypothèse s'appuyait sur des analogies dans la taille et dans la couleur de la peau. Mais leur langue ne présente pas les claquements de celle des Boschimans; la stéatopygie qui caractérise si étrangement la race de ces derniers, n'existe pas chez les Akkas. Enfin tandis que les Bochimans ont la tête allongée (dolichocéphale), les Akkas l'auraient un peu plus large et approcheraient de la sous-brachycéphalie.

« Aujourd'hui personne ne voit plus en eux autre chose qu'un rameau oriental de l'ensemble des races auxquelles M. Hamy a donné le nom commun de « Negrilles ». (De Quatrefages, *Dictionnaire d'anthropologie*, art. Akkas.)

Deux particularités essentielles distingueraient ces Negrilles des nègres proprement dits, savoir : une brachycéphalie relative et une taille remarquablement petite.

Ces caractères se retrouvent chez les Borboukos, ou Bakkes du

Loango, chez les Akoas du Gabon, les Boulous, les Obougos, les Okoas et Akkas. On traverse ainsi l'Afrique équatoriale de part en part, par petits îlots séparés.

Il est permis de croire avec M. Hamy que ces différentes tribus formaient, il y a des siècles, un groupe compact. De tous les rapprochements ethnologiques auxquels la découverte des Akkas a donné lieu, ce dernier est certainement le plus séduisant.

V. — LES NÈGRES.

Pour terminer cette revue des principales races noires d'Afrique, il nous reste à parler des nègres de la Guinée et du Soudan. C'est en eux que les caractères physiques et moraux des différents types que nous venons d'examiner, semblent s'être réunis et condensés.

Pruner-Bey en a tracé la description suivante : « La couleur de la peau du nègre varie du noir bistré au noir satiné ; il a la chevelure crépue, la barbe rare, la figure projetée en avant, c'est-à-dire oblique de haut en bas et d'arrière en avant; les yeux à fleur de tête, le nez plus ou moins écrasé, les lèvres retroussées ou au moins très épaisses; vu de face, son visage, y compris le front, présente un contour elliptique plus ou moins élargi aux pommettes. Les extrémités de son corps sont en disproportion avec sa taille déhanchée. Mis en mouvement, on le reconnaît à sa démarche un peu traînante et à la roideur de son maintien. Ses genoux restent légèrement fléchis pendant cet acte, et son pied s'enfonce lourdement au lieu de se détacher du sol avec facilité.

« Le nègre exhale une odeur pénétrante, qui diminue par la propreté, mais ne se perd jamais. »

Ils tiennent beaucoup à présenter un bel extérieur, et comme la couleur foncée de leur peau obscurcirait les tatouages par piqûres usités dans d'autres pays, ils le remplacent par des entailles qu'ils se pratiquent sur presque toutes les parties du corps.

Ces balafres paraissent tenir lieu de blason, et, en les voyant, les gens du pays disent sans hésiter à quelle tribu ou à quelle section de tribu appartient celui qui en est décoré.

Les esclaves achetés dans l'intérieur présentent des cicatrices encore plus profondes qui dégénèrent souvent en tumeurs et qui servent à les distinguer.

La pratique de s'arracher quelques dents incisives, pour ressembler à la vache, disent-ils, ou de les limer en pointes comme des canines, est des plus communes, ainsi que la perforation de la cloison des ailes du nez, pour s'y passer un long morceau de verre bleu. Le besoin de s'orner, de paraître beau, est plus fort chez eux que chez n'importe quelle race du globe et leur fait perdre jusqu'au sens commun. C'est ainsi qu'on les voit se couvrir de vêtements légers, en hiver, et de fourrures, dans le gros de l'été, sans avoir d'autre but que celui de se faire admirer par leurs voisins. Leur orgueil est ridiculement développé. Le Dr Ferraud qui a passé plusieurs années parmi eux, raconte qu'aussitôt qu'un manœuvre vient de toucher quelque argent, un griot, espèce de bouffon du pays, ne manque jamais de s'attacher à ses pas. Il lui affirme qu'il est beau comme le jour, que ses ancêtres étaient les plus braves guerriers de la contrée. Mille autres choses, plus absurdes les unes que les autres, arrivent comme un flot à la bouche du flatteur, jusqu'à ce que le pauvre manœuvre, nouveau corbeau de la fable, se laisse bénévolement dépouiller du bénéfice de plusieurs jours de travail.

Tout à l'impression du moment, ils sont incapables de prévoyance. Chaque année, ils vendent aux traitants leurs récoltes d'arachides et de mil aussitôt la cueillette faite, sans penser à en garder une faible partie pour la semence qu'ils seront forcés, six mois après, de racheter aux mêmes marchands à un prix dix fois plus élevé.

Pourtant ce même nègre ne manque pas d'intelligence, et a l'esprit très prompt dans sa jeunesse, comme nous l'avons fait remarquer en parlant des jeunes Akkas de Schweinfurth. Des résultats surprenants ont été obtenus en essayant d'élever des enfants noirs dans nos écoles. Ils ont une grande aptitude pour apprendre des langues, et le jeune nègre de douze à treize ans surpasse souvent le jeune blanc du même âge. Mais vers la dix-huitième année, ces promesses d'une intelligence si vive disparaissent, l'ancêtre des côtes de Guinée réapparaît, tout en restant supérieur à celui qui n'a pas été à si bonne école.

L'arrêt dans le développement des facultés intellectuelles, commun à toute humanité, serait donc infiniment plus précoce et plus prononcé chez le nègre que chez le blanc.

Faut-il attribuer ce phénomène à la soudure prématurée des os du crâne de cette race? Ce travail d'ossification qui met obstacle au développement cérébral, commence chez les races blanches par les soudures postérieures, tandis que chez les nègres il débute généralement par la région frontale, siège des facultés intellectuelles.

Quelle que soit la cause de cet avortement de l'intelligence, le fait est reconnu par la plupart des observateurs et ne peut être mis en doute. Les nègres restent toute leur vie de grands enfants, animés par des passions d'homme adulte. Il leur est impossible de se maîtriser. Chaillu en a vus qui pleuraient à torrent et riaient en même temps. Toute chose un peu abstraite ne leur laisse peu ou point de traces, et ils ne peuvent reconstituer un raisonnement. Ce qui n'empêche pas les nègres libres d'avoir un profond sentiment du juste et d'être capables d'affection.

L'apathie et la profonde paresse sont leurs principaux caractères d'infériorité et doivent être attribuées en partie au climat énervant sous lequel ils vivent. La fertilité étonnante du sol récompense largement le moindre effort, et dans les comptoirs européens de la côte de Guinée, le nègre peut vivre avec dix centimes de grains par jour, qu'il gagne facilement en quelques heures de travail. La faim et le froid, les deux grands stimulants de l'activité dans nos climats, leur font donc défaut.

Aussi le noir est-il bien peu fait pour la liberté. Tandis que l'indigène du nord de l'Amérique préfère la mort à l'esclavage, le nègre sacrifie volontiers sa liberté pour sauver sa vie ; et c'est pourquoi l'Afrique a été en tout temps le centre de l'ignoble commerce de chair humaine.

Même chez eux, les nègres endurent sans jamais s'insurger la tyrannie la plus révoltante. Les gouvernements du Dahomey et du pays des Achantis sont des monarchies absolues où tous les sujets sont esclaves du roi. « Ma vie est au roi, disent-ils ; s'il veut, il n'a qu'à la prendre. » « Le roi des Achantis hérite de tout l'or de ses sujets ; dans ses achats, il se sert de poids plus pesants d'un tiers que ceux du reste de la nation ; il est entouré d'enfants, qui portent ses flèches-fétiches, ses arcs-fétiches, et ont droit de pillage sur le vulgaire. Quand ce dieu terrestre crache, des enfants, porteurs de queues d'éléphants, essuient soigneusement le crachat royal, ou le recouvrent de sable ; quand il éternue, tous les assistants mettent deux doigts en travers sur le front et sur la poitrine, ce qui équivaut à demander une bénédiction. Le prestige monarchique est si grand, qu'il déborde même sur les femmes de la famille royale. Ainsi les filles du roi ont la liberté de prendre tel amant ou mari qui leur convient, et ce dernier est littéralement leur esclave et obligé de se tuer, si sa femme vient à mourir ; car son devoir est de l'accompagner dans l'*au delà*. » (Dr Letourneau, la *Sociologie*, d'après l'*Ethnographie*.)

Il y a des impôts sur toutes les affaires possibles, et il est même dangereux d'avoir de la fortune, car le prince hérite de ceux qu'il fait exécuter. On a encore à compter avec tous les employés du gouvernement, qui n'ont pas d'autres appointements que ce qu'ils peuvent voler.

Au Dahomey, le roi trône dans un palais de terre glaise qui occupe près d'une lieue carrée. Sa garde de corps est constituée par cette fameuse armée de 5,000 amazones qui ne sont pas les moins cruels de ses soldats.

Les sujets doivent se prosterner devant lui ou devant le bâton royal qui annonce une volonté du prince. Ceux qui portent le même nom que le roi nouvellement élu, doivent le changer immédiatement. Un de ces princes, Bossa Chadi, simplifiait la chose en tuant tous les malheureux qui s'appelaient Bossa. Le cérémonial défend de voir le monarque manger ou boire ; on tue celui à qui, par hasard, cela arrive. On dit que c'est de même pour les animaux.

On remplirait des pages avec les détails d'étiquette que ces rois barbares ont inventés et imposés à leurs sujets dociles.

Pourtant, dans quelques États, le pouvoir absolu commence à être limité par la noblesse. A Katunga, sur le Niger, le souverain est élu par les nobles, et pour prévenir l'hérédité monarchique, l'étiquette exige que le fils aîné du roi défunt, sa première femme et les principaux personnages de la cour s'empoisonnent pour être enterrés avec leur prince.

Au Dahomey, dans le pays des Assiniens et des Achantis, ces sacrifices de vies humaines prennent un caractère religieux et deviennent plus cruels... Si le roi ou la reine mère viennent à mourir, les parents du défunt se précipitent en dehors du palais et assomment, dans une folie simulée, tous les êtres qu'ils rencontrent devant eux. Les esclaves du mort sont recherchés tout spécialement pour ces hécatombes ; aussi ces malheureux attendent-ils avec anxiété les derniers moments de leur maître pour se sauver à toutes jambes au plus profond des bois. Dans ces occasions, c'est par centaines, par milliers que se comptent les victimes humaines.

Ces pratiques cruelles tirent, dit-on, leur origine des idées que les nègres se font sur la survivance des êtres après leur mort. Ils chercheraient en immolant le plus d'individus possible à faire à leur roi défunt un nombreux cortège de sujets pour l'accompagner et continuer à le servir dans l'autre monde. Cette explication repose plutôt sur l'interprétation de leurs croyances mystiques en général que sur un dogme. Les chefs dans ces pays et même leurs grands féticheurs sont incapables de donner aux Européens aucune explication sur le motif de ces « grandes coutumes », comme on les appelle quelquefois, et répondent aux questions qu'on leur fait, par un invariable : « C'est l'usage ! »

Au Congo, l'idée de la survivance apparaît plus clairement : un fils tuerait parfois sa mère afin que, transformée en esprit puissant, elle lui accordât sa protection, etc.

Dans le pays des Achantis, des sacrifices humains ont lieu périodiquement au début de certaines moissons ; on empale une jeune fille vierge quand les affaires ne vont pas. Bowdich raconte qu'il a vu un homme, les mains attachées derrière le dos, conduit comme une bête de somme au moyen d'une corde qui lui traversait le nez. Un couteau était passé au-dessous de chacune de ses omoplates ; il avait une oreille aux trois quarts détachée de la tête et l'autre était portée devant lui fichée sur un pieu.

Fig. 15. — Sacrificateur en fer avec son fourreau portant la figure d'une divinité.

Au Dahomey, il y a des fêtes publiques où les festins de chair humaine sont de rigueur. Le cœur d'un chef ennemi tué à la guerre, doit être dévoré par le roi vainqueur.

Leur religion est un animisme général ; à leurs yeux tout vit, tout croît, tout est animé. Ils adorent des animaux, des divinités de pierre ou de bois, ou même des produits européens, comme par exemple un pompon de shako de nos soldats, des boulets, etc. (fig. 16). Pour les nègres du Congo, la pendule de Du Chaillu était un esprit très puissant qui veillait attentivement sur le voyageur. L'écriture et le papier sont pour quelques-uns d'entre eux des esprits qui parlent aux écrivains. Si un Européen les charge de porter un message, ils auront soin en route, quand ils flâneront, de cacher la lettre sous une pierre de peur qu'elle ne dévoile leur paresse (Tylor). Que penseraient-ils de nos phonographes ?

On donne comme explication de cette bizarrerie de l'intelligence, que pour eux ces choses sont habitées par l'esprit de celui qui les a possédées. Ces objets, d'un culte spécial à l'Afrique, ont reçu des Européens le nom de fétiches ou de gris-gris. Leurs propriétaires s'en servent pour des usages variés. C'est ainsi qu'une corde tendue devant la porte ouverte d'une case abandonnée, constitue un fétiche que personne n'oserait franchir. Fétiche également, le cocotier qui est entouré d'une ficelle ornée de quelques coquilles. En mettant leurs fruits sous la protection des dieux, ils les préservent ainsi de la rapine. Les enfants yolofs vont nus jusqu'à l'âge de sept à huit ans, ne portant autour des reins qu'une perle grosse comme un pois. C'est le gris-gris destiné à les préserver de nombre de maux. Il y a des gris-gris spéciaux contre le mal de tête, la douleur de dents. les coups de feu, la morsure des bêtes, etc.

On trouve en Europe et surtout en Orient quelques pratiques superstitieuses qui rappellent de loin les grossières amulettes du nègre. Ce dernier a dans son fétiche une confiance qui dépasse tout ce qu'on peut imaginer: « Un boulanger de Bathurst. raconte M. Pichard, consul de France en Gambie, pour prouver l'efficacité de son gris-gris, qui devait le rendre invulnérable aux coups portés par des armes tranchantes, s'ouvrit le ventre d'un coup de couteau. Il fut fort surpris de tomber sous l'effrayante douleur qu'il éprouva. Mais sa confiance n'a pas été ébranlée une fois guéri, il est allé trouver le marabout vendeur du fameux gris-gris, et lui a recommandé de bien prononcer toutes les prières en en faisant un autre, « car, disait-il, tu dois en avoir oublié une, puisque le couteau est entré. » (Dr Ferraud, *Rev. d'Anthr.*)

D'autres sont moins patients que le boulanger de Bathurst et battent le dieu qui n'a pas exaucé leurs désirs. Ils sont du reste peu scrupuleux dans leurs vœux : un nègre qui demandait à son fétiche la mort de son ennemi, s'exprimait ainsi : « S'il mange, que les aliments le suffoquent; s'il marche, que les ronces le déchirent; s'il se baigne, que les alligators l'avalent; s'il va en canot, qu'il coule, etc. » Ne croirait-on pas lire une formule d'excommunication ?

La multiplicité de leurs dieux fait qu'ils ne cherchent nullement à mettre en doute l'existence du dieu biblique dont leur

Fig. 16. — Fétiches nègres.

parlait Du Chaillu. « Mais pourquoi s'en occuper, c'est le dieu des blancs auxquels il a donné quantité de bonnes choses; il ne se soucie pas des noirs qui en sont réduits à leurs fétiches et à leurs idoles. » Ils ont la plus grande peine à se faire une idée juste d'un dieu abstrait, créateur du monde. Les missionnaires pour se faire comprendre sont obligés de se servir des mots : « Grand commandant », « celui qui a des troupes d'anges aux épées terribles », etc., comparaisons que le nègre rapporte à son roi et aux exécuteurs de ses hautes œuvres (Mondière).

Ils croient aux sorciers et leur attribuent une puissance fantastique. Ils affirment les avoir vus se transformer en chat, en chèvre, etc., et se montrent fort choqués de l'incrédulité des Européens à cet égard. On voit par là que les nègres sont aussi menteurs et vantards que superstitieux.

Quelqu'un de leur famille vient-il à mourir d'une mort naturelle, leur première idée est qu'il a été empoisonné, qu'un ennemi a fait intervenir contre lui un fétiche puissant, lui a jeté quelque chose d'analogue à un sort !

S'il y a un simulacre d'instruction criminelle, l'accusé est dès le début considéré comme un coupable ; c'est à lui à démontrer son innocence, et non à l'accusateur à fournir les preuves du crime.

Sur les côtes de la Guinée, presque toutes les affaires en justice entraînent l'absorption du poison d'épreuve. Le grand féticheur fait prendre publiquement au prévenu un breuvage qui doit le faire mourir s'il est coupable, et à peine l'incommoder s'il est innocent. La vérité est que le grand-prêtre ne mêle des plantes toxiques à la boisson que lorsqu'il n'a pas été gagné par des cadeaux suffisants, et que dans ce « jugement de Dieu », ce sont les accusés pauvres qui seuls succombent.

Au vieux Calabar, on y met moins de façons : si un chef ou une personne influente a commis un grand crime, deux de ses esclaves favoris sont mis à mort.

Dans presque toute l'Afrique, il n'y a que les crimes commis contre les nobles et les riches qui soient punis de mort ou d'esclavage. Quand les personnes lésées sont du commun, le châtiment infligé n'est qu'une légère amende. Tuer un esclave est une action tout à fait indifférente. Le meurtre d'un homme libre est rare ; si le cas se présente, tout spectateur a le droit de frapper le meurtrier qui est aussitôt mis en pièces au milieu d'une population hurlante et dansante. La coutume est que chacun de ceux qui ont pris part à l'exécution, aille jeter en toute hâte le membre qu'il a coupé dans la forêt, au milieu d'un fourré.

Les autres délits, vol, adultère, etc., ne sont généralement punis que comme dommages envers un particulier ; le coupable n'est mis à mort que lorsque ses richesses ne lui permettent pas de réparer le mal.

Enfin au Dahomey, il y a des lois pour les articles de luxe et de parure. Chacun ne porte en fait d'armes et de vêtements que ce

Fig. 17. — Tisserand Fantis.

que le roi veut bien lui permettre. Ces satrapes africains cherchent également à accaparer le monopole du commerce avec les Européens. Ils n'ont à offrir en échange du produit de nos manufactures que de la poudre d'or, de l'ivoire et des graines oléagineuses, arachides et autres. La paresse du nègre le rend incapable de tout travail industriel. Il faut excepter le tissage des étoffes dans lequel les nègres Fantis sont passés maîtres. Au moyen d'un métier très simple qu'ils font manœuvrer avec les mains et les pieds, ils arrivent à fabriquer une toile excellente, analogue aux produits anglais (fig. 17).

Enfin, comme dans toute l'Afrique, les forgerons sont très habiles (fig. 18). Dans ces contrées qui semblent être la patrie du fer, on ne rencontre trace de l'âge de bronze ou de cuivre. Les forgerons sont également orfèvres ; et fondent très adroitement des bijoux en or.

La poudre d'or sert encore de monnaie pour les transactions commerciales importantes. Elle est enfermée dans de grosses plumes d'oiseau fermées aux deux extrémités ; on la pèse à chaque fois. Les anciens Égyptiens, au début de leur civilisation, n'avaient pas d'autres moyens d'échange. Plus tard, ils fondirent cette poudre en lingots dont on vérifiait le poids à chaque changement de propriétaire ; enfin, pour s'éviter ces vérifications

Fig. 18. - Hache en fer avec manche en bois.

continuelles, ces lingots furent poinçonnés et médaillés. La monnaie était créée et devait avoir des conséquences commerciales et économiques immenses.

On trouve chez les nègres de la Guinée la même passion pour la danse et la musique bruyante que chez les noirs méridionaux et occidentaux. Chez les Fantis, il y a en l'honneur des morts des danses religieuses exécutées par des femmes, des palmes à la main (fig. 19).

« Les femmes, raconte M. Mondière, se rangent en demicercle : elles n'ont pour vêtement que l'atoufou et une petite bande d'étoffe autour des reins, comme pagne ; le reste du corps est couvert de peintures de toutes sortes de couleurs, les bras et les jambes ont des raies blanches longitudinales, mais qui, par l'effet de la transpiration, ne forment bientôt plus qu'une teinte sans nom....

« La danse qu'elles exécutent, est un piétinement sans fin qui s'accentue par moments au son des strophes improvisées par chacune des danseuses ».

Quelquefois dans ces danses funèbres, il y a à la tête du groupe féminin une sorte de maître de cérémonies chargé de régler la marche des danseuses. Aux funérailles d'un roi, ces danses se renouvellent pendant huit jours au son de divers instruments, de grands et de petits tambours, de guitares à trois cordes, d'une sorte de hautbois et de dents d'éléphant ayant à leur pointe une ouverture latérale dans laquelle, en soufflant, on produit une sorte de mugissement.

Le culte pour les morts est très développé chez les Guinéens — nouvelle analogie avec la civilisation égyptienne — et les parents, à la mort de l'un des leurs, font exécuter de petites statuettes en bois qui ont la prétention de rappeler les traits du défunt ; les bras sont collés au corps, et il n'y a que la disposition particulière de la chevelure qui approche de la vérité. Ces effigies sont chez les Assiniens placées sur une espèce d'estrade et ornées de verroterie et de lambeaux d'étoffes. Les mères qui ont perdu des enfants, portent dans leurs cheveux de petites figurines semblables en miniature, et ne manquent jamais avant leurs repas d'offrir quelque nourriture à ces morceaux de bois.

Le sentiment maternel est très vif chez les négresses. « Dire les soins, les cajoleries, les enfantillages de ces mères, dont la figure et les gestes semblent si peu se prêter à la chose, serait difficile. Et cet amour ne s'affaiblit pas avec l'âge ; j'ai vu des vieilles à cheveux blancs, qui ne le cédaient en rien, pour la bonté et la gâterie des enfants, à nos bonnes grand'mères. Une chose cependant leur manque à notre point de vue, c'est le baiser tel que nous le comprenons et le donnons, et qui m'a paru appartenir en propre à la race blanche : la Chinoise et l'Anamite flairent leur enfant, la Négresse semble le lécher, mais ne l'embrasse pas.... Les petits nègres, adorés par leurs parents, sont fort gâtés, et ne sont pas le moins du monde surmenés par le travail. On voit souvent une mère pliant sous une charge de bois, tandis qu'à ses côtés son enfant de cinq ou six ans porte une simple branche, uniquement « pour faire comme maman » et porter quelque chose » (Mondière).

Malgré cet amour pour les enfants, la famille nègre n'est pas constituée comme nous la comprenons chez nous. C'est généralement le fils de la sœur qui succède à son oncle, au détriment des enfants de ce dernier. Les enfants suivent la condition de la

Fig. 19. — Danse sacrée chez les Fantis.

mère, libres si elle est libre, esclaves si elle est esclave, quand même le père serait roi. Les Nègres ont si peu de confiance en leurs épouses, qu'ils sont plus sûrs de retrouver leur sang dans leurs frères et dans leurs sœurs que dans les enfants de leurs femmes.

Sous ce rapport les familles royales du Dahomey et du Benin font exception, les femmes de ces souverains y sont si étroitement surveillées que le doute n'est plus possible.

Des coutumes semblables indiquent suffisamment combien la

femme mariée est peu estimée et respectée. Le mari est maître presque absolu de sa compagne qu'il peut louer à des étrangers pour un temps plus ou moins long. Il a le droit de lui couper la lèvre supérieure si elle trahit un de ses secrets, une oreille si elle est surprise aux écoutes, etc.

Chez les Fantis le divorce lui est permis, à condition qu'elle puisse rendre la somme que son mari a payée à ses parents pour

Fig. 20. — Coiffure de femme Fantis.

l'acquérir, plus un droit pour chacun des enfants qu'elle emporte avec elle. Car ici, les enfants sont une marchandise qui a sa cote sur le marché aux esclaves.

Chez les Achantis, au bout de trois ans d'absence de la part du mari, la femme peut se remarier, mais les enfants du second lit font retour au premier mari s'il revient au pays.

Les Nègresses, malgré leurs infortunes, sont d'un naturel jovial. Elles adorent les étoffes éclatantes et la toilette plus encore que les hommes. Une de leurs grandes préoccupations est leur coiffure ; aussi les bonnes coiffeuses sont très recherchées. Chez beaucoup de tribus, les cheveux sont arrangés en une multitude de petites boucles et recouverts d'un mouchoir orné de plumes, qu'il est de bon ton de changer plusieurs fois par jour (fig. 20). Par contre, la coiffure même des cheveux n'est renouvelée qu'une fois par mois, et comme on y fait entrer à chaque façon 200 grammes de beurre environ, qui rancit rapidement, les élégantes du pays ne sentent pas bon.

Les Nègres semblent meilleurs calculateurs que les Cafres ; ils ont des mots pour compter jusqu'à 100 et arrivent même jusqu'à 1000 au moyen de combinaisons.

Les Sénégalais se servent encore du système quinquennal — 1,2,3,4,5, 5+1, 5+2, 5+3 — qui a dû précéder le système décimal.

Si nous ne comptons plus, comme tout le monde sait, dans le système quinquennal, on peut remarquer que nous nous en servons encore quand nous écrivons en chiffres romains.

En Guinée, les commerçants nègres comptent par dizaines, en mettant un petit morceau de bois de côté pour chaque unité, un plus gros pour chaque dizaine, et un plus gros encore pour chaque centaine.

Ce procédé barbare est aussi en usage en Chine. Dans nos salles de jeu, on se sert d'instruments analogues pour compter les points gagnés aux cartes, au billard, etc. Notre mot *calculer* lui-même vient de *calcul*, qui dans l'origine n'avait pas d'autre signification que celle de petit caillou.

Les Nègres se servent encore de petits cailloux pour compter le temps. Pour savoir, par exemple, le nombre de jours qu'ils ont travaillé, ils déposeront chaque soir un caillou dans une calebasse et un caillou d'une couleur différente pour les jours de repos.

Si nous n'avions pas de calendrier, nous serions bien forcés d'agir de même.

Leurs langues, si complètes pour tout ce qui touche l'arithmétique, est très pauvre pour exprimer les couleurs. Ainsi les Assiniens n'ont que deux mots pour désigner les teintes : *foufoue* pour le blanc et les nuances très claires; *bilé* pour le bleu, le noir, le brun et toutes les nuances foncées. Pourtant leurs teinturiers obtiennent des couleurs assez variées, et ils sont aussi capables que nous de distinguer les différentes teintes du prisme. De même, les Grecs du temps d'Homère se servaient du même mot pour désigner le bleu et le brun. En faudrait-il conclure que ce peuple d'artistes confondait ces deux teintes, comme divers hellénistes ont cherché à le démontrer?

Les langues parlées par tant de peuples ou de races différentes (la distinction devient très difficile à établir), depuis le Sénégal jusqu'au bassin du Nil, depuis le Sahara jusqu'au Congo, sont en nombre considérable. Les linguistes sont arrivés à les classer en 24 groupes principaux qui semblent n'avoir entre eux aucun rapport. La liste de ces différentes familles linguistiques avec l'habitat de chacune, serait plutôt du domaine de la géographie. Mais nous donnerons quelques détails spéciaux sur les Mandingues et sur les Yolofs, qui sont avec les Peuls les trois principales races autochthones de nos colonies de Sénégambie.

Les Yolofs sont les plus noirs de tous les hommes connus, tandis que les Mandingues, qui habitent plus au sud, ont une peau plus claire, se rapprochant de la couleur du tabac. Ce fait est en opposition flagrante avec les idées reçues sur l'influence de la latitude sur la coloration. De ces deux peuples voisins, le plus noir est le plus éloigné de l'équateur (Broca)!

Les Yolofs habitent presque tout le pays compris entre le Sénégal et la Gambie. Leurs deux centres sont Saint-Louis et Dakar Gorée. C'est une belle population qui fournit à notre colonie des soldats très courageux. Malgré leur peau noire et leur chevelure laineuse, ils ont le nez peu épaté et les dents verticales. Les deux sexes sont grands, élancés, et d'une prestance magnifique. Les hommes portent le *boubou*, espèce de chemise de différentes étoffes que les femmes remplacent en été par de la mousseline transparente.

Mais la pièce fondamentale de leur vêtement est le *pagne*, large morceau d'étoffe de forme carrée, et qui est commun à tous les Nègres. On l'attache autour des reins au moyen d'un simple nœud, et la femme yolove est constamment occupée à en rectifier la position, que dérange le moindre mouvement ou le plus léger coup de vent.

La société est chez eux divisée en castes : les familles royales, les nobles, les hommes libres et les esclaves. Le fils prend généralement l'état de son père. La plupart sont mahométans et comme tels dirigés aveuglément par des marabouts. Ils pratiquent la polygamie, mais la femme est un peu plus respectée que chez les autres noirs ; elle est plus ou moins consultée pour son mariage. En Sénégambie, la locution « Frappe-moi, mais ne maudis pas ma mère », est commune à tout le monde. Ils honorent les vieillards et se vantent de ne pas mentir !

La singulière coutume des Égyptiens de juger les morts se retrouve chez eux. Avant les funérailles chacun peut aller devant le cadavre dire à haute voix le bien et le mal qu'il pense du défunt. Le Dr Ferraud rapporte que cet usage aurait une influence très notable sur la conduite des vivants.

Les Mandingues, tout en ayant la peau d'une teinte plus claire, sont plus prognathes et ont le front plus étroit que les Yolofs. C'est la race nègre qui s'est le plus approchée de la liberté. Les affaires s'y débattent publiquement et le roi ne peut prendre une décision importante, guerre, paix, etc., sans consulter le conseil des anciens. Chez les Bambarras, qui se rattachent par la langue aux Mandingues, le roi, en prenant le pouvoir, doit entendre tout un discours sur les devoirs de ses nouvelles fonctions.

Mais ce qui est tout à fait remarquable, c'est que, chez les Mandingues, un maître ne peut mettre à mort un esclave sans avoir provoqué une enquête sur sa conduite.

Fig. 21 — Nubien.

VI. — LES PEULS. — LES NUBIENS.

A côté des Yolofs et des Mandingues, on trouve au Sénégal vivant côte à côte avec eux une troisième race tout à fait différente, celle des Peuls.

Les voyageurs les distinguent à première vue du milieu de la population noire par leur peau plus claire, leur couleur rouge-cuivrée, leurs cheveux lisses ou simplement bouclés, leur nez arqué, leurs lèvres minces et leurs traits se rapprochant beaucoup de ceux du type caucasique. Ils sont fiers de cette ressemblance et ont même souvent émis la prétention d'être rangés parmi les hommes blancs.

Leur origine ethnographique a donné lieu à maintes hypothèses : beaucoup voient en eux une race particulière.

Pour d'autres, ce sont des métis de Nègres avec les tribus blanches de l'Afrique du Nord.

Toutes ces opinions ont leur point de départ dans la présence manifeste de sang peul plus ou moins taché de noir sur une ligne continue s'étendant de l'Atlantique à la mer Rouge par le Sénégal, le haut Niger, le Haoussa, le Baghermi, le Ouadar et la Nubie. Ils semblent avoir fourni des familles royales à presque tous ces États qu'ils ont conquis à différentes époques. Leurs traces dans l'histoire remontent jusqu'au dizième siècle. Depuis, on a toujours vu les grands empires de l'intérieur du Soudan se faire et se défaire sous l'influence des Peuls.

Les migrations d'une nation relativement peu nombreuse à travers des millions et des millions de noirs ne se sont pas accomplies sans altérer profondément le Peul primitif. Il est devenu presque impossible d'en trouver un pur, et le type de la race ne peut guère se dégager que d'un ensemble.

Les différentes altérations du nom de Peul suivant les façons de prononcer spéciales à chacune des peuplades noires, peuvent donner une idée de leurs nombreuses variétés physiques. Les Peuls (de Poulbé, les rouges), s'appellent suivant le pays où ils se trouvent : Peuls, Poular, Poulos, Poulays ou Pouls Peullys, Peullahs, Pulos ou Fouls, Fulles, Foulbes, Fouilles, Foulis, Foulahs, Foulans, Fellahs, Fellatahs, Fellatins, Fellans, Fellanis. (Dr Ferraud). A cette liste il faudrait ajouter les différentes appellations de leurs métis. La plus connue est celle de Tocolor, (dont les Français ont fait Toucouleurs), que les Sénégalais appliquent aux métis de Peuls et de Nègres particulièrement, Serères et Yolofs.

Les mêmes métis sont désignés dans le Fouta-Toro sous le terme de Torodos. Ce sont les Torodos qui ont fondé les différents empires de Fouta-Djalon, Boudon, Sokoto. (Girard de Rialle.)

Ces agitateurs, ces conquérants, sont devenus des musulmans fanatiques et des propagateurs ardents de leur foi. On leur a reproché de s'attacher surtout dans la pratique de leur religion aux manifestations extérieures du culte. Ils récitent leurs prières en arabe, sans en comprendre un mot, et portent sur eux de petits sacs de cuir renfermant quelques lignes du Coran. Dans d'autres endroits, ils ont conservé leurs anciens fétiches auxquels ils se sont contentés d'attacher quelques versets pieux copiés par des marabouts.

Leur religion semble aussi s'occuper un peu trop de médecine. Les marabouts qui l'exercent, font avaler à leurs malades de la râclure de planche sur laquelle ils ont inscrit une prière. (Dr Ferraud).

Le culte aidant, ils sont fermement convaincus que les infidèles leur appartiennent corps et biens. Ils se rendent compte de leur supériorité sur les Nègres et ils savent s'imposer à eux. Un proverbe du Sénégal, cité par le général Faidherbe, dit que si l'on introduit, comme esclave ou captive, une fille peule dans une famille, elle finit toujours par devenir la maîtresse de la maison.

Leur gouvernement est une espèce de théocratie dont le chef dirige à la fois la religion et les affaires du pays. Tous les hommes

Fig. 22. — Femmes nubiennes.

sont guerriers. Ils confient des armes même aux esclaves nés chez eux dans la servitude et sur lesquels ils peuvent compter. Ces esclaves sont bien traités et forment une classe séparée de ceux achetés aux caravanes. A l'encontre des autres peuples, ils les chargent de tous les travaux d'artisan, fabrication des armes, des instruments, etc., et se réservent pour eux-mêmes l'agriculture et le soin du bétail.

Aussi préfèrent-ils habiter les districts montagneux que les plaines toujours marécageuses de l'Afrique.

LES NUBIENS.

Si du Sénégal, nous traversons l'Afrique de l'ouest à l'est pour arriver en Nubie, nous retouverons, au nord des populations noires de l'Abyssinie, un second centre de tribus rouges, les Bedjas du Taka (divisés en Bicharris, Hadendoas, Halengas), les Barabras, les Dongolaouis, etc., que la géographie réunit sous la dénomination générique de Nubiens.

On a regardé ces populations tantôt comme apparentées avec les Égyptiens (qui sont classés par les ethnologistes à côté des Juifs dans la race chamitique), tantôt comme voisines des Peuls.

Géographiquement, la Nubie peut être regardée comme une route faisant communiquer l'Afrique centrale avec la Méditerranée ; ses habitants semblent avoir emprunté quelques caractères à chacun des peuples avec lesquels ils sont en contact.

Si c'est le mélange de ces races qui a donné naissance au Nubien, il faut reconnaître que la fusion a dû s'opérer il y a des milliers d'années, car du temps des Pharaons, le Nubien ne différait guère de ce qu'il est aujourd'hui, à en juger par les dessins que les anciens Égyptiens nous ont laissés de ce peuple.

Les traits des Nubiens sont caucasiques pour le front, les yeux, le nez ; les lèvres sont un peu épaisses, mais sans former le bourrelet du Nègre. Le menton est droit et le prognathisme très faible. La couleur de la peau varie beaucoup. Les Bedjas, qui passent pour les moins mélangés, sont d'un beau rouge bronze, mais beaucoup, chez les Barabras, sont presque blancs et chez les Dongolaouis presque noirs.

La chevelure quoique crépue n'a pas le toucher laineux de celle du Nègre. « Leurs cheveux, couverts de suif de mouton au point qu'ils paraissent parfois poudrés à blanc, sont disposés d'une façon très originale. Assez longs, ils forment autour de la tête comme une perruque, mais au sommet, ils sont relevés en toupet abondant et fourni..... La manière dont ils se coiffent le matin des jours de fête est peu ragoûtante. Tandis qu'un des Nubiens est en train de peigner son camarade avec une nervure de feuille de palmier, celui-ci mâche et triture énergiquement dans sa bouche un morceau de graisse de mouton bien fraîche, de façon à en faire une pâte d'une blancheur éclatante, qu'il passe par fragments à son camarade, qui lui en enduit complètement les cheveux. Cette graisse exhale bientôt une odeur répugnante qui contraste avec la propreté scrupuleuse du reste de leur corps. » (Girard de Rialle.)

Les femmes, moins belles que les hommes, s'habillent mal. Les jeunes filles seules peuvent avoir une jupe, les femmes mariées doivent porter le pantalon.

Les unes et les autres se passent dans le nez un anneau en cuivre ou en corne (qu'on a intentionnellement retiré sur la photographie reproduite ci-contre, fig. 22).

Elles se tatouent les bras au moyen de petites pointes de fer; enfin leurs cheveux, au lieu de friser naturellement comme ceux de leurs maris, sont divisés en petites tresses : mode disgracieuse, mais ancienne; on retrouve des coiffures analogues sur les antiquités égyptiennes.

Les femmes sont vendues par les parents, et un mari peut en acheter autant qu'il peut en payer. Pour trouver acheteur, les jeunes Nubiennes doivent avoir une conduite irréprochable, qui est vérifiée par enquête avant le mariage. Aussi les pères de famille mettent leurs filles à mort sans miséricorde, si elles prêtent à la médisance. Ce sont là des sévérités de mœurs, qui décèlent

Fig. 23. — Épée, couteaux, boucliers, gourde en cuir et tambourin nubiens.

le sang arabe et qui sont trop contraires aux usages des Nègres, pour que nous les passions sous silence.

Depuis la plus haute antiquité, les Nubiens ont joué un rôle important dans l'histoire. On voit encore à Axum, au sud de la Nubie, de vieux monuments couverts de hiéroglyphes qui remontent à plusieurs siècles avant notre ère.

Les Nubiens ont lutté contre les invasions égyptiennes et ninivites et tenu tête aux Romains. Ils sont maintenant bien déchus de leur ancienne splendeur ; leurs habitations, bien dissemblables des ruines de l'Éthiopie, sont des huttes de paille grossièrement construites et analogues à celles des Nègres de l'Afrique centrale.

Dispersés en de nombreuses petites tribus, ils sont toujours en guerre les uns avec les autres.

« Le commerce est ce qu'il peut être en pays barbare, où il n'y a nulle sûreté ni pour les personnes ni pour les biens. Il se tient pourtant des marchés sur les frontières des tribus, mais on s'y rend de part et d'autre en troupes armées, de 500 à 1000 hommes. » (Dr Letourneau.) Le gouvernement est absolument despotique et le chef de tribu a le droit de vie et de mort sur ses sujets. Ils ont des esclaves, et leur passion est de faire des expéditions chez les tribus nègres de l'intérieur de l'Afrique pour s'en procurer.

Ils sont avant tout pasteurs, et leurs animaux domestiques sont le cheval, le chameau, le bœuf à bosse, la chèvre. C'est de leurs troupeaux qu'ils tirent le principal de leur nourriture ; ils passent pour très voraces et on dit qu'ils mangent trois ou quatre fois plus qu'un Européen.

La propriété foncière est encore commune ; chacun cultive ce qui lui plaît. Pour qu'un pareil système soit possible, il faut nécessairement que les terres incultes ne manquent pas. Il est certain que l'agriculture ne doit pas avoir toutes leurs faveurs, car ils n'ont aucun instrument pour remuer la terre.

Ils sont mieux armés pour la guerre. Outre leur grande épée à poignée en forme de croix, qu'ils manient souvent à deux mains comme du temps des croisés, ils ont de petits poignards à lame large ou recourbée. Ils ont deux sortes de boucliers, l'un ovale, très grand, semblable à celui des Cafres, l'autre rond avec un fort *umbo* au milieu (fig. 23).

Un instrument qui ne les quitte jamais, est leur épouvantable tam-tam, qui a la forme d'un vase dont le fond aurait été remplacé par une peau tendue. Souvent ils passent des nuits entières à taper dessus et s'enivrent au son de cette musique étourdissante. Les explorateurs qui ont voyagé avec des caravanes de Nubiens, sont redevables de bien des insomnies à cette passion musicale. Schweinfurth, entre autres, excédé par une série de nuits blanches, en avait été réduit, pour mettre fin à ces souffrances, à altérer secrètement les peaux tendues des tambours en les mouillant avec un acide. Aux premiers coups des musiciens sur leurs instruments, ces peaux avaient crevé ; force leur avait été d'ajourner le concert et le voyageur avait gagné une nuit de repos.

Beaucoup ont maintenant des fusils à piston, mais s'en servent très mal. Ils sont tellement fatalistes et indolents qu'ils ne se donnent pas la peine de viser, persuadés que la balle ira toujours là où il est écrit qu'elle ira. C'est aussi à leur apathie que certains voyageurs attribuent leur grande et incontestable honnêteté : ils n'auraient pas l'énergie nécessaire pour voler !

Leur religion est le mahométisme, mais ils ne paraissent pas très fervents. Leur langue est un mélange d'arabe et d'abyssin. Leur numération est également arabe ; mais ils arrivent difficilement jusqu'à mille. A mesure qu'on descend vers le sud, la faculté mathématique diminue. Les Mittous près de Kartoum ne comptent pas plus loin de dix. Un chef de caravane qui voulait enrôler chez eux 1535 porteurs, fut plus d'une heure, rapporte Schweinfurth, avant de se faire comprendre du roi Couraagghera. Toutes les combinaisons digitales furent imaginées en pure perte. A la fin, on fit apporter des bottes de menus roseaux, on les lia par dizaines, puis on bottela ensemble les dizaines de dizaines. Quand le paquet fut au complet, il va de soi que l'intéressé ne put dire le nombre qu'il représentait, mais il en comprit parfaitement l'exigence : un homme pour chaque bâton. « As-tu compris », lui demanda-t-on en fin de compte. Il fit un signe affirmatif, prit son énorme fagot et s'en alla gravement. Peut-être que dans dix mille ans les abstractions de notre algèbre sembleront à nos descendants aussi barbares que cette arithmétique « noire » !

Les Foundjs du Senaar se rattachent aux Nubiens par la langue. Les Gallas et les Changallas sont de véritables noirs. Quant aux voisins septentrionaux des Nubiens, les Égyptiens autochtones ou Fellahs, on s'accorde à les rattacher au rameau chamitique des races blanches. Par leur origine comme par leur antique civilisation, ils s'écartent donc de notre sujet.

Si le géographe désigne sous le terme d'Afrique l'ensemble de ce continent, aux yeux du naturaliste, l'Afrique géologique, botanique et ethnologique est plutôt limitée au nord par les déserts du Sahara que par la Méditerranée.

DEUXIÈME PARTIE

LES PEUPLES DE L'AMÉRIQUE.

I. — LES INDIENS DE L'AMÉRIQUE DU NORD

Ces populations ont un air de famille qui a fait dire aux Espagnols : « *Visto un Indio de qualquiera region, se puede decir que se han visto todos;* — qui a vu un Indien de quelque localité qu'il soit, peut dire qu'il les a tous vus. »

C'est là une exagération manifeste. L'Amérique contient autant et plus peut-être de types distincts que l'Afrique du Sud. Notre grand naturaliste d'Orbigny, dont l'ouvrage fondamental, l'*Homme américain*, fait autorité en ces matières, a été le premier à reconnaître la multiplicité des races américaines.

Pour nous en tenir à la couleur de la peau, on rencontre dans la seule Amérique septentrionale toutes les nuances, depuis le noir Californien jusqu'au Kolosche dont la peau a quelquefois la blancheur d'une « laitière anglaise ».

Les seuls caractères communs qui puissent s'appliquer aux Esquimaux comme aux habitants de la Terre de Feu, sont des pommettes saillantes et les cheveux noirs, durs au toucher. De plus, tandis que la coupe transversale du cheveu, vue au microscope, dessine chez l'Européen une ellipse, et chez le Nègre une ellipse allongée, le cheveu de l'Américain a une section ronde comme celui du Mongol. C'est là un caractère anatomique tout à fait imprévu, mis au jour par M. Pruner-Bey et qui est venu justifier l'opinion des ethnologistes qui ne veulent voir dans les Américains que des Asiatiques modifiés sous l'influence des milieux et des mélanges avec des races autochthones aujourd'hui disparues.

On trouve en effet sur les bords du Mississipi des collines artificielles de 20 à 30 mètres de haut, des vestiges d'anciens canaux, des terrassements gigantesques, affectant les formes les plus diverses, *des Mounds*, comme les appellent les Américains, qui

Fig. 24. — Poterie des mounds de l'Ohio.

prouvent qu'antérieurement des peuples plus avancés que les Peaux-Rouges avaient habité ces contrées.

Des poteries élégantes et les restes d'industrie de toutes sortes achèvent de nous donner un aperçu sur cette civilisation éteinte (fig. 24 et 25).

Cette population primitive de l'Amérique ne doit pas être confondue avec les hommes de l'époque tertiaire ou néolithique qui ont, eux aussi, laissé des traces de leur existence en Amérique. Il s'agit ici de faits beaucoup plus récents qui, remontent à un ou deux mille ans au plus. On apprécie approximativement l'ancienneté de ces monticules par l'âge des arbres qui les couvrent et qui atteignent parfois 800 ans.

Quant aux Peaux-Rouges, ils n'en savent pas plus sur ce sujet que nos paysans sur les dolmens de Bretagne.

On voit que ce que nous appelons le nouveau monde est tout aussi « vieux » pour l'humanité que l'ancien.

Les Indiens modernes de l'Amérique du Nord, que Cooper a

Fig. 25. — Pipe sculptée de Mound-City.

dépeints avec tant de poésie et d'exactitude, s'étendent depuis les côtes de l'Océan glacial habitées par les Esquimaux jusqu'aux frontières du Mexique. Ils se divisent, comme chacun sait, en un certain nombre de nationalités. Toutes se rapprochent entre elles par leur genre de vie nomade, vivent de poisson ou de chasse et suivent le gibier dans ses migrations.

Ces Indiens se distinguent des autres Américains par une taille plus élevée. Ils sont dolychocéphales comme les Nègres. Leur nez prononcé si voisin de l'aquilin, leurs lèvres minces et leur regard triste donnent à leur physionomie une expression sévère. Leurs cheveux noirs et épais sont quelquefois si longs qu'ils balayent le sol derrière eux. Beaucoup se teignent le corps avec de la terre rouge, d'où leur nom de Peau-Rouge. Leur teint

Fig. 26. — Indien du Rio Colorado.

naturel est plutôt chocolat. Ils ont, sous l'influence du voisinage des blancs, renoncé presque entièrement aux tatouages disparates décrits par Cooper. Comme vêtement ils se drapent à moitié nus dans une peau de bison ou dans une couverture européenne, et se chaussent avec les célèbres mocassins.

Ce sont les habitants du Colorado qui passent pour les plus beaux types d'Indiens (fig. 26 et 27). (Tylor.)

L'Indien calme, silencieux, observateur, méfiant, suscep-

Fig. 27. — Indien du Rio Virgen.

tible et prompt à la haine, se place loin du Nègre, véritable clown, curieux, hardi, toujours naïf et sans mesure.

Le trait le plus remarquable de son caractère est une indifférence complète et un maintien tranquille dans n'importe quelle occasion émouvante. Qu'un enfant accomplisse quelque action héroïque, qu'il soit pris par l'ennemi ou qu'il rentre sain et sauf après une longue absence, son père le regardera toujours avec son flegme stoïque et ne lui adressera rien de plus que les salutations d'usage. Mais ce même père qui laisse partir son fils sans adieu et sans un regard, donnera à l'occasion sa vie pour le sauver.

Ils ont, comme la plupart des hommes, une confiance aveugle en la supériorité de leur race. « Tu es presque aussi adroit qu'un Indien, » disent-ils à un blanc pour le flatter.

« Bête comme un blanc ! » est aussi un de leurs proverbes.

« Les Visages-Pâles sont sourds et aveugles », disent-ils ironiquement, pour blâmer notre habitude de parler fort et de s'approcher en causant les uns des autres. Entre eux, excepté dans les grandes occasions, ils parlent peu, et la finesse de leur ouïe leur permet de parler bas. — Qu'un voyageur arrive chez des Indiens, il entrera dans la première hutte venue en disant : « Me voici ! » On lui répondra : « C'est bien. » — Puis on lui servira un repas. Quand il se sera reposé, il se lèvera et dira simplement : « Je m'en vais ! » « Fais à ta guise ! » lui dira-t-on en signe d'adieu, sans l'importuner par des tentatives hypocrites pour le retenir.

Cette taciturnité est d'autant plus étonnante qu'ils peuvent être très éloquents et même très bavards. Il n'est personne qui n'ait eu l'occasion de lire quelques morceaux de discours prononcés par eux devant des « Faces pâles » à l'occasion de l'empiètement des Européens sur leur territoire. Malgré l'affaiblissement de la traduction, la poésie et l'étrangeté de leurs métaphores saisissent l'esprit : « Frères, lorsque pour la première fois ces « côtes virent un Visage-Pâle, les Muscogées lui donnèrent l'hos-« pitalité et il se reposa à leurs foyers. Mais quand il se fut chauffé « dans le wigwam de ses frères rouges, et qu'il eut mangé de « leur maïs, il devint grand, très grand, toujours plus grand ; « bientôt sa tête voyait par-dessus les sommets de nos montagnes, « tandis que ses pieds couvraient nos plaines et nos prairies. Il « étendit ses mains à droite et à gauche et elles s'allongèrent

Fig. 28. — Chef peau-rouge.

« jusqu'aux deux mers. De grand qu'il était, il devint notre « grand Père (protecteur.) ! Il aimait ses enfants rouges et il leur « disait : Reculez un peu pour que je ne marche pas sur vos « pieds ! — Et d'un coup de pied il faisait reculer les hommes « rouges sur l'Oconée, tandis que de l'autre il marchait sur les « tombeaux de nos pères. Mais ce grand Père nous aimait tant ! « — il nous faisait de longs discours sur son amour, et tous « finissaient par : « Reculez, reculez, vous êtes trop près ! » — et « nous avons obéi — de derrière l'Oconée et de l'Oakmulgée, il « nous a fait reculer tout doucement sur le Mississipi, où, dit-il, « la chasse est si bonne et où nous pouvons rester tant que l'herbe « poussera et que l'eau coulera ! — Viendra-t-il nous trouver « jusqu'ici, lui, qui nous aime tant ? »

Nous verrons en étudiant leur langue que c'est le petit nombre de mots et d'expressions dont ils disposent, qui les force à recourir à cette richesse d'images. Ils préfèrent décrire que de créer un mot nouveau. Un sauvage que l'on avait emmené dans une grande ville du littoral, racontait à son retour ses impressions de voyage à sa tribu de la manière suivante : « Il a été sur un grand canot clairvoyant de la grande médecine (mystérieux) ; il a vu des machines médecines (usines à vapeur) ; il est entré dans des wigwams pointus plus hauts que les arbres de la forêt (des églises) ; il a remarqué des hommes qui portaient derrière leurs habits des boutons qui ne boutonnaient rien du tout, des femmes grosses et rondes par les deux extrémités et très minces par le milieu, qu'il a prises de loin pour de grandes gourdes marchant toutes seules ! — Il parlait de grandes caisses pleines d'hommes et de femmes traînées par des chevaux (omnibus), de boîtes parlant amoureusement lorsqu'on tourne un petit morceau de fer, qui se trouve près du couvercle (des orgues), etc. » (Domenech.)

Leur placidité et l'empire qu'ils ont sur eux-mêmes, leur permettent d'écouter leurs partenaires sans interruption et leur donnent un certain à-propos dans la discussion. L'historiette suivante, citée par Waitz, peut servir d'exemple :

« Un courageux missionnaire qui avait pénétré chez les Sioux, cherchait à initier les Indiens dans les mystères du premier péché et de la pomme d'Adam, du paradis, de Jésus-Christ et du sacrifice divin, etc. On l'écoutait avec déférence, et on le remerciait de la peine qu'il avait prise de venir de si loin les entretenir de choses si intéressantes. Puis un Indien prit la parole et raconta les légendes et l'histoire de sa tribu. Mais le missionnaire de se récrier qu'il fallait se garder de confondre ces fables païennes avec les « saintes vérités » racontées par lui. Alors l'Indien se fâcha. « Mon père, dit-il, il paraît que tes frères n'ont pas assez « soigné ton éducation, puisqu'on t'a laissé ignorer les premières « règles de la politesse. Nous, nous les connaissons et les prati- « quons ; nous l'avons prouvé en faisant semblant de croire tes « histoires ; pourquoi ne veux-tu pas faire de même pour les « nôtres ? »

La discussion publique des affaires de la tribu développe chez eux cette facilité d'élocution. Leur gouvernement est une sorte de communauté, dont le chef est généralement choisi à l'élection. C'est le plus courageux à la guerre et le plus éloquent qui naturellement a la préférence.

Les Indiens de la Colombie ont établi pour éprouver ces aspirants, des examens redoutables : « Le candidat au pouvoir doit supporter sans donner le moindre signe de sensibilité, d'abord une vigoureuse fustigation. Puis on le couche, les mains liées, dans un hamac, et l'on jette sur lui des myriades de fourmis venimeuses. Enfin, on allume sous le hamac d'initiation un feu d'herbes, disposé de telle sorte que le patient en sente la chaleur et soit enveloppé par la fumée. Tout cela doit être supporté avec la plus complète impassibilité. Le moindre mouvement d'impatience, le plus léger gémissement, entraînent la déchéance du candidat. » (Dr Letourneau.) Celui qui sort vainqueur est honoré comme un être d'une nature supérieure. Pourtant s'il vient à démériter, il est immédiatement remplacé par un autre.

Chaque tribu a un animal pour *totem*, qui rappelle probablement le nom de son fondateur. Les occupations des chefs en dehors de la guerre sont à peu près nulles. Il n'y a aucune forme de justice ; chacun se venge comme il peut.

« Sur le sentier de la guerre », comme ils disent, la ruse et les surprises sont leur moyen préféré. Ils cherchent le succès sans la moindre parade chevaleresque, et le chef paye souvent de sa tête une défaite ou même une victoire trop chèrement achetée.

Se faire tuer est pour un Indien une preuve de manque d'habileté ; se rendre, un déshonneur équivalent à la mort. En fait, on a avantage à se faire tuer au lieu de chercher à prolonger son existence de quelques jours en se constituant prisonnier entre les mains des Sioux, par exemple. « Tout captif y est abandonné aux femmes qui se montrent vis-à-vis de lui d'une cruauté révoltante, lui arrachent les yeux, la langue, les ongles, lui brûlent un jour une main, l'autre jour un pied. Quand on a bien torturé le prisonnier, on allume un feu de charbon sur son ventre et l'on danse en rond en hurlant. Presque tous les Peaux-Rouges commettent froidement ces atrocités envers les blancs, dès qu'ils sont en lutte envers eux. » (Simonin.)

Chez les Iroquois, plus avancés que les Sioux, le prisonnier de guerre était d'abord un peu torturé, puis offert en dédommagement aux familles qui avaient perdu un des leurs. Quelquefois ces familles l'adoptaient à la place du mort. S'il était refusé, la cruauté publique s'en emparait. On le brûlait tout vif en lui arrachant les chairs ; après l'avoir scalpé, on saupoudrait sa tête de cendres chaudes et on le forçait à se promener à travers le camp jusqu'à ce qu'il succombât.

Quant au supplicié, la coutume voulait qu'il ne cessât pas de chanter, de se moquer de ses bourreaux, de les exaspérer en énumérant le nombre de victimes qu'il avait torturées autrefois. Surexcités par ces railleries, les assistants, pour l'empêcher de parler, se précipitaient sur lui, lui arrachaient le cœur de la poitrine et le lui enfonçaient dans la bouche. D'autres le dévoraient pour prendre possession du noble courage qui y était contenu.

Le cannibalisme par vengeance était, dit-on, encore pratiqué chez les Hurons du temps du père Brébeuf, qui les vit manger un de ses néophytes. On trouve les traces de ces coutumes dans leurs imprécations contre l'ennemi : « Je veux te manger le cœur, boire ton sang, te dévorer les entrailles, etc... » Ces paroles en leur bouche ne sont plus en général que des phrases dénuées de sens, mais il est hors de doute qu'il fut un temps où on les prenait à la lettre.

Tout homme tué à la guerre ou en captivité était scalpé. Sa chevelure, arrachée du crâne, était suspendue comme trophée aux armes du vainqueur.

Les Peaux-Rouges, malgré cette férocité, aiment leurs enfants d'un profond amour.

« Un Indien, Bi-aus-wah, chef célèbre des Chippeways, trouve en rentrant sa hutte détruite et son fils emmené par une tribu ennemie. Il suit seul leurs traces à travers la forêt, les atteint au moment où l'on attache son fils sur le bûcher en flammes — et, magnanimement il s'offre à sa place. « Mon fils n'a vu que peu « de printemps, dit-il, ses pieds n'ont pas encore gravi le sentier « de la guerre. Mais moi, mes cheveux ont blanchi, j'ai pris des « centaines de scalps à vos guerriers pour les offrir aux mânes de « mes ancêtres! — Acceptez donc ma vie que je vous offre avec « délice pour sauver celle de mon fils » ! — Et l'on accepta ; — le vieillard, sans pousser une plainte, disparut bientôt dans un tourbillon de fumée. » (Schoolcraft.)

Néanmoins, dans certaines tribus, on fait souffrir les jeunes enfants pour leur déformer le crâne, leur aplatir le front (d'où le nom de Têtes-Plates donné à une tribu indienne). Nous retrouverons cette coutume au Mexique et au Pérou, où elle était encore plus répandue.

D'autres Peaux-Rouges sont encore moins charitables et ils enterrent le nourrisson vivant avec le cadavre de la mère qui l'allaitait, « pour l'empêcher de mourir de faim », disent-ils.

Cette façon de secourir l'orphelin, commune à beaucoup de sauvages, est ici d'autant plus répandue, que chez un grand nombre d'Indiens l'enfant appartient à la tribu de la femme. Les exemples du dévouement du père pour sa progéniture sont ici beaucoup plus rares. Le fils devenu grand, quitte la tribu du père et passe dans celle de la mère.

Le Peau-Rouge qui veut se marier, doit aller chercher sa femme dans un *clan* portant un autre *totem*. On appelle cette coutume l'exogamie ; souvent il doit épouser les sœurs cadettes en même temps que l'aînée. Les enfants obtenus de ces mariages consanguins se regardent naturellement comme frères et non comme cousins ; bien plus, les mères appellent indistinctement fils leurs propres enfants et ceux de leurs sœurs et des autres femmes de leur mari. Il y a même des tribus où la langue ne semble pas distinguer les enfants des neveux, comme si à une époque antérieure, toute une famille avait épousé à la fois toute une autre famille.

Les sociologistes regardent ces différents modes conjugaux comme autant de phases de transition par lesquelles le mariage a dû passer avant d'arriver à être ce qu'il est en Europe.

Nos ancêtres du temps de la pierre polie ou taillée auraient eu non seulement les mêmes armes que les sauvages de nos jours, mais aussi des usages approchants. Les simulacres de combat, de violence, d'enlèvement qu'on retrouve dans les cérémonies nuptiales de tant de peuples, jusque chez les Slaves, par exemple, sont considérés comme autant de restes, de survivances, du temps où l'on partait en guerre pour aller chercher ses femmes chez le voisin.

Les Peaux-Rouges, malgré leur amour pour la bataille, étaient arrivés à faire la chose pacifiquement. Le fiancé s'entendait avec le père des filles à marier, et lui donnait en échange des peaux de bisons ; s'il était pauvre, il devait acheter sa femme par plusieurs années de servitude dans la famille de la future. C'était une transaction individuelle dans laquelle la société n'avait pas à intervenir.

Au Canada, chez les Iroquois, le mariage avait franchi un échelon de plus et devait être sanctionné par le chef.

Quelle qu'ait été la forme de la cérémonie, la femme était

encore plus maltraitée que chez les Nègres. Les dialectes variant d'une tribu à une autre, il arrivait très souvent que les époux parlaient des langues fort différentes, et ils préféraient se faire comprendre par signes pendant des années plutôt que de chercher à apprendre la langue l'un de l'autre.

Ce trait de mœurs, confirmé par de nombreux explorateurs, permet d'apprécier ce qu'était la vie de famille chez les Indiens.

L'homme mange. boit, dort et fume son fameux calumet; travailler, à ses yeux, c'est se déshonorer, et, les armes exceptées, il laisse tout faire par ses femmes. — Comme en Afrique, ce sont elles qui construisent les huttes encore plus modestes que celles des Cafres, mais recouvertes de peau. Un trou de côté sert de porte, et un autre au sommet permet à la fumée de s'échapper en partie. Certains Indiens, sur la frontière du Mexique, se contentent pour leur repaire de branchages entrelacés (fig. 29).

Les femmes tannent encore les peaux de buffles, tant bien que mal, n se servant de la cervelle même de l'animal. Elles se fabriquent avec de l'argile une vaisselle rudimentaire, de même que les ménagères de l'âge de la pierre polie, dont les poteries portent quelquefois l'empreinte de mains manifestement féminines.

Quelques tribus pourtant, comme les Chochonies de l'Amérique du Nord, en étaient encore à faire bouillir leur eau dans des outres de peau dans lesquelles ils jetaient des pierres rougies au feu.

Les Sioux pour obtenir du feu font tourner rapidement jusqu'à l'incandescence une tige de bois sec au moyen d'une corde qui l'enroule et qu'ils tirent alternativement à droite et à gauche; la tige génératrice est maintenue entre deux pièces de bois; un archet donne à la corde une tension constante. Les moyens employés pour recueillir les étincelles sont les mêmes que pour le briquet.

La religion des clans les plus avancés est voisine du monothéisme. Un dieu à forme humaine, le grand *Manitou*, gouverne le monde avec l'aide de nombreuses divinités subalternes, dont

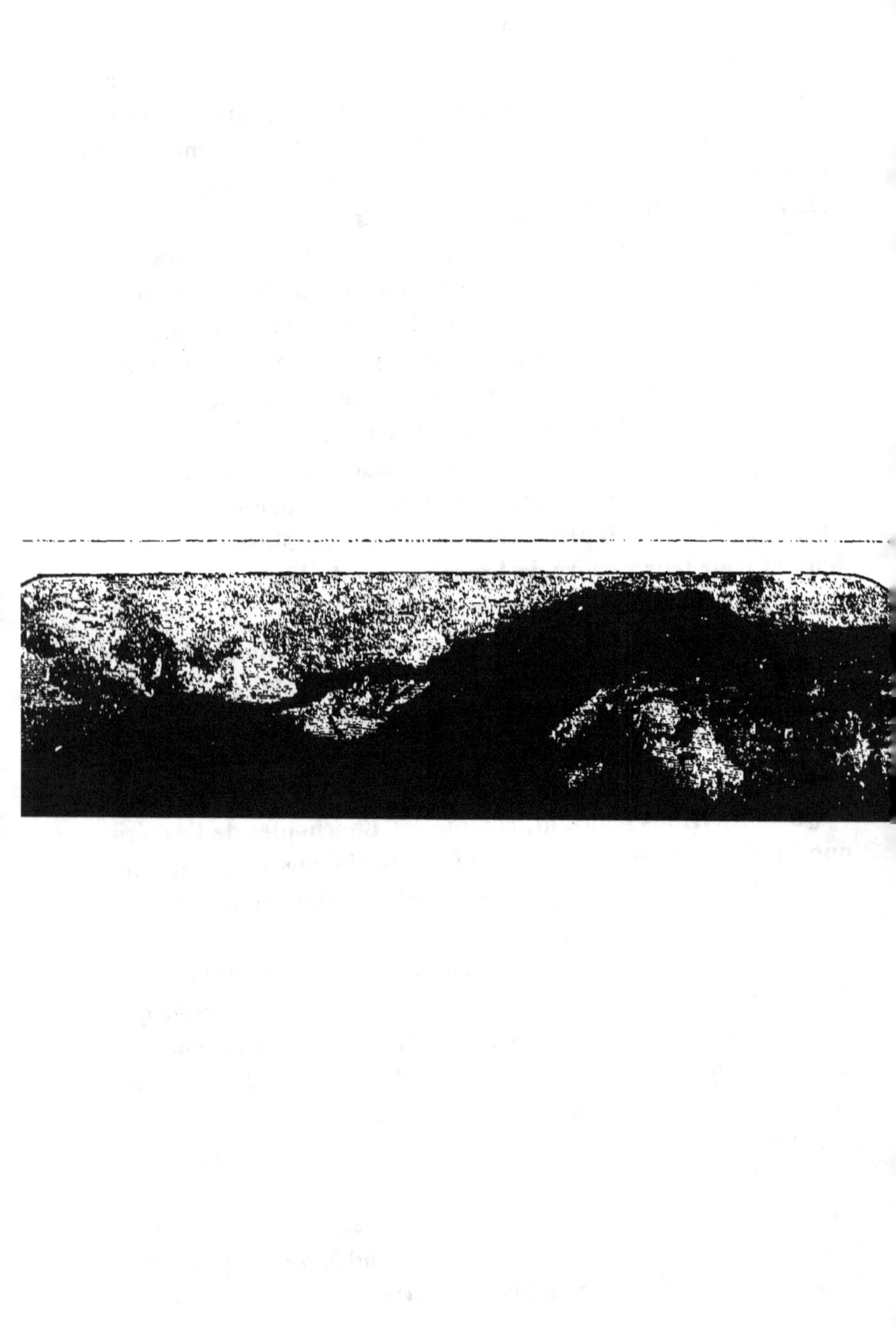

on implore le secours dans les moments critiques. Avant de s'embarquer sur un fleuve ou sur un lac, on fait une légère offrande à l'esprit des eaux. Un Peau-Rouge, effrayé par l'orage, offre au tonnerre un peu de tabac à la condition qu'il consente à se taire.

Chez beaucoup d'Indiens, on se figure le Grand-Esprit sous la forme d'un oiseau-géant, qui en plongeant ses ailes dans la mer créa la terre ; ses yeux furent les éclairs ; le battement de ses ailes, le tonnerre, etc.....

Toutes ces croyances s'allient avec la plus grossière superstition. Les Indiens Mandans, quand ils ne trouvent pas de buffles pour leur nourriture, exécutent une danse spéciale : une dizaine d'entre eux se couvrent la tête d'une peau de buffle, et les autres dansent autour du cercle. De temps en temps, l'un des hommes masqués est désigné comme devant simuler la mort et on fait semblant de se partager sa dépouille. Voici une autre recette pour obtenir une bonne chasse, qui sent un peu la magie : L'Indien, désireux de tuer un ours le lendemain, pendra devant sa hutte une image grossière de cet animal et la percera de flèches, avec l'espoir que cet acte symbolique sera suivi du véritable. (Tylor.)

La croyance à l'immortalité de l'âme n'était pas générale. C'est ainsi que certains Californiens prétendent que la vie future n'existe que pour les blancs. Chez d'autres, au contraire, cette foi est très vive et a dû leur inspirer la touchante et poétique coutume de murmurer un message dans l'oreille du mort. Nous transcrivons ici, d'après Stephens Powers, la lamentation poétique qu'une vieille grand'mère adressa au cadavre glacé de son petit-fils :

« Adieu, cher enfant, mon bien-aimé ! Jamais plus tes petites mains ne caresseront doucement mes joues vieillies, et sur la terre humide qui entoure notre case, jamais plus tes petits pieds ne viendront s'imprimer ! — Tu vas faire un bien long voyage dans le pays des esprits et tu seras seul, car personne ici ne peut t'accompagner. Ecoute et retiens bien ce que je vais te dire, car c'est la vérité : dans ce pays où tu vas, il y a deux routes : l'une est un sentier de roses qui conduit aux terres heureuses de l'ouest, au delà de la grande rivière ; là tu verras ta mère, mon enfant ; l'autre est un chemin semé de ronces et d'épines qui va, je ne sais comment, vers une terre sombre et infernale, remplie de serpents mortels où tu errerais pour toujours ! — Choisis le chemin de roses, ô cher enfant, celui qui conduit aux terres heureuses, claires et ensoleillées, belles comme le matin ! Et puisse le grand Kareya t'aider jusqu'au bout, car tes petits pieds délicats

Fig. 30. — Manière d'enterrer les morts chez les Sioux.

doivent marcher seuls ! O cher enfant bien-aimé, adieu ! » (Trad. Dally.)

L'Amérique offre des spécimens de tous les rites funéraires. Ici, on enterre ; là, on brûle les morts avec tous les objets qui leur ont appartenu. Chez les Sioux, le corps est enveloppé de peaux et attaché aux branches d'un arbre sacré (fig. 30). Les vautours se chargent du reste.

Les Peaux-Rouges de l'est les abandonnent de même, mais sur

un échafaudage funéraire assez élevé. Les indigènes qui vivent encore au Canada sous la protection des Blancs, ont conservé cette curieuse coutume qui doit remonter à l'époque où l'homme n'avait aucun instrument pour creuser la terre. On rencontre quelquefois dans leurs pays des collines couvertes de bières suspendues sur des piquets : c'est un cimetière d'Iroquois.

A en juger par la décroissance de la population, ces charniers doivent recevoir chaque année plus de cadavres que la terre d'Amérique ne voit naître de Peaux-Rouges. On n'en compte plus aujourd'hui que 300,000, chiffre qui va en diminuant tous les jours sous l'influence de causes multiples. La plus importante est la diminution progressive de leurs moyens d'existence! — La chasse est leur seule ressource; or leurs terres sont communes et chacun peut s'emparer du gibier qu'il a abattu. Avant l'arrivée des Européens, ils ne tuaient que le nombre d'animaux exigés par les besoins de leur appétit. Les Blancs ont changé la situation en introduisant en Amérique le commerce de pelleteries et en remplaçant l'arc et la flèche de silex par des armes à feu. Maintenant l'Indien, pourvu d'un fusil, chasse pour échanger une peau de bison contre une bouteille de rhum! — Le gibier diminue chaque jour, et en même temps le Peau-Rouge se grise et meurt de faim! — C'est avec raison que le général Shermann a dit que « chaque buffalo tué, tue un Indien » !

Le pendant de cette phrase pour l'Européen est la fameuse sentence : « Là où naît un pain, naît un homme », de Malthus et d'Ach. Guillard.

Mais il faut moins d'espace pour produire un pain que pour nourrir un buffalo. On estime qu'un Indien a besoin pour vivre de 150 kilomètres carrés. Or le même espace nourrirait 10,500 Français! (J. Bertillon.)

Aussi, malgré les prairies étendues que leur abandonne encore le gouvernement des États-Unis, ils manquent d'espace et ils disparaissent à mesure que les Visages-Pâles se multiplient et envahissent leur territoire de chasse.

Langage. — On retrouve dans le vocabulaire journalier des

Indiens du nord les mêmes métaphores, souvent poétiques, qui ornent leurs discours. Les Odjibways, par exemple, n'avaient pas de mots propres pour désigner les mois ou plutôt les lunes de l'année. Ils se servaient des expressions *lune de glace*, *lune des souliers de neige*, *lune du riz sauvage*, *lune des feuilles tombantes*, bien avant l'invention de notre calendrier républicain.

Pour désigner des choses nouvelles, les Indiens créent des mots nouveaux suivant leur méthode figurative. Les Hidatas appellent le fer *netsa-sipisa*, qui signifie : pierre noire, tandis que *netsa-hisisi* signifie : pierre rouge ou cuivre.

Les Sioux, qui primitivement n'avaient que des chiens comme animaux domestiques, appellent le cheval : *le chien magique*, tandis que les Tahitiens qui ne connaissaient que le cochon, ont créé pour désigner le noble solipède le mot composé de : *cochon porteur d'hommes*. Nous appelons bien la solanée de Parmentier, *la pomme de terre!*

Tous les mots nouveaux, en quelque pays que ce soit, commencent ainsi par une comparaison analogique ou figurative. L'argot des corps de métier, dont il est de mode de tant s'occuper aujourd'hui, n'a pas d'autre procédé de formation pour renouveler son vocabulaire. Puis le souvenir de l'étymologie va en s'éteignant, l'expression composée s'altère, s'abrège — et un mot nouveau est introduit dans la langue. En linguistique comme en chimie, *rien ne se crée de rien*.

Les langues américaines appartiennent, comme celles d'Afrique, à la classe des langues agglutinantes ; on dit de plus qu'elles sont polysynthétiques ou incorporantes. Elles se différencient surtout des autres langues agglutinantes en ce qu'elles incorporent à tous les mots d'une phrase un pronom chargé de rappeler le sujet. Ainsi, en algonquin, la phrase : *l'ours a tué le chef*, se dira (Tylor) :

l'ours il	a tué lui	le chef lui.
Mukwak	ogi nissaun	ogimaun.

Cette langue, dit Simonin dans son *Voyage au nord-ouest* de l'Amérique, s'accentue du bout des lèvres, et il est impossible avec nos caractères de rendre ses sons avec exactitude.

La linguistique aidée de l'ethnographie a divisé les Indiens en six groupes principaux :

I. *Les Athapaskes au nord-ouest*, entre le détroit de Behring et la baie d'Hudson, s'étendent au sud jusqu'aux sources du Missouri. Les tribus des *Omkoues*, *Chepewyans*, les Indiens *lièvres* et *loucheux* appartiennent à ce groupe.

II. *Les Algonkins à l'ouest*, sur les bords de l'Atlantique jusqu'au cap Hatteras. Les dernières recherches des linguistes ont démontré l'existence d'un fond de racines communes entre les *Apaches* et les Algonquins. Ces derniers comprennent les tribus célèbres des *Abenaks*, des *Mohicans*, des *Micmacs*, des *Illinois*, des *Delawares*, qui ont joué un rôle si important dans l'histoire des colonies anglaises et qui presque tous sont anéantis.

III. Au milieu du territoire des Algonkins, sur les bords du Saint-Laurent et des lacs Ontario et Erié, *la confédération des Cinq-Nations*, *les Mohawks*, *les Senecas*, *les Cayougas*, *les Oneïdas* et *les Onondagas*, à qui nous avons donné le nom générique d'*Iroquois*. Ils étaient plus avancés que leurs ennemis les Algonquins et un peu agriculteurs.

IV. Au sud, dans la Floride et sur la rive gauche du Mississipi, *le groupe des Cherokées*, *des Chikasaws*, *des Creeks et des Séminoles*.

V. Au centre du continent américain, dans tout le bassin du Missouri, les *terribles Dakotas ou Sioux*, qui, il y a quelques années, luttaient encore pied à pied contre les armées américaines. Au sud on trouve les *Pawnies*.

VI. Une région frontière, *le Nouveau-Mexique*, où les éléments ethniques sont très mélangés.

Les *Utes*, les *Chochonies*, les *Comanches*, appartiennent par leur genre de vie aux Indiens du Nord, tandis que leurs langues se rattachent au groupe des langues sonoriennes qui sont celles des populations si anciennement civilisées du Mexique.

Près d'eux vivent les Indiens *Pueblos* qui ont élevé ces anciennes habitations fermées de toute part, où l'on entre par les fenêtres au moyen d'échelles, et où deux ou trois cents personnes peuvent se réfugier.

C'est aussi à ces populations industrieuses qu'on attribue généralement les refuges construits aux sommets des sombres gorges du Colorado, véritables nids d'aigle, dissimulés dans des anfractuosités de rocher, où l'on pouvait se mettre à l'abri des incur-

Fig. 31. — Hutte de pierre construite dans un creux de rocher du cañon Mancos.

sions des Comanches, des Apaches et peut-être aussi des premiers Espagnols.

A côté de toutes ces races plutôt mexicaines, on est tout étonné de rencontrer les tribus farouches des *Apaches* et des *Navajos* qui se rattachent par la langue au groupe des Athapaskes du nord-ouest de l'Amérique. C'est là une des filiations ethniques les plus imprévues que la linguistique américaine ait encore découvertes. A la suite de quelle invasion, de quel bouleversement, les Athapaskes ont-ils été ainsi séparés en deux rameaux, l'un sur les frontières du Mexique, l'autre à côté du détroit de Behring?

Fig. 32. — Ruines de Mictlan, dans l'État d'Oaxaca au Mexique : la salle des six colonnes (d'après une photographie).

C'est à l'est des provinces du Colorado et du Nouveau-Mexique, dans le *territoire Indien*, que les Etats-Unis ont cantonné ce qui reste des Peaux-Rouges et dont quelques-uns, dit-on, se sont enfin décidés à devenir agriculteurs.

On pourrait former un septième groupe avec les populations du Pacifique, qui n'ont pu prendre place dans notre classification : Les Koloches et les habitants de Vancouver à l'ouest, les Cœur-d'alène, les Têtes-Plates, les Nez-Percés dans le bassin de l'Orégon, les Indiens de la Californie, etc.

II. — LES MEXICAINS.

Aucun pays n'est plus riche en souvenirs archéologiques que le Mexique. Un tiers du Yukatan contient à lui seul les ruines grandioses de plus de trente villes antiques. Le plateau de l'Anahuac semble avoir été plus peuplé encore. Dans la plaine de Puebla, par exemple, on retrouve les restes d'une ville de 150,000 habitants, et, au milieu, les ruines d'un temple qui devait avoir plus de 70 mètres de hauteur sur une base de 300 mètres. Ces constructions ont été comparées aux monuments d'Egypte, et les poteries retrouvées sous leurs décombres, aux poteries de Florence (fig. 32).

Des essais pour abandonner la ligne droite ou pyramidale des Egyptiens, et se rapprocher de l'art grec, sont visibles sur les monuments de Tehuantepec et de Mictlan. De toutes ces ruines, vestiges d'une civilisation éteinte, ce sont celles de Palenque qui ont le plus passionné les archéologues par leur impénétrable mystère. « Ici (à Palenque), sont les débris d'une race cultivée, policée et singulière, qui a traversé tous les degrés de la grandeur et de la décadence, qui a atteint l'âge d'or et qui a péri entièrement ignorée. Les liens qui l'ont unie à la famille humaine sont brisés et perdus, et voilà les seuls souvenirs de son passage sur la terre. Nous vivons dans le palais ruiné de leurs rois, nous avons vu leurs temples désolés et leurs autels brisés et de quelque côté que nous allions, nous voyons les témoignages de leur goût, de leur habileté dans les arts, de leurs richesses et de leur puissance. Au milieu de la désolation et des ruines, nous évoquons le passé : nous voyons disparaître les sombres forêts ; nous imaginons chaque construction parfaite, avec ses ornements peints et sculptés, grandioses, majestueux, imposants, et, dominant au loin l'immense plaine populeuse, nous ressuscitons le peuple étrange qui, de ces murailles, nous regarde avec tristesse ; nous les voyons, dans leurs costumes pittoresques ornés de bouquets de plumes, montant sur les terrasses des palais et sur les marches qui conduisent aux temples, et souvent nous avons sous les yeux une scène d'une beauté unique, d'une magnificence suprême, réalisant les créations des poètes de l'Orient. Dans le drame de l'histoire humaine, rien ne m'a jamais plus impressionné que le spectacle de cette cité, autrefois immense, admirable, aujourd'hui désolée et perdue, découverte par hasard sur une vaste étendue couverte de forêts, sans même un nom qui la distingue ! — » (Stephens, trad. Dally) (fig. 33).

Point n'est besoin pour réaliser la vision évoquée par l'auteur anglais de remonter à des milliers d'années. En 1519, Cortès et ses compagnons virent beaucoup de ces palais habités et de ces villes peuplées.

« Les palais où nous fûmes logés à Iztapalapa, raconte Bernard Diaz dans son *Histoire véridique de la conquête de la Nouvelle-Espagne* (trad. Jourdanet), étaient très vastes et construits en pierres finement ciselées. Les boiseries étaient en cèdre et autres essences odorantes. Les cours étaient spacieuses et les appartements intérieurs, vraiment admirables, tapissés de belles étoffes en coton. Après avoir parcouru toutes ces choses, nous fûmes voir l'enclos et les jardins ; ce ne fut certes pas un spectacle moins digne de notre contemplation ; je ne me fatiguais jamais de m'y promener en tous les sens, de les considérer, de voir la diversité des arbres, d'aspirer l'odeur de chacun, de fouler ces allées pleines de fleurs, d'arbres fruitiers et de nombreux rosiers du pays, le tout rafraîchi par un élégant étang d'eau douce. Une

Fig. 33. — Temple antique récemment découvert près de Palenqué, par M. Maler (d'après une photographie).

autre particularité digne d'attention, c'est que de grandes embarcations pouvaient entrer dans ce verdoyant enclos par un canal qu'on y avait pratiqué. Ajoutez à tout cela que des oiseaux de différentes espèces venaient s'ébattre dans l'étang.

« Aujourd'hui toute cette ville est détruite, et rien n'en reste debout. »

Les aventuriers de Cortès, qui ressemblaient plus à des brigands qu'à des soldats, incendièrent les villes. Le fanatisme religieux des évêques qui accoururent après la conquête, renversa les temples et brûla, comme œuvres de sorcellerie, toutes les annales hiéroglyphiques de ces peuples dont les traditions écrites remontaient à plus de 2,000 ans.

Les inscriptions gravées sur la pierre des temples et quelques documents oubliés nous restent seuls. Mais les prêtres mexicains, qui avaient la clé de ces écritures, sont morts sans qu'on ait daigné recueillir leur témoignage. Depuis une trentaine d'années que les études sur les origines de l'humanité passionnent les esprits, bien des tentatives infructueuses ont été faites pour deviner le sens de ces figures. Le bas-relief ci-contre, récemment découvert par M. Maler près de Palenque, peut donner une idée du problème (fig. 34).

Au milieu, sur un socle, on remarque une espèce de croix, avec une plante fantasmagorique ornée d'un médaillon, parure commune à tous les personnages de Palenque. Mais pourquoi cette croix? — Sommes-nous ici en présence d'un dernier vestige d'un christianisme ancien qui aurait traversé l'Océan? — Ou ne devons-nous voir dans l'ensemble de ce dessin qu'un quadrupède, un bison par exemple, dont la configuration aurait été altérée et symbolisée, et qui serait représenté debout, les jambes écartées?

Ce qui ajoute au mystérieux de la question, c'est que cette position de crucifié n'est pas unique. Bien avant la découverte de M. Maler, les archéologues américains avaient été frappés par des symboles semblables, entre autres sur le temple principal de Palenque qu'ils désignent sous le nom du « temple de la croix ».

Sur notre figure, la croix est surmontée d'un oiseau à tête hiéroglyphique; à droite, un homme offre à l'idole un petit animal; la femme qui lui fait vis-à-vis, semble également faire offrande de deux grands objets recourbés. La bouche de ces trois personnages est entr'ouverte en signe qu'ils parlent. Les quatre rangées de *katun* (signes d'écriture Maya) qui encadrent le groupe à droite et à gauche contiennent vraisemblablement le sujet de leur conversation, qui, déchiffrée, éclaircirait peut-être le mystère du culte de la croix.

En comparant ce bas-relief avec le suivant (fig. 35), on est frappé de la ressemblance des divers personnages. C'est bien là évidemment le type mexicain antérieur à la conquête, avec son front aplati artificiellement et son nez saillant.

Comme on peut s'y attendre, cette énigme est loin d'être la seule que nous offrent les bas-reliefs mexicains. La figure 35 représente probablement un croyant, un pénitent, qui implore la faveur d'un individu debout, surchargé d'instruments cabalistiques, et qu'on suppose être un grand prêtre. Remarquons en passant la position agenouillée et les mains jointes du fidèle, et gardons-nous de quelque rapprochement hâtif. Cette posture, inspirée par le respect et la crainte, se retrouve dans toute l'humanité, mais à un degré différent. Les Nègres devant leur roi se roulent la tête dans la poussière en poussant de petits cris; les Orientaux se prosternent silencieusement; les Européens s'agenouillent devant leur dieu, ou se contentent d'une génuflexion. Notre salut banal est la dernière forme de respect; beaucoup d'Américains et d'Anglais se saluent, entre hommes, d'un signe de tête en se tendant la main. Cette poignée de main elle-même, pourrait être regardée comme une survivance du temps où l'on se prosternait devant son seigneur et maître jusqu'à ce qu'il consentît à vous relever en vous tendant la main.

Si, remontant cette série, nous cherchons plus servile encore que le Nègre, nous arriverons au chien, qui, n'osant s'échapper, s'accroupit devant son maître pour se dérober aux coups. C'est peut-être dans un mouvement analogue qu'il faut chercher la

première étape du salut et de la génuflexion si universellement répandus.

La coiffure du grand prêtre (fig. 35), qui simule une tête d'éléphant avec sa trompe et ses défenses, a aussi fort intrigué les archéologistes. Où les artistes de ces temples avaient-ils connu l'éléphant? Les Mexicains se rappellaient-ils l'époque où l'Amé-

Fig. 35. — Bas-relief du palais de Palenque.

rique comptait des éléphants dans sa faune? Ou devons-nous voir dans cette coiffure des souvenirs d'une origine asiatique soigneusement conservés par la religion?

Toutes ces hypothèses ont été faites et bien d'autres encore. Kublaïkhan, premier empereur des Mongols, ayant, vers l'an 1294 de notre ère, envoyé à la conquête du Japon une flotte qui avait en grande partie disparu, on en a inféré que les Mongols pouvaient bien avoir conquis et policé les grands empires américains.

On a encore essayé de faire venir les Mexicains des anciens Égyptiens, ou inversement les Égyptiens des Mexicains, à travers un continent submergé : « l'Atlantide ». Des ressemblances dans l'architecture, la présence simultanée d'une écriture hiéroglyphique, ont donné naissance à tous ces contes quelque peu fantastiques. D'autres font dériver les sociétés mexicaines de celle du Pérou avec lesquelles elles présentent tant d'analogies.

L'origine asiatique de la civilisation de ces deux pays est de toutes ces suppositions la moins improbable. Mais le plus sûr, en attendant de nouveaux documents, est d'admettre provisoirement ces races et leurs mœurs comme des produits de la contrée. Des fouilles futures nous apprendront un jour si toutes ces constructions ont subitement jailli du sol dans toute leur splendeur, auquel cas on devra les regarder comme inspirées par une civilisation étrangère ; si, au contraire, ces recherches nous révèlent tout un commencement de constructions informes, d'ébauches grossières, n'arrivant à la perfection qu'après de pénibles transformations, il faudra reconnaître que toutes ces merveilles sont œuvres des Mexicains.

Les curieux amas de pierres sculptées récemment découverts dans l'Arizona, au milieu de vastes plaines plantées de gigantesques *cereus*, sont peut-être les restes d'une de ces étapes vers le progrès (fig. 36).

Les dessins grossiers qui décorent ces pierres, représentent des serpents, des rats, des arcs tendus et même des animaux inconnus à l'Arizona moderne, tels que l'alpaga, qui appartient à l'Amérique du Sud, et le buffalo aux contrées du nord-ouest.

Les nombreuses ruines que les anciens Mexicains ont laissées dans le Colorado permettent de croire que ces mystérieux vestiges sont aussi leur ouvrage.

Les récits recueillis par les chroniqueurs espagnols et les travaux contemporains des archéologues ont permis de reconstituer en partie leurs traditions perdues. Leur religion divisait la vie de l'humanité en cinq âges : 1° l'âge de l'eau où tous les hommes furent noyés ou changés en poissons ; 2° l'âge de l'air qui produisit beaucoup de singes ; 3° l'âge du feu qui exigea la trans-

Fig. 36. — Vallée de l'Arizona (Etats-Unis), où se trouve un amas de pierres recouvertes de gravures.

formation des hommes en oiseaux ; 4° l'âge des géants ; 5° l'âge actuel.

C'est aux environs de l'ère chrétienne qu'on rapporte la fondation des empires civilisés des *Mayas-Quichés* et *Nahuas-Toltèques*. Les siècles qui suivirent furent remplis par les luttes des deux puissances et religions rivales, celle du sud et celle du nord, tour à tour victorieuses et vaincues. Le terrible dieu de la guerre, Huitzilopochtli, et les êtres mythiques Votan, Itzamma ou Cuculchan, Quetzalcoatl ou « l'oiseau serpent, » conduisaient au combat des armées de géants, appelés Quinames.

Entre le VIe et le Xe siècle apparaissent les *Chichimèques* sur la scène. C'étaient des barbares, descendus du nord-ouest de l'Amérique, qui eurent facilement raison de ces empires amollis par plusieurs siècles de civilisation. Les envahisseurs ne tardèrent pas à se mêler avec les vaincus, leurs mœurs s'adoucirent, et l'absorption des barbares par la civilisation eut lieu au Mexique comme en Europe. Le terme de « Chichimèque » resta dans la langue avec le sens de « guerrier » comme dernière trace de la conquête.

Les *Chichimèques* eurent le même sort que ceux qu'ils avaient renversés. Vers le XIIIe siècle ils furent harcelés et finalement vaincus par une invasion d'*Aztèques* venus, comme eux-mêmes, du nord-ouest. Ces traditions ont été confirmées par les études des linguistes modernes qui, comme nous l'avons dit précédemment, ont retrouvé en Californie et dans l'Arizona des langues sœurs de celle des Aztèques.

Ce sont ces derniers qu'un siècle et demi après, les Espagnols trouvèrent établis à Mexico. Le luxe et la civilisation avaient déjà eu raison de leur barbarie.

Le Mexique formait alors trois royaumes alliés. Celui de Mexico ou de Tenochtitlan, gouverné par le célèbre Montezuma, avait une telle prépondérance sur ceux de Tezcuco et de Tlacopan, que les Espagnols les prirent d'abord pour un empire unique.

Au sud se trouvait un groupe de petites républiques indépendantes, correspondant approximativement aux divisions politiques de l'Amérique centrale actuelle : Le Nicaragua était régi par un gouvernement théocratique ; le Guatemala avait des castes aristocratiques ; le Honduras et le San Salvador étaient partagés en de nombreux petits États, ainsi que le Yukatan.

Le gouvernement de Mexico était une monarchie absolue et héréditaire. A la mort d'un roi, les frères héritaient du pouvoir de préférence aux enfants. Toutefois l'autorité royale était contrôlée par les grands prêtres, qui devaient donner leur approbation pour déclarer une guerre et pour dépenser les deniers de l'État. Ils avaient dû antérieurement nommer le roi lui-même, mais la séparation des pouvoirs s'était peu à peu établie entre le roi et la religion.

Montezuma, le dernier des princes aztèques, exerçait une telle autorité sur son peuple, que, lors de son emprisonnement par Cortès, un signe de lui suffit pour empêcher la nation de se révolter, et la conquête de la capitale entraîna celle du pays entier.

Son train de maison était splendide, ses esclaves innombrables; des ouvriers de toutes sortes étaient constamment employés aux travaux de ses palais. Tout un quartier de Mexico était consacré à l'habitation des danseurs qui figuraient dans ses fêtes.

Il était bigame et avait en plus 3,000 femmes qui trouvaient facilement à se marier quand le roi les quittait. Cette cour somptueuse possédait une étiquette que Louis XIV eût enviée :

« Les grands seigneurs qui venaient de provinces éloignées pour des affaires ou des procès, étaient obligés, avant d'entrer dans les appartements du grand Montezuma, de se déchausser, de se vêtir pauvrement et de ne pas s'introduire en droite ligne dans le palais, mais bien de faire un détour sur les côtés de l'édifice ; y entrer sans façon aurait été une inconvenance. » (Bern. Diaz.)

Par contre, quand Montezuma se rendait au temple du dieu Huitzilopochtli, il quittait sa riche litière à moitié chemin, parce qu'on aurait tenu pour peu respectueux d'arriver en grande pompe au sanctuaire du plus grand des dieux.

Cette délicatesse de sentiment montre qu'on n'était pas éloigné du temps où les prêtres dominaient entièrement les rois.

« Le temple du dieu de la guerre, Huitzilopochtli, était un bâtiment splendide, d'une hauteur qui dominait toute la contrée et on avait 114 degrés à monter pour y arriver. Les dieux se trouvaient sur des autels richement décorés et étaient ordinairement de formes géantes avec des figures épouvantables, les yeux énormes et quelquefois reluisants, faits de miroirs. Toute la figure couverte d'or et de pierreries d'une valeur extraordinaire. »

« La tradition raconte que, du temps de la fondation, tous les habitants de Mexico offrirent de l'or, de l'argent, des perles et des pierres précieuses, qui furent enfouis dans ces fondations. On y fit ruisseler aussi le sang d'une multitude d'Indiens, prisonniers de guerre, sacrifiés à cette occasion ; on y répandit encore toutes sortes de grains de la terre entière, afin que les idoles leur donnassent victoires, richesses et grande variété de fruits. »

« Les métaux et pierres précieuses, dont on a parlé plus haut, ont été retrouvés après la conquête du Mexique, lorsqu'on changea le temple de Huitzilopochtli en une église. » (Diaz.)

Ce dieu célèbre n'était pas le seul adoré par les Aztèques. Ils avaient des dieux pour l'air, pour la mer, pour les rivières, pour les forêts; les enfers en possédaient un particulièrement redouté, le rival du dieu de la guerre, le terrible Tezcatepuca.

Chaque personne avait en outre deux idoles, l'une à son lit, l'autre à la porte de sa maison. « Dans l'intérieur du domicile, des coffrets et des armoires pleins d'idoles menues et grandes, avec de petites pierres, des morceaux d'obsidienne, des livrets d'un papier fait avec des écorces d'arbres, qu'ils appellent *amatl*, et sur lesquels ils écrivaient en caractères du temps les événements passés. » (Diaz.)

Le dieu du feu était l'objet d'une adoration toute particulière, se rattachant peut-être à celle du soleil.

Il y avait encore des dieux pour chacun des dix-huit mois du calendrier mexicain.

Toutes ces divinités, grandes et petites, étaient altérées de sang humain. Les Toltèques, moins cruels, se contentaient d'immoler de temps en temps quatre ou cinq jeunes filles qu'on tuait en leur arrachant le cœur. Sous les Aztèques, le nombre de victimes humaines sacrifiées aux dieux s'éleva annuellement de 2 à 3.000; quelques auteurs disent 20,000 pour la seule ville de Mexico!

A chaque nouveau roi il fallait égorger un nombre suffisant d'esclaves pour former un petit lac de sang humain capable de

Fig. 37. — Tête de serpent, ornement sacerdotal des prêtres américains.

porter une barque! — Lors du débarquement de Cortès, on sacrifiait journellement des jeunes gens qu'on chargeait de messages

Fig. 38. — Joug ou collier de sacrifice.

pour les dieux; les pontifes espéraient ainsi recevoir des inspirations pour combattre les Espagnols.

Le mode opératoire était le même que celui des Toltèques. On ouvrait la poitrine de la victime avec un couteau d'obsidienne, on arrachait le cœur palpitant et on le jetait au pied de la statue du dieu. Dans quelques provinces on préférait l'écorchement.

Fig. 39. — Couteau du sacrificateur.

Le grand prêtre, paré de ses ornements sacerdotaux, parmi lesquels on remarquait quelquefois une tête de serpent (fig. 37),

Fig. 40. — Temple mexicain.

était assisté dans l'opération par cinq aides qui maintenaient la tête et les membres de la victime. « Un joug en pierre (fig. 38) achevait d'immobiliser le patient sur une table de pierre. Cet autel était convexe dans le sens de sa longueur (en dos d'âne), de telle sorte que la tête et les pieds étaient placés plus bas que la poitrine qui faisait saillie. Le sacrificateur enfonçait alors d'un seul coup son couteau (fig. 39) dans cette poitrine et attirait vivement à lui le cœur, qu'il présentait aux dieux. Tout l'intérêt religieux consistait à offrir à l'idole le cœur pendant qu'il palpitait encore. » (Dr Jourdanet.)

L'estrade en pierre d'une dizaine de mètres de haut, qui supportait le temple (fig. 40), permettait à tout le peuple de se repaître de ce spectacle.

Les prêtres, blasés sur ces sacrifices, cherchaient souvent à rajeunir la cérémonie par des variantes : « On liait les pieds et les mains des victimes ; ainsi attachés, les assistants et les prêtres les chargeaient sur leurs épaules et se livraient sous ce poids à des danses variées, autour d'un grand brasier allumé. Tout d'un coup, on lançait la victime sur la partie la plus ardente du foyer ; on la laissait se griller un instant et, vivante encore, on la saisissait avec un crochet et, la trainant violemment sur le sol, on venait rapidement la placer sur la pierre du sacrifice où l'on s'empressait de lui arracher le cœur. — C'est ainsi qu'on augmentait les supplices de ces infortunés. » (Sahagun.)

Il y avait des fanatiques qui demandaient à être étendus dos à dos sous la victime pour la maintenir à l'instant du sacrifice et sentir ainsi ses derniers frissons !

Aussitôt le cœur arraché, on s'empressait d'écorcher le cadavre. « Un garçon des plus robustes se vêtissait de cette peau sanglante (fig. 41), et était conduit en grande solennité, entouré de plusieurs captifs, au temple de Huitzilopochtli, et lui-même, en présence de ce dieu, arrachait le cœur à quatre captifs, abandonnant tous les autres au couteau préparé du grand prêtre. »

Le Dr Jourdanet, dans l'intéressante notice qu'il a publiée sur les sacrifices humains chez les Atzèques, ajoute que quelquefois ceux qui se vêtissaient de cette façon (fig. 42), faisaient vœu de conserver la peau des victimes sur leur corps, jusqu'à ce que la putréfaction la fit tomber en lambeaux ; et c'était au milieu de cérémonies auxquelles on attachait une haute importance que, le jour étant venu de s'en débarrasser, on se livrait à cet acte avec un soin religieux, au milieu d'ablutions sacrées.

Les parties charnues et délicates, la peau du front, les oreilles, les langues, les lèvres, la viande des bras et des jambes étaient mises de côté pour les festins qui suivaient les sacrifices.

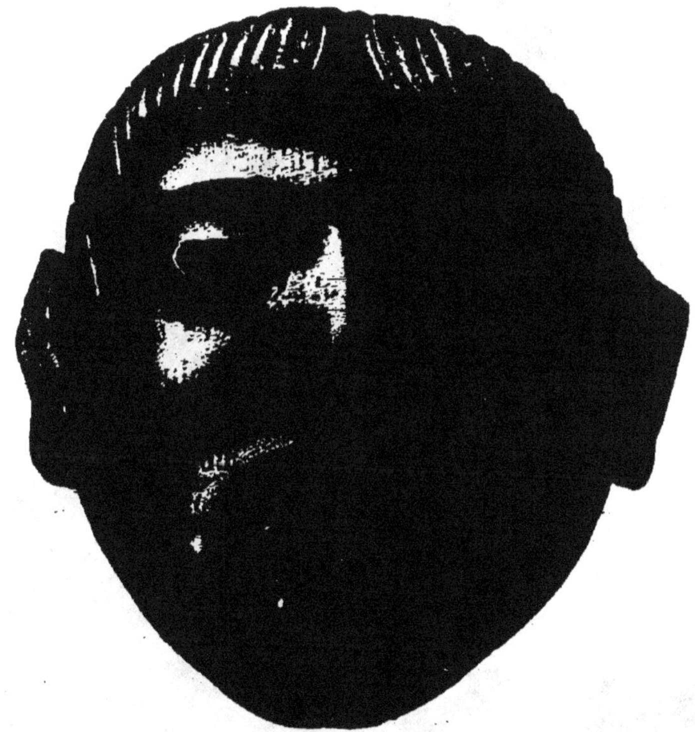

Fig. 41. — Masque de peau humaine.

Quant au tronc, il était donné en pâture aux tigres, aux lions, aux serpents venimeux élevés dans les temples pour tenir compagnie à celles des idoles qui représentaient les divinités féroces et implacables.

Au quinzième mois de l'année, on célébrait la fête de Huitzilopochtli. A cette occasion, les prêtresses de la divinité devaient fabriquer avec de la pâte et du sang d'enfant une image du dieu, dont l'attouchement donnait le pardon de tout péché.

La mort sur l'autel, toute terrible qu'elle fût, trouvait encore des amateurs volontaires qui cherchaient à s'ennoblir par le sacrifice, et à s'assurer ainsi toutes les joies du paradis mexicain. Mais, comme ces dévouements n'étaient pas en quantité suffisante pour calmer les divinités, on parachevait le nombre au moyen de prisonniers que procuraient des guerres continuelles.

Fig. 42. — Vase avec la tête d'un sacrificateur revêtu de la peau écorchée de la victime.

La religion avait sanctionné, au Mexique comme en Afrique, le goût des populations pour la chair humaine. Dans tous les villages, on avait l'habitude de construire des cages en forts madriers pour y enfermer des hommes, des femmes, des enfants, qu'on engraissait jusqu'à ce qu'ils fussent à point.

Il semble extraordinaire que des captifs pussent engraisser

dans la situation d'esprit où ils devaient se trouver. Il devait pourtant en être ainsi, puisque l'usage se perpétuait. « Il y en avait quelquefois, parait-il, qui se laissaient gagner par la tristesse au détriment du but recherché. Il n'était pas alors de moyens ingénieux auxquels le propriétaire n'eût recours pour dissiper cet abattement et cet état d'esprit. La famille entière se réunissait autour du captif; on lui contait des histoires, on lui donnait les mets les plus appétissants, etc. » (P. Sahagun.)

Ajoutons qu'il était nécessaire, pour avoir le droit d'abattre ce bétail, de recourir aux pontifes, et d'offrir pompeusement le cœur de la victime aux dieux. Cortès, à sa première visite dans le temple du dieu de la guerre, vit trois cœurs d'Indiens qui venaient d'être ainsi sacrifiés, brûler avec de l'encens sur l'autel.

Quant au propriétaire du cadavre, aussitôt la cérémonie terminée, il emportait ses quartiers de viande chez lui pour les manger en famille.

Les Mexicains qui mouraient de leur mort naturelle, étaient brûlés quand ils étaient de distinction. Les dépouilles des rois étaient déposées dans les temples; enfin, on enterrait les gens du commun avec les instruments de leur profession.

L'autre monde était divisé en trois régions: pour les bons, les médiocres et les méchants. Les bons habitaient le soleil ou des jardins parfumés; quelquefois ils étaient transformés en oiseaux de toute beauté. Les Zapotèques du Mexique croyaient que les âmes des morts venaient rendre visite à leur famille pendant les premières années qui suivaient leur fin; et ils offraient tous les ans à ces mânes un grand dîner de cérémonie, auquel la famille entière assistait en silence et les yeux baissés, de peur de troubler le repas des parents invisibles.

Ici, comme dans l'Afrique cannibale, l'alimentation de tous les jours était presque exclusivement végétale. Le maïs, la cassave et le cacao (un des rares mots mexicains qui soit passé dans notre langue), composaient le fond de leur nourriture. Les dindons et les chiens, leurs seuls animaux domestiques, ainsi que les produits de la chasse et de la pêche, ne pouvaient leur fournir qu'un léger appoint de viande. Montézuma, grand amateur de poisson de

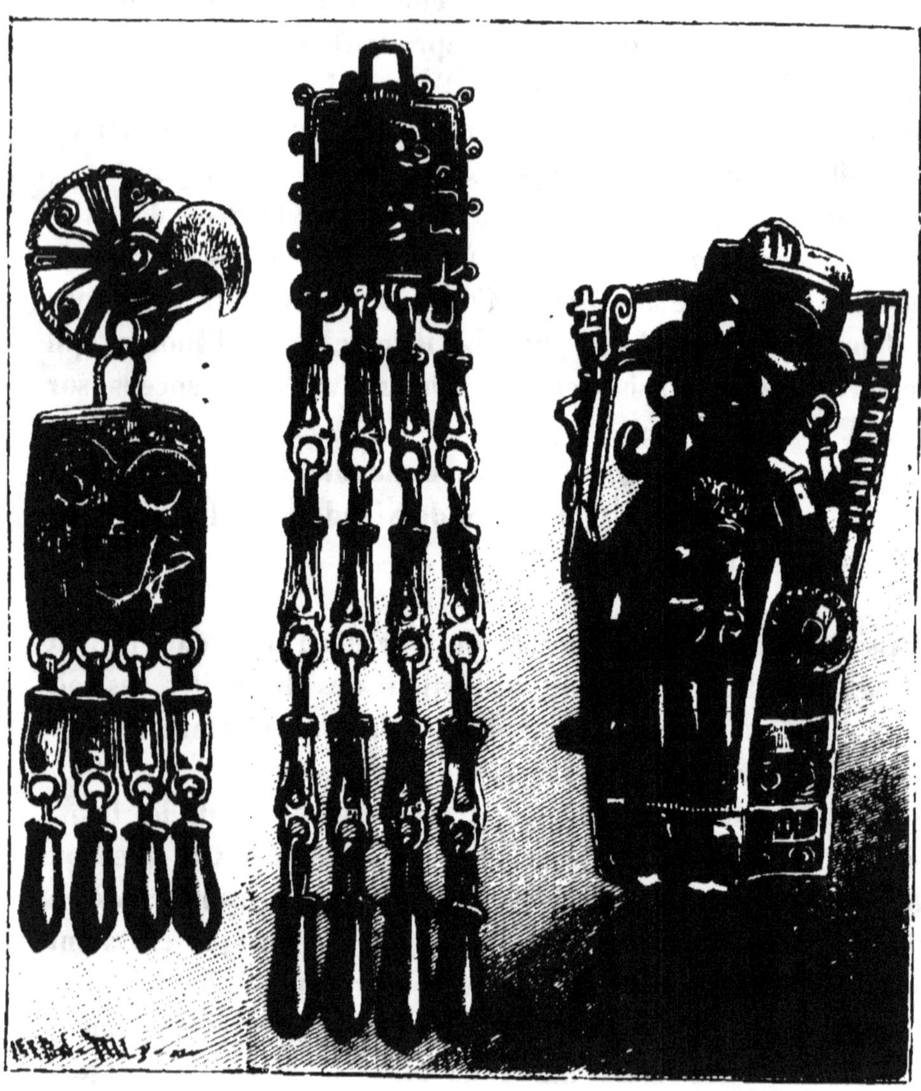

Fig. 43. — Antiquités d'or trouvées à Tehuantepec dans un tombeau royal.

mer, avait organisé de la côte à Mexico une série de porteurs qui, de relai en relai, transportaient la marée en courant. Des voyageurs humoristiques prétendent que le déjeuner royal arrivait ainsi plus vite à destination qu'une dépêche télégraphique ne met de temps, dans l'état actuel des lignes mexicaines, pour aller de Vera-Cruz à Mexico.

Le pulque, jus fermenté du maguey, est la boisson favorite des Mexicains des temps anciens et modernes. Ils en font une consommation énorme. Lors du voyage de Humboldt, l'impôt sur le pulque rapportait annuellement 80,000 dollars au gouvernement mexicain, pour les seules villes de Mexico, Puebla et Tolluca.

La richesse de la cour royale et des grands seigneurs avait donné une grande impulsion à l'industrie de luxe. L'amour des oripeaux, des objets voyants, avait subi au Mexique une transformation artistique. Des artistes lapidaires taillaient les chalchihmis, qui ressemblent à nos émeraudes. Des orfèvres avaient, pour travailler l'or et l'argent, des coups de main perdus aujourd'hui. On possède encore de nos jours des pièces considérables en feuilles d'or très minces et fondues d'une seule pièce, on ne sait par quel procédé. L'ornementation de ces bijoux est agréable et originale ; il faut en excepter les figures humaines qu'ils dessinent toujours horribles et grimaçantes.

La planche (43), qui reproduit de grandeur naturelle des bijoux trouvés dernièrement dans un tombeau à Tehuantepec, offre un bon exemple de leur savoir-faire. Nous empruntons à M. Maler la description de ces pièces curieuses qu'il a eu la bonne fortune d'avoir entre les mains :

« La statuette d'or (à droite de notre gravure) nous montre un roi assis sur son trône, avec une couronne sur la tête, un sceptre ou une massue dans la main gauche, et un bouclier dans la droite. De grandes pendeloques ornent ses oreilles, et un bijou est attaché à sa lèvre inférieure. Sur sa poitrine, il porte la tête d'une femme, peut-être l'image de son épouse. On distingue si bien ces différents attributs, qu'on peut facilement se faire une idée de l'aspect singulier d'un grand personnage des anciens temps du pays.

L'objet à tête d'oiseau (à gauche de la gravure) est un joyau pour la lèvre inférieure; la tête d'oiseau est fixée sur une petite

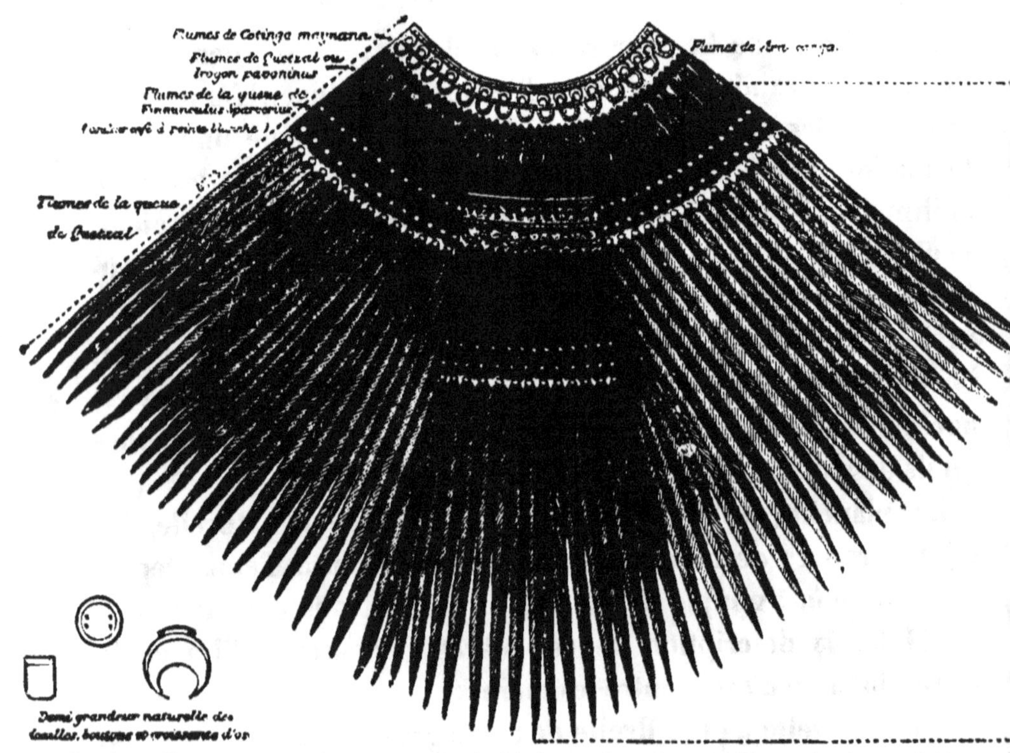

Fig. 41. — Vêtement en manière de devantier de l'Ambraser Sammlung de Vienne. Provient probablement des dépouilles de Montézuma, envoyées par Cortès à Charles V.

rouelle en filigrane. Le bec offre une fente assez longue qui rappelle l'usage d'y renfermer quelques fleurs odorantes ou des plumes d'oiseaux de couleurs resplendissantes. Au-dessous de la tête d'oiseau, il y a un petit crochet dans lequel est un pendant formé d'un feuillet d'or finissant par quatre petits grelots. La longueur totale du bijou entier est de 9 centimètres. »

En jetant un regard sur les nombreux petits grelots que portent tous ces bijoux, on croirait entendre le cliquetis qu'ils devaient produire quand un seigneur du pays se promenait entouré de ses nobles, ou qu'il prenait part à une danse sacrée.

On peut rapprocher de ces joyaux les présents extorqués à Montézuma par Cortès et envoyés à Charles-Quint : les soleils en or, les lunes en argent, les casques pleins d'or en poudre tel qu'il sort des mines, et « bien d'autres choses encore », dit Bernard Diaz.

On suppose que le superbe ouvrage de plumes américaines de « l'Ambraser-Sammlung » de Vienne faisait partie de ce butin.

Les plumes de *Quetzal*, l'oiseau sacré des Mexicains, qui y figurent, devaient en faire un costume d'apparat exclusivement royal ou religieux. Il faut avoir vu dans une collection un échantillon de ces étoffes de plumes autrefois si célèbres, pour se rendre compte du merveilleux éclat de leurs couleurs.

Sur la pièce du musée de Vienne, les plumes bleu de ciel du *Cotinga maynana* qui forment la bordure supérieure, sont rehaussées par des ornements d'écailles en or et des croissants du même métal, de 2 centimètres de diamètre.

La seconde bande est en plumes couleur de feu de l'*Aracanga;* la troisième, de vert-émeraude, est composée des plumes des ailes du plus bel oiseau de toute l'Amérique, le *Quetzal* des Aztèques ou *Irogon pavoninus* des ornithologues. Suit une bande de couleur café à pointe blanche ornée de trois rangées de boutons d'or. Les longues plumes qui ornent la queue du *Quetzal* au temps de ses amours, forment la partie inférieure de cette parure.

Cette industrie, actuellement délaissée, employait avant l'arrivée des Espagnols de nombreuses ouvrières. Bernard Diaz raconte que, dans le palais même de Montézuma, toutes les filles de grands seigneurs, concubines du roi, s'occupaient à tisser des œuvres exquises, presque toujours avec de la plume. La robe de

Fig. 45. — Jeunes filles de Tehuantepec en costume de bal (d'après une photographie).

l'Ambraser-Sammlung est peut-être un des derniers produits de ces mains de fées !

Citons encore comme production de leur industrie ces curieuses cuirasses en coton ouaté, trop chaudes peut-être, mais plus légères que nos cottes de maille.

Les jardins de Montézuma méritent d'être mentionnés à part. « Les fleurs et arbres odorants d'espèces très variées, l'ordre avec lequel ils étaient plantés, les sentiers, les bassins, les étangs d'eau

Fig. 46. — Indiens de la vallée de Mexico.

douce où l'on voyait l'eau entrer d'un côté et sortir par l'autre bout, les bains qui s'y trouvaient disposés, tout était, en vérité, surprenant et admirable. » (Diaz.)

Cette description rappelle les célèbres jardins chinois que nous avons adoptés sous le nom de « jardins anglais ». Comme les Chinois, les Aztèques avaient également sur leurs lacs des jardins flottants. Enfin quatre siècles avant Paris, la ville de Mexico avait, dans ses rues, des *buen-retiros*.

A Mexico, des gardiens étaient attachés à chaque marché ; ils maintenaient l'ordre et surveillaient les objets mis en vente. Un petit pavillon isolé les séparait du public.

Tous les habitants n'avaient pas, il est vrai, des palais et des jardins anglais, mais il faut reconnaître que la plèbe était ici moins maltraitée que l'aisance des classes supérieures n'aurait pu le faire supposer. Les petites gens du Mexique habitaient des maisons en pierre couvertes de chaux qui leur donnait une blancheur éclatante. Le toit était plat, et la maison, de dimension immense, n'avait généralement qu'un étage.

Le père était le chef de la famille et le maître de ses enfants, à qui il transmettait ses biens, tandis que la succession de frère en frère subsistait encore dans la famille royale.

Les femmes étaient dans une position soumise, mais non maltraitées. On leur permettait d'assister aux fêtes publiques, mais on leur demandait une grande retenue, surtout aux jeunes filles, que l'on retenait volontiers à la maison, et qui devaient marcher dans la rue les yeux baissés (Waitz).

Les mariages, toujours monogames chez les gens du commun, se traitaient de gré à gré, et étaient célébrés avec apparat. Les parents conduisaient leur fille au domicile du conjoint, qui devait venir à leur rencontre entouré de sa famille. Pendant quelques instants on se parfumait réciproquement avec des cassolettes. Puis le prêtre sanctionnait le mariage en nouant un pan de la robe de la jeune fille au manteau du futur.

Il y avait aussi de jeunes Mexicaines qui vivaient retirées de la société comme des religieuses cloîtrées. Ce genre de vie plaisait beaucoup à Huitzilopochtli et à la déesse du mariage. On ne quittait la maison que pour se marier.

Les dames aztèques, à en juger par les portraits que leurs contemporains nous ont laissés d'elles, n'étaient pas jolies. On trouve pourtant d'assez beaux types dans le Tehuantepec parmi les jeunes femmes de nos jours qui sont restées de sang pur. Un costume voyant où l'art national se mélange avec les étoffes européennes, rehausse leur teint jaunâtre (fig. 45).

Les anciens Mexicains avaient un grand souci de la justice. Chaque province et chaque petite ville avait un juge, nommé à vie, qui décidait dans les cas ordinaires. Dans les affaires importantes, il faisait seulement l'instruction et en référait au tribunal de la capitale qui rendait le jugement. Les petits juges étaient en même temps receveurs des impôts, perçus tous les mois, c'est-à-dire tous les vingt jours.

Les juges étaient élus et gouvernés par le roi en personne, qui était envers eux d'une sévère justice. Quiconque acceptait des cadeaux ou se laissait corrompre, risquait sa vie.

Les documents des procès étaient écrits en hiéroglyphes.

Leurs peines étaient sévères et peu variées; l'ivrogne, l'assassin ou le voleur etaient indistinctement condamnés à mort, l'adultère était lapidé.

Cette législation draconienne était égale pour tous. On cite un roi de Mexico qui fit exécuter à la fois, son fils pour avoir dépensé de l'argent sans autorisation, et sa femme convaincue d'avoir mené une conduite dissolue.

De tous temps, les législateurs à leurs débuts, ont cherché à inspirer l'effroi par des peines cruelles. Telle est la fameuse loi de *lynch* des États-Unis. Puis, à mesure que la police se perfectionne et que l'ordre s'établit, les crimes diminuent d'eux-mêmes : la certitude de ne pouvoir éviter un châtiment même léger, retient mieux les criminels que la perspective de peines terribles auxquelles ils ont grand'chance d'échapper.

Cette nation cannibale avait des lois qui protégeaient les esclaves. Si l'on excepte ceux qui servaient aux sacrifices, ils n'étaient pas traités avec cruauté ; leurs enfants étaient libres : on ne naissait pas esclave au Mexique, on le devenait à la suite de dettes, de crimes ou des hasards de la guerre.

On s'est souvent étonné qu'une nation aussi policée eut des pratiques religieuses si cruelles. Prescott fait remarquer à ce sujet, qu'à la même époque l'Inquisition sacrifiait en Europe, au sein des nations les plus avancées, plusieurs milliers d'hommes sous une forme de supplice plus cruelle que ne l'est l'extirpation du cœur ; ces sacrifices étaient accomplis en vue d'être agréable « à l'Éternel » chez les uns comme chez les autres.

Il n'y a aucune raison pour croire que les Aztèques n'eussent pas fini par modifier leurs coutumes, comme nous l'avons fait nous-mêmes, si les Espagnols n'étaient pas venus arrêter le développement de leur société. On peut juger du haut degré de leurs connaissances scientifiques par la précision avec laquelle ils avaient calculé l'année solaire : dix-huit mois de vingt jours, plus cinq jours complémentaires, puis, tous les cinquante ans, intercalation de douze jours pour compenser les six heures non comprises dans les 365 jours de chaque année.

Les indigènes du Mexique moderne et du Centre Amérique (fig. 46) présentent en général les mêmes caractères que les autres peuples du Nouveau-Monde. Ils sont de grandeur moyenne et trapus ; la peau est d'un brun foncé, le front bas et l'occiput aplati, ce qui passe chez eux pour une grande beauté. Le nez est grand et très aquilin, les sourcils très forts et arqués ; les mains et les pieds sont fort petits, les jambes souvent courbées. Sérieux et taciturnes, ils ne rient jamais et plaisantent rarement. Ils sont indifférents et se montrent bêtes pour cacher leur ruse. Les menaces et les punitions ne les émeuvent pas, la flatterie et les prières ne les touchent que momentanément.

Ils continuent à être agriculteurs comme leurs ancêtres. Ajoutons qu'ils ont adopté la charrue, malgré leur haine pour tout ce qui vient de l'étranger. — C'est une race qui a beaucoup souffert, et à laquelle on doit beaucoup pardonner!

III. — LES PÉRUVIENS.

La civilisation de l'ancien Pérou était basée sur l'immixtion du gouvernement dans tous les actes des particuliers. Les Péruviens naissaient, se mariaient, mouraient, sans échapper un seul instant à la protection bienveillante de l'État qui dirigeait leurs moindres actions dans l'intérêt de la communauté. La seule différence importante que cet état de choses présentât avec le socialisme rêvé par certains réformateurs modernes, est qu'au Pérou, un roi héréditaire devait choisir dans une caste spéciale tous les représentants de l'autorité.

L'Inca, le chef du pouvoir, représentait sur la terre le soleil, son père. C'était un maître incontesté, qui gouvernait à sa guise le pays, l'armée et la religion. Pour le rendre apte à ces fonctions, les usages de la famille royale voulaient qu'il reçût une éducation virile en communauté avec les enfants de caste noble. Ces mêmes usages forçaient ces rois à épouser leurs propres sœurs afin de conserver sans mélange le sang de leur race. A leur mort, leur corps était embaumé dans une attitude animée, puis assis sur un trône dans le temple de Cuzco, vis-à-vis de leurs sœurs et épouses. Ces rangées de momies royales, parées de vêtements somptueux, se regardaient depuis des siècles dans l'immobilité de la mort, lorsque l'invasion espagnole vint renverser ce sanctuaire.

Au-dessous du roi une caste privilégiée, composée uniquement des descendants illégitimes des rois Incas, formait la classe dirigeante où se recrutaient les généraux et les gouverneurs de province. Eux seuls pouvaient fréquenter la cour du roi, et ils ne devaient épouser que des femmes de leur classe.

Dans les provinces éloignées, on distinguait encore les *curacas* ou *caciques*, rois des pays soumis par les Incas, et auxquels, suivant la politique péruvienne, on avait laissé une partie de leur indépendance.

L'empire entier était divisé en quatre provinces dont Cuzco (en péruvien : le nombril) était la tête, la capitale. La population était partagée par sections de 10,000 ménages, divisées elles-mêmes par groupes de 1,000, puis de 100 et enfin de 10 chefs de familles. Ainsi, échelon par échelon, l'Inca exerçait son autorité sur chacun de ses sujets.

Pour ne pas jeter la perturbation dans ce classement décimal, il était défendu de changer de pays. Le cultivateur était attaché à sa commune de père en fils, l'ouvrier devait suivre l'état de son père et ne pas voyager.

Tous les ans, un partage général des terres avait lieu suivant les besoins de chaque famille. Des parts spéciales étaient réservées à l'Inca, comme réserves de guerre, et au Soleil, pour l'entretien des ouvriers qui lui élevaient des temples. Les champs de la divinité devaient être cultivés en premier ; puis, par un sentiment de charité dont aucun peuple n'offre l'exemple, on s'occupait des terres des veuves et des incapables avant de travailler à ses terres personnelles. Celles de l'Inca venaient après toutes les autres. On s'était efforcé de donner à cette dernière corvée un air de fête et on s'y rendait en chantant, avec ses plus beaux habits.

L'État prenait également soin du mariage de ses sujets. Tous les ans les jeunes filles de dix-huit ans et les jeunes gens de vingt-quatre étaient réunis sur la place publique, et le gouverneur ou le cacique appareillait les couples en leur mettant la main dans la main. La volonté des parents devait être consultée, mais on s'occupait peu de celle des fiancés, qui ne pouvaient se marier hors de leur section. L'Inca remplissait en personne le rôle d'officier d'état civil pour les membres de sa famille à qui seule la polygamie était permise.

La cérémonie terminée, le jeune ménage se rendait dans la maison que la commune lui avait préparée. Des meubles rudimentaires et quelques ustensiles de ménage (les seules choses qu'on possédât en propre au Pérou) lui étaient fournis par les parents; tandis qu'une mesure de terre d'un *toupou* lui était immédiatement attribuée sur les parts de la communauté; chaque enfant mâle lui apportait une mesure de plus en naissant et chaque fille une demie. Ces enfants n'étaient pas élevés en commun, mais par leur famille, qui, dit-on, en prenait le plus grand soin, et leur apprenait de bonne heure à se soumettre aux exigences de la société où ils devaient vivre.

Pour habiller toute cette population, des troupeaux de lamas et d'alpagas étaient entretenus aux frais de l'Inca, suivant des règles dénotant quelques principes zootechniques; chaque année les ménages recevaient une ration de laine.

Les vastes greniers de l'Inca et du Soleil s'ouvraient encore pour combler le déficit des années de disette. Le fond de la nourriture péruvienne était la pomme de terre, le maïs et la patate. Quelques canards et cochons d'Inde fournissaient un peu de viande au populaire à qui la chair de lama était interdite.

Mâcher des feuilles d'*erythroxylon coca* a été de tout temps la plus grande jouissance des Péruviens. A dose élevée, la coca enivre comme le hachich ou l'opium ; à dose modérée, c'est un stimulant comme le thé. Les Péruviens en ont abusé et en abusent encore.

Les peuples de la côte étaient également pêcheurs. Mais les plaisirs de la chasse étaient exclusivement réservés à la caste noble. Toutefois le paysan péruvien, plus avancé que nos aïeux, avait le droit de tuer l'animal qui saccageait sa récolte.

Le dessin qui décore le vase remarquable trouvé par M. Wiener dans les fouilles de Moche, rappelle une de ces chasses à la vigogne par un grand seigneur péruvien (fig. 47).

Ce peuple d'agriculteurs avait mis autant de soin à se grouper que les peuples chasseurs en mettent à se disperser. De grands travaux d'art avaient changé la face du pays. Des canaux d'irrigation remarquables par le bon entendement des pentes, fournissaient de l'eau à la culture. Des terrasses en pierres sèches soutenaient les terres des montagnes. Les gisements de guano

Fig. 47. — Vase de terre des anciens Péruviens.

étaient exploités d'une façon régulière et des lois spéciales en limitaient l'usage et protégeaient les oiseaux qui le produisaient (d'Orbigny).

Une pénalité très sévère maintenait tout le monde dans le devoir. La condamnation à mort s'appliquait indistinctement à la rébellion, au sacrilège, au blasphème, à la dégradation des objets d'art, à la fraude en matière de taxes, à la violation du domicile ou des bornes des champs. La paresse qui dans une société basée sur la communauté devient un véritable vol, était punie du fouet.

Les caciques ou leurs analogues rendaient la justice pour les petites affaires journalières ; les affaires graves étaient portées devant un juge spécial, inamovible, nommé par le roi. On ne pouvait appeler d'aucune décision.

Le groupement décimal de la population se retrouvait dans l'armée qui était recrutée dans chaque district en proportion de la population ; son effectif se serait élevé à 200,000 hommes, divisés en corps d'armée, régiments, compagnies, etc. (Prescott). Mais l'armement était bien inférieur à l'organisation et ne s'élevait pas au-dessus de celui des autres peuples de l'Amérique : des arcs et des flèches, des lances, des frondes, des casse-têtes armés de pointes, etc., le tout en cuivre ou en pierre. Il faut y ajouter l'*ayllons*, que nous retrouverons chez l'habitant des Pampas, mais qui était plutôt une arme de chasse que de combat : trois caillous ronds cousus chacun dans une lanière de cuir, étaient attachés à une corde qui, lancée avec force, s'enchevêtrait dans les jambes de l'adversaire et le faisait tomber.

Le bouclier et le casque rembourrés de coton étaient leurs armes défensives. En campagne, les soldats étaient suivis de porteurs pour les bagages et les provisions.

L'Inca était de droit le commandant en chef de l'armée. Lorsqu'il ne suivait pas en personne, des relais de courriers établis à courtes distances les uns des autres, lui apportaient continuellement des nouvelles et transmettaient ses ordres. Le cheval étant inconnu dans toute l'Amérique précolombienne, il va de soi que toutes ces courses se faisaient à pied. Un des privilèges de l'Inca était de se faire porter dans une litière dorée. Des routes bien entretenues, des ponts en pierre ou suspendus au moyen de cordages, rendaient les communications faciles. Mais les armées et les courriers royaux étaient seuls appelés à profiter de ces avantages, puisque le gouvernement se chargeait de tout le commerce et que les voyages étaient interdits aux particuliers.

De grands bâtiments élevés d'étape en étape offraient le logement et la nourriture aux troupes qui ne devaient avoir aucun rapport avec les habitants. Des maisons plus somptueuses étaient réservées aux chefs et à l'Inca.

Ils savaient également construire en murs cyclopéens de grandes forteresses étagées. La ville de Cuzco était entourée par une triple enceinte. Des forts isolés et très-bien placés défendaient les points importants de l'Empire. La forteresse de Paramonga (fig. 48), peut donner une idée de ces antiques constructions.

La façon des Péruviens de faire la guerre était supérieure à celle de bien des peuples civilisés. Au lieu de chercher, comme les Mexicains, à s'emparer des prisonniers pour les sacrifier et les manger, on peut dire que les Péruviens se battaient par prosélytisme, pour faire le bonheur de leurs ennemis. Toutes les guerres étaient déclarées au nom du Soleil et pour augmenter le nombre de ses adorateurs. Avant de recourir aux armes, ils essayaient la persuasion; échouaient-ils dans leur tentative de conversion, ils avertissaient toujours les ennemis de leurs attaques et traitaient les vaincus avec douceur. « Nous devons épargner nos ennemis, disait un Inca, en agissant autrement nous nous ferions du tort à nous-mêmes ; car bientôt ils seront à nous avec tout ce qui leur appartient. »

Les dieux mêmes, cause de la discorde, étaient respectés et on transportait pompeusement leurs statues dans un temple de Cuzco, espèce de Panthéon, élevé spécialement pour servir d'asile aux divinités des vaincus.

Quant au peuple subjugué, il était contraint d'adopter l'organisation péruvienne et la religion du Soleil. Généralement cette conversion n'était que partielle et consistait plutôt en une superposition qu'en une substitution d'un culte nouveau à un ancien.

La religion du Soleil, d'apparence monothéiste, admettait un très grand nombre de dieux inférieurs. Le peuple, comme partout, adorait des sources, des rivières, des montagnes, des arbres, des animaux, surtout des chiens, ce qui explique pourquoi dans certains vieux tombeaux péruviens on retrouve des crânes de chien et même des momies entières de cet animal. Chaque commerce et industrie, la chasse, la pêche, l'agriculture, avait son dieu spécial. A Quito on avait élevé un temple à la santé. Mais la religion de l'État était l'astrolâtrie; le roi des dieux était le Soleil. « C'était au Soleil qu'on élevait des autels et qu'on avait voué un culte d'autant plus immédiat, que les Incas, ses fils et ses prêtres, servaient d'intermédiaires entre le peuple et la divinité. Au Soleil étaient dédiés les fameux temples de Cuzco et celui de Tumbez, ainsi que tous ceux qui s'élevaient partout où habitaient les Incas; au Soleil, source de la lumière, fécondateur de la terre, se faisait l'offrande des premiers fruits dus à sa chaleur même ; au Soleil enfin étaient immolés quelques paisibles lamas. C'était pour lui qu'à Cuzco des femmes se vouaient à la virginité perpétuelle ; c'était pour devenir ses épouses que des jeunes filles s'enfermaient en des monastères, bâtis sur tous les points du royaume, monastères qui lui étaient consacrés, mais où l'Inca, son fils, avait seul le droit d'entrer. » (d'Orbigny.)

Comme au Mexique, ces femmes s'occupaient à tisser pour le costume de l'Inca des étoffes précieuses, ornées de plumes coloriées. A la fête de Raymi, nouvelle analogie avec le Mexique, elles pétrissaient de petits gâteaux, qui étaient distribués au peuple. Cette grande fête se célébrait à l'équinoxe du printemps, en l'honneur de Phébus. Après trois jours de jeûne, l'Inca en personne venait saluer cette divinité à son lever, et lui offrir dans un grand vase d'or la liqueur fermentée du maïs, le *maguey*. Puis on sacrifiait un agneau noir et on allumait le feu sacré en frottant deux morceaux de bois l'un contre l'autre.

Le temple du Soleil éblouit par ses richesses les conquérants espagnols. Son mur d'enceinte de plus de 400 pas de tour était orné d'une ceinture en or massif ; les tuiles qui le couvraient étaient du même métal ; l'image du Soleil en or et en

Fig. 48. — Forteresse de Paramonga.

pierres précieuses regardait l'Orient et reflétait tous les matins l'astre brillant à son lever. Ce bâtiment magnifique était entouré de jardins immenses ornés d'arbres, de plantes et d'animaux tout en or.

Dans les temples de sa sœur, la Lune, tous les ornements étaient en argent. Quelques étoiles avaient aussi des adorateurs. *Chasa*, ou « le jeune homme aux cheveux bouclés », nom donné à la planète Vénus, était vénéré comme le page du Soleil. Le tonnerre, les éclairs, l'arc-en-ciel, étaient regardés comme des agents du grand astre (d'Orbigny).

Les sacrifices humains étaient très rares, mais on n'épargnait pas les offrandes d'or, d'argent ou d'animaux.

Les chroniqueurs espagnols rapportent quelques traditions péruviennes, qui semblent montrer que sous les derniers Incas la religion officielle tendait à se rapprocher de plus en plus d'une forme supérieure. « L'Inca Huayna-Capac, raconte Balboa, con- « templa le Soleil avec une telle fixité pendant la fête de Raymi « que le grand prêtre lui fit remarquer ce manque de respect en- « vers cette divinité. Alors l'Inca répondit : « Est-ce qu'un de vous « pourrait m'obliger, moi votre maître, à faire une course pour « vous ? Pourrait-il refuser si je lui en commandais une? — Évi- « demment non. — De même, le Soleil recommencerait-il tous « les jours le même chemin sans y être contraint par un maître « plus puissant qui lui défend de se reposer à son gré ou de chan- « ger de route. »

Ce maître des dieux auquel l'Inca faisait allusion était Pachacama, le vivificateur. Il avait un temple dans le Pérou méridional, où on ne le représentait sous aucune image, pour indiquer par là qu'il n'avait apparu en personne nulle part et qu'il était partout.

Les Incas à leur mort montaient au ciel retrouver leur père, le Soleil. Quant aux plébéiens, ils devaient se contenter, s'ils avaient vécu honnêtement, de rejoindre leur maître dans sa nouvelle demeure, pour continuer à le servir comme par le passé. Aussi une des mesures les plus honorables qu'une veuve pût prendre le jour des funérailles de son mari, était de se pendre volontairement, pour aller rejoindre son époux dans l'autre monde.

Ces nobles dévouements faisaient même rejaillir quelque mésestime sur les veuves moins courageuses.

Pour la mort d'un prince, les victimes volontaires des deux sexes se présentaient par centaines; mais l'alternative n'était pas laissée à ses nombreuses femmes : toutes devaient partir, se mettre au service du prince dans le pays du Soleil.

Les cérémonies somptueuses qui accompagnaient ces sacrifices. frappaient l'imagination du populaire. Bien des années après la conquête du Pérou par les Espagnols, de vieux Péruviens revoyaient en rêve les cortèges de leurs anciens rois, errer dans les rues de Cuzco, suivis par la foule de leurs courtisans et de leurs femmes sacrifiés avec eux! (Tylor.) A leur réveil, ces braves Indiens, encore mal christianisés, s'imaginaient naïvement que leur âme, détachée du corps par le sommeil, venait d'assister aux promenades des morts!

Cette croyance que l'existence se continue après la mort dans les mêmes conditions que durant la vie, se rencontre très fréquemment. Nous l'avons trouvée précédemment dans presque toute l'Afrique; elle est tout aussi vivace en Amérique; elle devait exister chez nos ancêtres, les Gaulois: leur façon d'enterrer leurs chefs au milieu de leurs armes, de leurs chars et de leurs chevaux suffirait pour nous le prouver. La coutume, aux funérailles d'un général, de faire suivre le cercueil dû défunt par son cheval sans cavalier est un héritage du temps où nous immolions cet animal sur la tombe de son maître. En Allemagne, ce cheval harnaché porte encore, mais à vide, la cuirasse des chevaliers du moyen âge.

Les sacrifices ont pris fin lorsque nos idées sur l'immortalité de l'âme sont devenues plus abstraites, la cérémonie seule a subsisté jusqu'à nous en se poétisant.

Les Péruviens achevaient de pourvoir à tous les besoins du défunt en plaçant à côté du cadavre des provisions de vivres, des cruches pleines de boissons, de la farine de maïs, etc., en plus des armes, des bijoux, des idoles, qu'il avait affectionnés (fig. 49).

Dans les sépultures de femmes, on empaquetait avec soin tous les objets de leur ménage, les ustensiles de cuisine, du fil et des aiguilles, des pendeloques, un peigne, des passementeries, des statuettes et des figurines en terre cuite de forme bizarre, etc. L'enfant reposait à côté de ses jouets.

Les esprits de ces objets étaient censés accompagner l'âme dans « l'au-delà », tandis que la grossière substance partageait le sort du cadavre et restait dans la tombe.

Fig. 49. — Coupe antique en bois sculpté trouvée à Cuzco dans une sépulture.

Chez les Péruviens on ne creusait pas de fosse pour les morts; tantôt on les descendait dans un caveau attenant à la maison de famille ; tantôt tout un village superposait ses morts les uns sur les autres dans un certain ordre et les couvrait de terre. Dans tous les cas, ils étaient embaumés, soit au moyen de résine, soit par la simple dessiccation si facile à obtenir dans des pays aussi ensoleillés que le Pérou.

Ces momies étaient emmaillottées, en leur faisant occuper le moins de place possible, dans des étoffes de coton retenues par un réseau de cordes, et déposées dans une grande urne (fig. 50 et 51).

Souvent on coiffait ces ballots d'une tête postiche en étoffes et en algues marines (fig. 52).

Fig. 50. — Momie péruvienne avec son enveloppe extérieure.

Ces ossuaires sont devenus pour nos archéologues des mines

Fig. 51. — Momie péruvienne dépouillée de son enveloppe extérieure.

précieuses de documents qui nous représentent l'industrie de ce peuple aux différentes phases de sa civilisation.

Ils arrivaient, malgré leur outillage grossier, à tisser des étoffes élégantes et fines. Les dessins qui les décorent sont d'un goût original, et leurs nuances éclatantes d'une telle fixité qu'elles sont parvenues jusqu'à nous à peine altérées.

Les tapisseries péruviennes du musée de Saint-Germain peuvent nous donner une idée de cette industrie (fig. 53 et 54).

Fig. 52. — Tête postiche trouvée sur une momie du temps des Incas.

Elles proviennent des sépultures d'Ancon, à quelques kilomètres au nord de Lima. Toutes ces broderies sont exécutées à l'aiguille sans envers.

Les animaux qui les décorent sont esquissés suivant la même méthode conventionnelle qu'on retrouve chez tant de peuples et dont les anciennes sculptures et tapisseries du moyen âge présentent de nombreux exemples.

Les formes multiples que nos ornemanistes modernes donnent à l'antique fleur de lys, procèdent encore de cette façon de faire.

Fig. 53 et 54. — Spécimen des tapisseries péruviennes du musée de Saint-Germain.

Le gouvernement avait étendu sa réglementation jusque sur la couleur et la coupe des vêtements. Des lois somptuaires défendaient même aux nobles de porter des couleurs voyantes sans l'autorisation de l'Inca.

Fig. 55. — Une ménagère péruvienne du temps des Incas.

Chaque province avait sa façon de s'habiller que les gens du commun devaient observer, sous peine de punition ; le lieu de la naissance était indiqué par la coiffure.

Ces costumes ne différaient que par le détail. Tous devaient avoir une tunique et un pantalon en laine d'alpaga descendant jusqu'à mi-jambe, des sandales et un bonnet. Le teint foncé à reflet rougeâtre des Péruviens, assombrissait encore cet uniforme d'une simplicité commandée.

Les femmes avaient sur le front un bandeau qui se croisait le plus souvent sur la nuque et dont les deux chefs venaient ensuite se nouer sur la gorge comme une cravate. La jupe était constituée par une longue pièce d'étoffe, s'enroulant trois ou quatre fois autour de la taille. Enfin les ménagères portaient un tablier blanc qu'elles avaient soin de placer sur le côté et non sur le devant de leur personne (fig. 55).

Leurs pieds étaient nus, mais elles se dessinaient sur les mains un tatouage qui encadrait leurs doigts comme la bordure de nos mitaines.

Les hommes de race noble pouvaient porter, par privilège spécial, des pendeloques encore plus grosses que celles qui ornent la petite bourgeoise de notre gravure. C'était l'Inca en personne qui leur perçait les oreilles, lorsqu'ils avaient atteint l'âge de seize ans et subi une épreuve de courage et de force. Cette cérémonie était la consécration de leur noblesse. Aussi mettaient-ils par vanité des pendants si volumineux et si lourds, que leurs oreilles ne tardaient pas à s'allonger fort. Cette mode amusait beaucoup les Espagnols qui, au début de l'occupation, n'appelaient plus les nobles que les « Orejones », les longues oreilles.

Leur orfévrerie n'était pas inférieure à celle des Mexicains. Nous avons parlé précédemment des plantes en or qui décoraient le temple de Cuzco. Les tombeaux nous ont conservé quelques spécimens d'idoles en or ou en argent, échappés à la rapacité des Espagnols (fig. 56).

Ils se faisaient des miroirs en taillant et polissant des morceaux de pyrites de fer. Personne ne pensait encore à en réduire le métal.

Mais de tous les produits de leur industrie les plus originaux sont certainement leurs poteries. L'argile, plus maniable que la pierre ou le métal, a pris entre leurs mains mille formes plus diverses les unes que les autres, dont les reliques des tombeaux nous offrent des modèles à profusion. Beaucoup sont de simples ornements, peut-être des objets votifs; d'autres joignent l'utile à l'agréable.

Il y en a qui sont constitués par deux, quelquefois quatre vases communicants, dont le premier seul a un goulot ouvert, tandis que la partie supérieure du dernier porte une petite ouverture qui permet de les remplir facilement et de les vider sans *glouglous*. Si l'on verse rapidement de l'eau dans le goulot ouvert, l'air comprimé dans l'autre vase s'échappe par l'étroite prise d'air en produisant un sifflement assez amusant.

Dans ces sortes de récipients, connus sous le nom de *silvador*, qu'on rencontre fréquemment sur les côtes nord du Pérou, les goulots condamnés sont couverts par une figurine représentant, soit un buveur le verre à la main, soit une idole, etc. (fig. 56).

Leurs sculptures, en pierre ou en bois, sont bien inférieures à leurs poteries, ce qu'il faut attribuer à l'imperfection de leurs instruments de bronze. Les personnages qui ornent leurs temples ont les membres collés au corps comme les statues égyptiennes; jamais les proportions ne sont observées.

Pour les ruines architecturales de l'ancien Pérou, deux grandes divisions s'imposent : les monuments contemporains à la civilisation des Incas, et ceux qui lui sont antérieurs. L'histoire des premiers nous est à peu près connue par les récits des chroniqueurs espagnols qui ont assisté à leur destruction. Tout ce que nous savons des derniers, repose sur des interprétations de la mythologie et de l'archéologie.

On suppose que la civilisation péruvienne a dû prendre jour à une époque indéterminée sur les bords du lac Titicaca, au sein de la tribu des Aymaras, qui formaient et forment encore avec les Quichuas les deux principales nations indigènes du Pérou.

« Si nous en jugeons, écrit d'Orbigny, par les immenses monuments de Tiaguanaco (sur les bords du lac Titicaca), par les dimensions des blocs qui les composent, par le grand nombre de restes d'habitations ou par les groupes de nombreux tombeaux qu'on retrouve encore au sein des lieux aujourd'hui

Fig. 56. — Vase de terre. Idole en argent. Mancho de lance sculpté.

déserts, la population des Aymaras était considérable et leurs provinces devaient être les plus peuplées des plateaux. »

A une époque qu'on croit voisine de l'an 1000 de notre ère, cette civilisation subit par une cause inconnue une éclipse presque complète, et transporta son foyer vers le nord, à Cuzco, dans la tribu des Quichuas, qui semblent avoir conservé le souvenir de ce fait dans de nombreuses légendes.

« Ignorants, sans loi et lien social, étaient les Péruviens, raconte l'une d'elles, lorsque le Soleil envoya deux de ses enfants sur le lac Titicaca, en leur donnant un lingot d'or et en leur

« disant : Allez où vous voulez et ne vous arrêtez que lorsque ce « lingot d'or s'enfoncera dans la terre. »

« Arrivés dans la vallée de Cuzco, au sommet de l'Huanan- « cauri, le lingot s'enfonça dans le sol avec une telle facilité « qu'il disparut à leurs yeux en un moment. Alors le fils du « Soleil, Manco-Capac, dit à sa sœur qui était en même temps sa « femme :

« C'est dans cette vallée que notre père veut que nous habi-

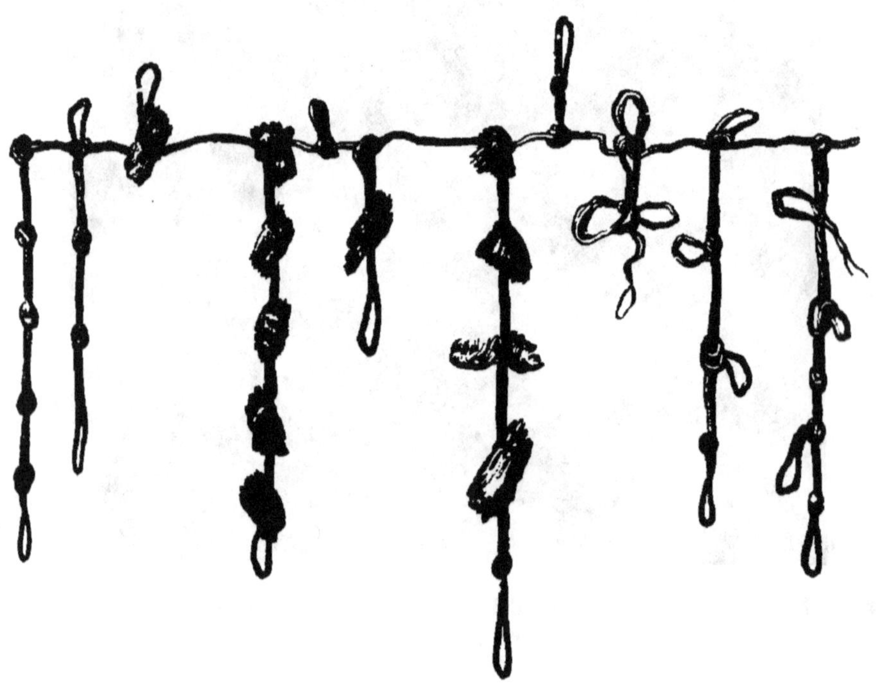

Fig. 57. — Fragments de quipo.

« tions. Il faut que nous cherchions à attirer ces peuples à nous, « pour les instruire et accomplir ainsi le bien que notre père « commande. »

C'est encore du lac Titicaca que le Soleil se serait élancé pour commencer sa course ; c'est sur les bords de ce même lac que l'ancêtre de l'homme, Viracoche (l'écume de mer), aurait été jeté après l'inondation générale.

La concordance de ces légendes avec l'existence des ruines de

Tiaguanaco, ne prouve-t-elle pas que Manco-Capac était peut-être le dernier dépositaire de cette civilisation socialiste et religieuse qu'il transporta à Cuzco?

Les Incas, en souvenir de l'origine aymara de leur race, avaient fait élever sur les îles du lac Titicaca deux temples somptueux, servis par 1,000 vierges et 600 prêtres, en l'honneur du Soleil et de la Lune, et venaient tous les ans en ces lieux remercier les dieux de la prospérité de leur famille (d'Orbigny).

A partir de Manco-Capac le développement de la puissance des Quichuas se suivit sans interruption. Le royaume, d'abord limité à un cercle de 20 lieues autour de Cuzco, comprenait, sous le douzième et dernier Inca, les territoires des républiques actuelles du Pérou, de la Bolivie, du Chili et quelques districts de la République argentine. Il n'aurait vraisemblablement pas pu dépasser ces limites, et les dissensions intestines qui venaient d'éclater dans son sein et qui facilitèrent la conquête espagnole, étaient peut-être les premiers symptômes d'une décadence fatale.

L'écriture telle que nous la comprenons était inconnue aux Péruviens. Les traditions de l'empire se transmettaient au moyen de *quipo*, véritable registre en cordelettes, dont chaque nœud, chaque signe avait un sens mnémotechnique (fig. 57).

On s'en servait encore pour les relevés statistiques de la population, pour les cadastres, pour les listes des tribus et des soldats; on les utilisait également pour noter les traditions judiciaires, les cérémonies religieuses, etc... Chaque sorte de quipo nécessitait pour chaque province un savant spécial, un *quipocamayos*.

Pour les enregistrements, par exemple, chaque couleur avait sa signification : on employait le rouge pour la guerre ou les soldats, le jaune était le symbole de l'or, le blanc de l'argent ou de la paix, on désignait le maïs par la couleur verte, etc. En statistique, un simple, double, triple nœud désignait le nombre 10, 100, 1000.

Les discours publics à l'occasion de certaines fêtes étaient prononcés les quipos à la main.

Le peuple avait pu acquérir à la fin quelques notions de cette science. Acosta nous parle d'une femme qui, devenue chrétienne, se servait de ce procédé pour faire sa confession générale. Il est encore usité de nos jours chez les bergers de Puna ; une première corde leur donne les renseignements sur les taureaux, leur nombre, leur âge, etc. ; une seconde, sur les vaches et ainsi de suite pour les veaux et les moutons, etc. D'autres quipos leur servent à enregistrer les recettes, pour le lait, la laine, le fromage. Chaque rubrique a sa couleur et sa manière de torsion (Waitz).

On peut se faire une idée de l'enchevêtrement de ces nœuds et de leur volume en pensant que des registres en cordelettes fines trouvés à Lurin pesaient jusqu'à sept kilogrammes.

Cette numération s'est étendue chez les Araucans, les Puelches, les Patagons ; mais les pénibles recherches des Américanistes pour retrouver la signification symbolique des quipos historiques sont restées jusqu'à ces jours infructueuses, et ces amas « de nœuds gordiens » ont acquis la réputation bien établie d'être indéchiffrables.

En outre de leurs quipos, il est certain qu'ils avaient, comme les Mexicains, des caractères symboliques peints et sculptés. On retrouve dans leurs tombeaux des colliers de figurines en pierre ou bronze, en bois et même en verre, qui semblent avoir un but idéographique analogue aux armes parlantes de nos ancêtres.

Enfin, si les Péruviens avaient encore l'année lunaire, ils la rectifiaient déjà sur le cours du soleil au moyen d'appareils rudimentaires.

Quand on jette un regard d'ensemble sur cette civilisation qui fait certainement des Péruviens la première des nations américaines, on est frappé par la supériorité de leur organisation sociale sur leur industrie : une agriculture développée, un gouvernement régulier, et pas de fer — pas même de chariots ! — un bâton pointu pour charrue, des outres pleines d'air pour bateaux ;

des armes rudimentaires que personne ne songeait à perfectionner et dont nous devions avoir facilement raison. On est forcément amené à regarder ces deux faits comme la conséquence l'un de l'autre. Toute ambition étant d'avance anéantie par la

Fig. 58. — Indien du Pérou moderne.

suppression de la propriété individuelle, par le nivellement annuel des fortunes, par l'hérédité des castes et des professions, les arts de luxe pouvaient seuls se développer sous la protection d'une cour et d'un clergé nombreux.

Une fois l'administration péruvienne organisée, tout progrès ne pouvait plus venir que des sommités sociales, c'est-à-dire de

Fig. 59. — Momie d'Aymara.

quelques individus seulement, et avait par cela même infiniment moins de chance de se produire que dans nos sociétés, où des millions d'individus ayant la liberté de travailler ou de mourir de faim, cherchent continuellement à améliorer leur sort.

Le caractère des Péruviens semble s'être modelé sur ce gouvernement despotique. Patients, obéissants, dépourvus de toute initiative, routiniers, doux et mélancoliques, ils se sont entièrement soumis aux Incas comme depuis aux Espagnols. Ce sont eux qui forment encore aujourd'hui le fond de la population agricole du Pérou.

Chez les Indiens non métissés le type physique semble être resté le même qu'au moment de la conquête. Le buste est très haut en proportion de la taille totale, ou, autrement dit, les jambes sont courtes. Leur hauteur moyenne n'est que de 1^{m},59. et serait encore moins haute chez les habitants des hauts plateaux.

Voici leur signalement, d'après d'Orbigny : teint brun-rougeâtre foncé ; formes massives ; poitrine très développée surtout chez les montagnards ; front fuyant ; face large, ovale, pommettes peu saillantes ; nez long, très aquilin, un peu élargi à sa base ; bouche assez grande ; lèvres saillantes par suite d'un léger prognathisme alvéolaire (fig. 58).

On a été longtemps avant de savoir s'il fallait ranger les Péruviens parmi les races brachycéphales ou dolichocéphales ; la coutume de soumettre les têtes de leurs nouveau-nés à une déformation graduelle, rendait les nombreux crânes des momies péruviennes tout à fait impropres à cette recherche. D'après Broca, leur indice céphalique serait de 79, c'est-à-dire plus près de la brachycéphalie que de la dolichocéphalie. On s'est demandé si la pratique séculaire de la déformation crânienne ne pourrait pas influencer par hérédité la forme de la tête et produire ce front plat qui singularise les physionomies des races péruviennes et mexicaines. Cette opinion semble infirmée par la variété même des aplatissements usités chez les Péruviens.

On en peut distinguer trois sortes :

1. La forme au front aplati ;

2. La forme à l'occiput tombant verticalement ;

3. La forme à l'occiput allongé, analogue à celle qui est encore usitée de nos jours aux environs de Toulouse.

La déformation au front aplati était celle des anciens Aymaras; les Quichuas en avaient hérité comme de leur civilisation — et en réservaient l'usage exclusif à la noblesse (fig. 59).

IV. — LES CHIBCHAS.

Lorsqu'en 1545 les Espagnols envahirent la Nouvelle-Grenade, ils trouvèrent la partie de la vallée Cundinamarca comprise entre le 4e et le 7e degré de latitude nord, occupée par la confédération des Chibchas ou Muiscas, la troisième et dernière nation civilisée de l'Amérique.

L'organisation sociale et la langue de ce peuple n'ont que très peu de rapport avec celles des Mexicains et des Péruviens, ce qui exclut toute idée d'une filiation ethnique rapprochée.

Les Chibchas sont des hommes de petite taille, aux traits réguliers et à l'air tranquille. Leur teint est un peu plus clair que celui des Péruviens; les femmes sont jolies en comparaison des autres Indiennes. Leur race a su se conserver pure de tout mélange jusqu'à nos jours (fig. 60).

Beaucoup maintenant ont adopté le costume des planteurs; mais à l'époque de la conquête, la tenue des chefs était plus recherchée : « la tête était ornée d'un casque avec un panache en plumes, ils portaient sur le front une demi-lune en or ou en argent et des anneaux au nez et aux oreilles. Des bracelets en os ou en pierres surchargeaient leur bras. » Ils se tatouaient la figure en rouge ou en noir et se couvraient avec leur « poncho », grand morceau d'étoffe carré percé d'un trou au milieu pour passer la tête. Un grand nombre ont conservé jusqu'à nos jours ce vêtement si simple et si commode.

Leur pays, au lieu d'être centralisé comme le Pérou, était divisé en une foule de petites tribus, groupées en trois fédérations, celles d'Iraca, de Toundja et de Foundza ou Bogota. Chacune de ces principautés avait à sa tête un souverain absolu qui était le maître de la vie et de la propriété de ses sujets. En cas de mort, le pouvoir, comme les biens, se transmettait au frère ou au neveu.

Fig. 60. — Chibchas modernes de la Colombie (marchands de nattes). D'après une photographie.

Aussitôt un nouveau roi installé, on commençait à se préoccuper de l'éducation de son successeur. Il devait mener une vie retirée et se préparer à sa haute destinée par une conduite très retenue, des jeûnes, etc.

Les Chibchas pouvaient avoir plusieurs femmes, qu'ils achetaient à leurs parents; mais une seule d'entre elles était légitime, et l'union avec cette dernière devait être consacrée par un prêtre.

Ils laissaient une grande liberté aux jeunes filles avant leur mariage ; une bonne conduite passait même pour une incapacité de se faire aimer et écartait les prétendants.

Leurs idées sur les devoirs de famille étaient tout aussi bizarres : celui qui perdait sa femme en couches, était accusé d'être le complice de sa mort et devait donner aux parents la moitié de sa

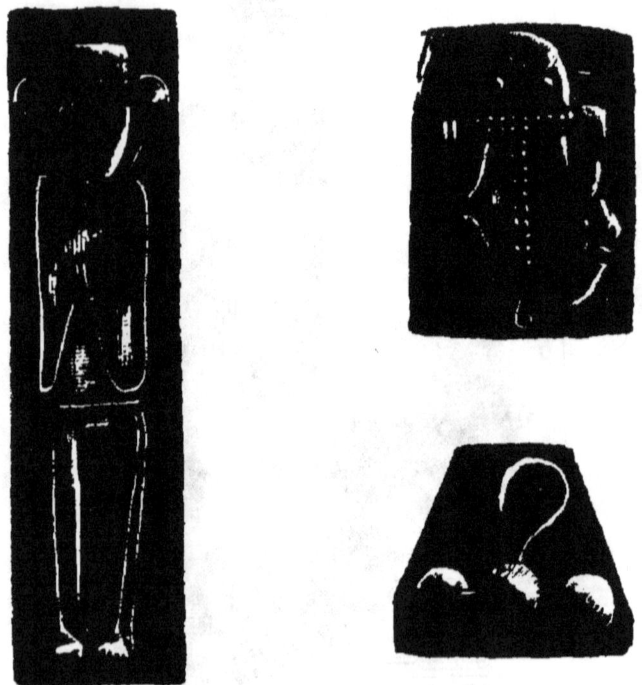

Fig. 61. — Objets en alliage d'or et de cuivre provenant des anciens tombeaux des Chibchas.

fortune en dédommagement; des jumeaux étaient regardés comme preuve d'une vie désordonnée et on en tuait un.

Les Chibchas, comme leurs voisins les Mexicains et les Péruviens, attribuaient à leur civilisation une origine divine. Leur Bochica, grand personnage barbu venu de l'Orient, était probablement une incarnation du soleil. C'est lui qui, à une époque reculée, aurait fondé l'État chibchas, et aurait légué à son peuple des lois sages ainsi que l'art de filer et de tisser. Il était accompagné de sa femme, la belle mais malfaisante Chia, qu'il exila dans la lune avant de remonter lui-même au soleil.

Le prince du mal, Thomagata, avait été vaincu par Bochica et condamné à porter la terre sur son dos. Ce dieu déchu se vengeait depuis par des tremblements de terre, que les Chibchas conjuraient au moyen de quelques sacrifices humains. On a cherché à retrouver dans ce combat de dieux les restes d'une ancienne lutte entre deux nations, aujourd'hui fondues en une seule.

Le pouvoir religieux de Bochica était représenté sur la terre par un grand pontife nommé par les chefs, et dont l'autorité était indépendante de celle des rois. Une armée de prêtres était placée sous ses ordres. La principale cérémonie de leur religion consistait dans le sacrifice annuel d'un prisonnier de guerre qu'on avait pendant un an préparé à cette fête en l'entourant d'honneurs. Tous les quinze ans, la victime devait être choisie parmi leurs compatriotes dans un même village chibcha, situé près de San-Juan de los Llanos.

Pour régler ces cérémonies, ils avaient établi un calendrier très compliqué, des années agricoles de 12 mois de 30 jours, des années religieuses de 37 mois. Des cycles de longueurs diverses faisaient concorder ces différents systèmes. Chaque mois était divisé en trois semaines, dont la première consacrée aux devoirs religieux, la seconde au travail et la troisième aux plaisirs. Des foires se tenaient également à des époques fixes et étaient fort fréquentées. Le commerce, inconnu au Pérou, était ici très actif. Ils avaient été jusqu'à créer une monnaie en or fondu pour faciliter les échanges.

Les objets de toutes formes en cuivre et or, retrouvés dans les tombeaux, permettent d'apprécier le degré avancé que l'industrie et les arts avaient su atteindre chez ce peuple.

Notre planche (fig. 61), représente une figurine humaine en plaques d'or mince et une boucle d'oreille à trois sphères. En haut, à droite, est une grenouille faite d'une feuille mince, polie et usée par l'usage qui en a été fait comme pendeloque. Elle était pendue au corps au moyen de deux anneaux qu'on trouve soudés à l'intérieur.

V. — LES CARAIBES OU GALIBIS ET LES GUARANIS. — LES GAUCHOS. — LES BOTOCUDOS.

Christophe Colomb ayant reconnu les Caraïbes pour anthropophages, avait demandé l'autorisation au roi d'Espagne de les réduire en esclavage, ce qui lui avait été accordé. Il en résulta que dans la suite les colons espagnols déclarèrent « caraïbes » toutes les tribus qu'il leur plut d'asservir, et que les renseignements ethnologiques que nous possédons sur les peuplades si rapidement disparues de Haïti, Cuba, la Jamaïque, etc., ne sont dignes d'aucune créance. C'est ainsi que les paisibles Araouaks « mangeurs de farine » que les farouches Caraïbes poursuivaient de leur haine, avaient été assimilés à leurs ennemis.

Les Caraïbes ou Galibis se désignaient eux-mêmes sous le nom de Caribi, Canibi « guerriers », dont nous avons fait « cannibal », dénomination appliquée par extension à toute espèce animale qui peut dévorer son semblable sans répugnance.

Leur pays d'origine, où ils sont encore nombreux aujourd'hui, sont les Guyanes et le Venezuela. Mais les Tupis, Topinambours, Topinambazas des côtes orientales du Brésil, les Guaranis du Paraguay, présentent le même ensemble de caractères physiques et linguistiques et doivent être rangés dans le même groupe. Récemment le Dr Hamy a montré que les indomptables Jivaros des sources du Marañon appartiennent également à la race toupi-guarani-caraïbe, dont l'habitat comprend ainsi les bassins de l'Orénoque, du fleuve des Amazones, du Parana et la rive gauche du Paraguay.

La description séparée de ces tribus congénères offrirait trop de points communs pour ne pas être fastidieuse; nous nous contenterons donc d'énumérer les principaux caractères généraux et différentiels présentant quelque originalité.

Les Caraïbes et Toupis-Guaranis sont des sauvages de taille moyenne, entièrement nus, le corps trapu, le ventre proéminent. Quoiqu'excellents marcheurs, ils n'ont pas les mollets plus saillants que les nègres. Pour un effort brusque, un Européen est toujours plus fort qu'eux. Comme tous les peuples chasseurs, ils ont les mains fines et délicates. Leur peau d'un brun foncé ne diffère guère de celle d'un blanc fortement bronzé par le soleil tropical; quelque chose comme la couleur de la feuille morte (Dr Crevaux). Mais ils ont soin de se teindre en rouge avec de la graine de roucou. Pour fixer la couleur, ils la délaient avec un peu d'huile, ce qui leur permet de passer des heures entières dans l'eau sans déteindre. Il est de stricte politesse, quand on va rendre une visite, de se faire donner par sa femme une nouvelle couche de rouge, agrémentée d'arabesques noires pour les grandes occasions. Du reste les explorateurs sont unanimes à reconnaître que cette couleur vive leur sied mieux que le jaune sale de leur peau naturelle.

Inutile de dire qu'ils affectionnent les ornements. Ils se traversent les oreilles, le nez, les joues avec des plumes et des anneaux. Les industrieux Chibchas, qui entretenaient du temps de leur splendeur des relations commerciales avec les Caraïbes, trouvaient chez eux un débouché pour leurs bibelots d'or et de cuivre.

Quoiqu'ils soient pourvus, à l'encontre des autres Américains, d'une barbe bien plantée, beaucoup d'entre eux s'épilent soigneusement, afin, disent-ils, de pouvoir mieux embrasser leurs femmes. — Est-ce pour mieux voir, peut-être, qu'ils s'arrachent aussi les cils? — Le masque uniforme qu'ils se composent ainsi, fait que les voyageurs à leur arrivée dans le pays, trouvent qu'ils se ressemblent tous, et ne peuvent les distinguer les uns des autres. L'œil, ce caractère d'identification si variable chez l'Européen, a toujours ici la même couleur marron et la même expression de tristesse. Les différences secondaires n'apparaissent qu'après un séjour de quelques semaines.

Avant que les Européens vinssent les déranger dans leur genre de vie, ils n'avaient de chef qu'en temps de guerre. Prenaient-ils l'initiative de l'attaque, leur tactique était toujours la même ; ils atteignaient à la dérobée, avant l'aurore, le village ennemi et l'incendiaient pendant que ses habitants dormaient paisiblement.

Fig. 62. — Jeune homme Galibis.

Tous les guerriers tués pendant le combat étaient mangés sur place par les vainqueurs ; les vaincus faits prisonniers étaient emmenés en captivité pour y être engraissés à la mode mexicaine. Quant aux femmes, elles devenaient les servantes des survivants. Thevet ajoute qu'elles ne se faisaient pas faute, après quelques minauderies, de manger une ou deux grillades de leurs anciens époux.

Dans ces occasions les mères n'oubliaient pas de barbouiller leurs enfants avec du sang frais, pour les rendre plus hardis. Du reste elles-mêmes prenaient volontiers part aux entreprises de guerre. C'est en souvenir de leurs exploits que les Européens ont appelé le Marañon « le fleuve des Amazones ».

Dans ces expéditions, ils se mettent toujours l'un derrière l'autre, sur une seule ligne. C'est ce qui constitue « la file indienne ». « Cet ordre de marche leur est si naturel qu'ils le conservent en allant d'une habitation à une autre, à travers la place du village, qui est toujours vaste et en général bien dégagée. » (Dr Crevaux.)

Les Caraïbes venaient, à l'arrivée des Espagnols, de conquérir les petites Antilles sur les Araouaks. Ce succès les avait rendus intraitables ; ils regardaient toutes les autres tribus comme leurs inférieurs de par la nature et les traitaient comme tels. On raconte, par exemple, qu'à la Martinique ils n'avaient épargné que les femmes, auxquelles ils venaient rendre visite tous les ans ; à chaque voyage, pour empêcher l'île de se repeupler, ils mangeaient les enfants qui étaient nés dans l'intervalle.

La supériorité des Caraïbes résidait dans leur habileté de marins. Ils savaient se creuser dans des troncs d'arbres de grands canots qu'ils faisaient marcher à la rame et à la voile. Ils affrontaient même la pleine mer et s'orientaient sur les étoiles. Dans ces expéditions maritimes, ils transportaient avec eux des barricades en lianes tressées qui leur permettaient, aussitôt débarqués sur les côtes ennemies, de se mettre à l'abri derrière un fort rudimentaire.

L'arme nationale des Caraïbes et des Guaranis est le *boutou*, grande massue plate de plus d'un mètre de long en bois dur et ornée des couleurs les plus éclatantes. Ils se servent encore de la sarbacane, « long tube de 3 mètres, fait de deux moitiés de tiges de palmier, fendues, videes et rajustées au moyen de fibres enroulées autour comme un ruban et recouvertes d'une gomme noire qui se durcit en séchant. De petites baguettes de bambou, fines et deux fois longues comme une aiguille à tricoter, constituent leurs flèches. Elles sont aiguisées par une extrémité, entourées de l'autre d'un peu de coton sauvage pour les ajuster à la grosseur du truc et poussées violemment par une forte expiration du chasseur. » (Ed. André.)

Pour la guerre et la chasse au grand mammifère ils préfèrent se servir de l'arc. Un pas de plus en avant, et réunissant en un seul instrument les avantages de la sarbacane et ceux de l'arc, ils auraient inventé l'arbalète, l'ancêtre du fusil avant la poudre.

Leurs flèches de guerre sont garnies de pointes en sens inverse, ce qui empêche l'arme de sortir de la blessure et laisse au curare dont elles sont imprégnées le temps d'agir. Les flèches de chasse ont une simple rainure également empoisonnée.

Ils portent ces armes dangereuses dans un petit cylindre de bambou pendu à leur côté.

D'après les observations du Dr Jobert, le curare est une décoction du suc de certaines pipéracées et strychnées, qu'on concentre ensuite à feu doux dans de petits pots en terre.

Mais la composition varie d'une tribu à une autre. On a cru longtemps que le venin des batraciens en formait la base principale et M. Ed. André a trouvé dernièrement, près de l'isthme de Panama, des sauvages qui préparent le poison de leurs flèches avec le venin d'une variété de la rainette, *Phillobates bicolor*. Pour le recueillir, ils attachent l'animal au-dessus d'un feu de bois et raclent avec un petit couteau les exsudations qui suintent de sa peau surchauffée (fig. 63).

Les effets physiologiques du poison de grenouille sont *extérieurement* les mêmes que ceux du curare, étudiés par Claude Bernard. La lenteur de l'absorption stomacale fait que le curare ingéré par la bouche en temps ordinaire est éliminé de l'organisme circulatoire, avant de s'y être accumulé en quantité suffisante pour nuire. Pénètre-t-il directement dans le sang par injection, piqûre, coupure, etc., il détermine en quelques minutes une paralysie motrice qui tue par asphyxie. Pour les animaux de petite taille, la mort est foudroyante ; pour les gros mammifères, comme le jaguar, le résultat peut se faire attendre quelques minutes.

Si l'on vient à être piqué par une de ces flèches empoisonnées, on sait que la première mesure à prendre est d'interrompre immédiatement, au moyen d'une ligature, la circulation dans le membre blessé, puis de procéder à une cautérisation, etc.

L'Indien connaît bien les propriétés mortelles de son curare, « sa poudre à lui », mais il ignore tout préservatif. Vient-il à se blesser, il ne tente rien pour échapper au poison — il se couche tranquillement et attend la mort ! — Cette fin, en apparence si douce et si rapide, est le plus horrible supplice qu'une imagination puisse rêver. Le poison n'agissant que sur le système nerveux moteur, laisse toute sa lucidité à l'intelligence aussi longtemps que la mort par asphyxie n'a pas été déterminée par la paralysie des muscles de la respiration. Il en résulte que pendant un temps très appréciable, la pensée, privée de tout moyen de communication avec l'extérieur, est en quelque sorte « enfermée toute vive dans un cadavre. »

Chez la plupart des Caraïbes et des Guaranis, les morts couchés dans leur hamac sont abandonnés à la putréfaction sous la surveillance de leurs femmes ; puis les ossements recueillis par les parents sont rangés dans un petit panier et pendus dans leur hutte. Souvent pour obtenir une préparation plus rapide et plus propre, ils attachent le cadavre à une corde et le descendent dans la rivière, où en quelques jours les poissons le dépouillent de sa chair.

D'autres tribus, comme les Payas du golfe de Panama, suspendent le corps du mort au moyen d'un hamac et le descendent dans une fosse, qu'ils recouvrent d'une planche.

Le mort une fois installé dans ces espèces de caveaux, ils lui offrent des aliments qu'ils renouvellent quelquefois.

Les parents du mort doivent se faire de profondes blessures sur les bras et la poitrine. Ces marques extérieures de douleur sont encore plus expressives chez les femmes qui s'astreignent à des jeûnes sévères et hurlent pendant plusieurs nuits consécutives.

En ces occasions, chaque visite (d'après d'Orbigny ils sont cons-

Fig. 63. — Indiens préparant du poison de grenouilles.

tamment les uns chez les autres) débute par des pleurs versés en mémoire du mort ; après quoi, on se met à danser, à boire et à festiner.

Tous les Guaranis et notamment les Cajas, Mauhès, Mondurucus, Gentios Bravos, confectionnent avec les têtes de leurs ennemis tués de hideux trophées ornementés de plumes (Hamy). Cette coutume qui rappelle les scalps des Peaux-Rouges du nord atteint sa perfection dans la tribu des Jivaros du haut Amazone. Ces sauvages arrivent à enlever d'une seule pièce et sans incision toute la peau du crâne et de la face ; puis, par un procédé imparfaitement connu, ils la font sécher et rétracter d'une façon si uniforme, qu'elle se réduit au volume de la tête d'un nouveau-né, tout en conservant les formes du visage. La chevelure, très longue chez ces sauvages, est précieusement respectée. Il ne s'agit pas ici d'une simple dessiccation, mais d'une espèce de tannage, sans quoi les dermestes envahiraient et détruiraient ces peaux au bout de très peu de temps. Manuel Sobreviela avait déjà, au siècle dernier, attiré l'attention sur des sauvages du Pérou oriental qui faisaient bouillir la tête de leurs ennemis. « Ils en détachent ensuite la peau, qu'ils empaillent et font sécher à la fumée pour en former un masque. Les dents leur servent à faire des colliers, et ils suspendent les crânes au toit de leurs habitations. »

Grâce au P. Pozzi, on sait maintenant que les Jivaros attachent ces trophées aux longues tresses de leurs cheveux quand ils vont en guerre ou qu'ils assistent à des fêtes.

Notre gravure représente en grandeur naturelle une de ces têtes ou *chancha* rapportée du Pérou par le P. Pozzi, qui « avait détaché sans trop de difficultés, écrit-il, tout cet attirail ornemental de la tresse d'un néophyte de sa mission de Gualapinsa, amené tout doucement à renoncer à cette barbare coutume. » (Pl. I.)

Une corde passée dans le vertex soutient notre échantillon et permet d'apprécier la longueur des cheveux. Au-dessus de cette pièce, on voit au Muséum la couronne de paille tressée qui ceignait la tête de son vivant. Elle a 56 centimètres de tour, plus du double de la circonférence horizontale de l'horrible miniature.

Chaucha ou tête réduite par les Indiens Jivaros.
(Grandeur naturelle de la préparation.)

Il faut remarquer que nulle part nous ne retrouvons en Amérique la coutume africaine de dévorer les individus morts de maladie.

L'anthropophagie des Caraïbes se distingue de celle des Mexicains en ce qu'elle n'a chez eux aucun caractère religieux et qu'ils n'entreprennent pas de guerre dans le but unique de se procurer des prisonniers.

En agissant ainsi, ils auraient pourtant comme excuse leur voracité qui, étant donné le climat tropical de leur pays, est extraordinaire. Ils font quatre repas par jour et se relèvent la nuit pour manger. Ces agapes ont lieu loin des femmes, dans le *carbet*, maison commune située au centre de chaque village, où seuls les guerriers ont le droit d'entrer. Les enfants et leurs mères mangent ensemble dans leurs huttes ; ajoutons que le père, en sortant du *carbet*, vient généralement les rejoindre et assister au repas de famille.

Naturellement ils mangent avec les doigts, mais notons chez les Roucouyennes de la Guyane la précaution, étonnante pour des sauvages, de se laver les doigts avant et après chaque repas. (Dr Crevaux.) Leur cuisine en général n'est pas trop sale, si l'on en excepte l'habitude des ménagères d'asperger le bouillon au moyen de leur bouche pour l'empêcher de déborder, ce qui, au début, choque fort l'étranger.

Quoiqu'ils ignorent l'usage du tour, ils arrivent à faire des poteries très régulières, auxquelles ils donnent une belle teinte rouge. Ils savent également faire des tissus en coton, qu'ils teignent en rouge avec du *roucou* et qui sont des merveilles de régularité et de solidité. Les bandes qui entouraient le dessus et le dessous des mollets des Galibis du Jardin d'acclimatation (*Frontispice*) sont tissées sur la jambe même et donnent une haute idée de leur savoir-faire.

Ils ont de la volaille, des cochons et même, dans quelques contrées, des lapins. Hommes et femmes s'adonnent à l'*ouicou*, boisson produite par la fermentation de cassave qu'on a, au préalable, fait mâcher par les vieilles femmes. Les Indiennes armées d'un pieu font un peu de jardinage, « ouvrage indigne d'un homme. » Mais ce seigneur se charge des défrichements, construit une maison rudimentaire au moyen de quelques branches et de feuilles de palmier, va à la chasse et, en résumé, use envers ses compagnes de procédés infiniment moins brutaux que les Peaux-

Fig. 64. — Jeune femme Galibis et son enfant.

Rouges du nord ou les Nègres. Les jeunes filles caraïbes ont, comme chez tant d'autres nations, toute liberté de conduite, tandis que les femmes mariées sont plus surveillées et sont astreintes notamment à porter quelques vêtements, comme une guirlande, un coquillage, ou même un pantalon ou une jupe (fig. 64).

Certaines tribus plus avancées de la Guyane forcent leurs

filles, lorsqu'elles entrent dans l'adolescence, à porter au menton une épingle ou une longue épine qui leur traverse la lèvre inférieure. « Cela indique, nous expliquait un des Galibis du Jardin d'acclimatation, qu'elles sont devenues de grandes personnes et qu'il est défendu de les embrasser. »

Fig. 65. — Femme Gaucho.

La naissance d'un enfant donnait lieu à la cérémonie bizarre de la couvade : tandis que la mère, aussitôt après la délivrance, s'attelait de nouveau aux travaux du ménage, le mari se couchait en geignant comme un malade. Ses amis prévenus immédiatement se hâtaient d'accourir et le mettaient au régime. « On le tenait à la diète durant cinq jours; pendant cinq autres jours, on ne lui donnait à boire que de l'ouicou, des patates douces et des cannes à sucre; le douzième jour seulement il avait le droit de manger un peu de cassave, et le quarantième jour les parents et les amis banquetaient au *carbet*, après avoir lacéré la peau du patient avec des dents d'agouti et lavé ses plaies avec une décoction de piment extrêmement forte. Au bout de quelques jours encore de jeûne, le père se levait; mais pendant six mois il ne devait manger ni oiseaux, ni poissons, de peur de faire mal à l'enfant. » (Girard de Rialle.) « Cette coutume de la couvade si répandue dans les races primitives (elle existait autrefois chez les Basques et chez les Corses), équivaut écrit le Dr Letourneau dans sa *Sociologie d'après l'ethnographie*, à une adoption : par elle l'homme affirme sa paternité; il essaye d'instituer la filiation paternelle en regard de la filiation maternelle antérieurement adoptée. »

La couvade, ainsi que la plupart des mœurs dont nous venons de parler, étaient également usitées chez les Caraïbes ou Galibis des Guyanes, les Toupis et les Guaranis du sud du Brésil. Il est assurément remarquable de voir l'ethnographie confirmer ainsi ce que la linguistique avait avancé : à savoir une filiation ethnique entre des groupes aussi éloignés. Antérieurement, les analogies entre Toupis et Guaranis étaient seules connues. Les Brésiliens appellent la langue guaranie, la langue générale, *lengoa geral*, et les indigènes eux-mêmes attestent par leur légende cette communauté d'origine. Deux frères, racontent-ils, Toupi et Guarani, débarquèrent un jour sur les côtes du Brésil qu'ils trouvèrent inhabitées et s'y établirent. Mais leurs femmes étant venues à se quereller, ils se séparèrent : Guarani s'en alla habiter les côtes de la Plata, tandis que Toupi resta au pays.

Les Guaranis sont surtout célèbres par les établissements que les Jésuites ont fondés dans leur pays au siècle dernier. Ces guerriers et ces anthropophages étaient devenus sous cette direction des modèles d'obéissance et de discipline, et se laissaient conduire

OBJETS ET ARMES DES GAUCHOS DU JARDIN D'ACCLIMATATION.

1. Ceinture. — 2. Mors. — 3. Lazo. — 4. Fouet. — 5. Lanière de cuir. — 6. Boléador. — 7. Lance. — 8 et 9. Spatule et calebasse pour le maté. — 10. Éperon et étrier. — 11. Fragment de corne. — 12. Bouillotte. — 13. Tête de bœuf servant de siége. — 14. Mortier de bois.

par les Révérends Pères comme les anciens Péruviens par leurs Incas.

Nous avons fait remarquer en Afrique que l'anthropophagie n'excluait pas la noblesse des sentiments. Les Guaranis nous donnent un exemple de cette passion monstrueuse s'alliant avec l'affabilité et une grande douceur de caractère.

LES GAUCHOS.

Les *Gauchos*, métis de Guaranis et d'Espagnols, sont le spécimen unique, sur la terre, d'une nombreuse population menant la vie sauvage, tout en ayant dans les veines une forte proportion de sang européen.

On s'est souvent extasié sur l'habileté de l'Indien à monter à cheval, à tirer de l'arc, à supporter de grandes fatigues. Les Gauchos nous démontrent par la supériorité qu'ils ont en ces exercices sur les Indiens pur sang, que ces aptitudes ne dépendent point de la race mais de l'éducation, et qu'une fraction même minime de cerveau européen ne nuit jamais.

Le Gaucho a conservé du Guarani le teint, la bravoure et une santé de fer; il a emprunté à l'Espagnol son énergie, les traits de sa physionomie et ses cheveux ondulés ou frisés, jamais droits. Les femmes, qui s'approchent du type espagnol, sont souvent jolies (fig. 65).

« L'armement et l'équipement du Gaucho sont également empruntés aux deux races qui lui ont donné le jour (Pl. II). Outre le fusil qu'il se procure quand il peut, il manie également bien la lance, le lazzo et le terrible boléador que nous avons déjà trouvé au Pérou sous le nom d'*ayllous* (n° 6). Tout le monde sait que le lazzo (n° 3) leur est indispensable pour s'emparer sans les blesser des chevaux à moitié sauvages qui errent dans les immenses estancias et qui sont leur monture et leur nourriture habituelle. Un mors extrêmement puissant (n° 2) et un éperon redoutable (n° 10) leur servent à les dompter. Chez ces cavaliers, le pied ne repose pas dans l'étrier, mais sur la branche supérieure qu'ils saisissent entre l'orteil et le second doigt. Un grand fouet (n° 4), une lanière de cuir (n° 5), une riche ceinture ornée, si possible, de pièces de monnaie (n° 1), complètent leur accoutrement. »

« Tout le luxe, comme on le voit, est consacré à la vie à cheval. Descendu de sa monture, le Gaucho se contente de peu : une tête de bœuf renversée (n° 13), et garnie d'une peau de mouton, lui sert de siège à la fois commode et original ; un fragment de corne (n° 11) sert à boire ; un mortier de bois (n° 14), une broche en fer qui soutient au-dessus d'un feu pétillant l'énorme quartier de viande et la bouillote (n° 12), complètent le mobilier nécessaire. »

« Il est cependant encore un point de la vie à pied que le Gaucho entoure complaisamment d'un certain luxe, c'est le *maté*. Sous ce nom, les Gauchos prennent à peu près tout le temps qu'ils ne passent pas à cheval, à préparer l'infusion sucrée des feuilles de l'*Ilex paraguayensis*. D'un goût exquis et qui rappelle celui de thé, le maté ou thé du Paraguay jouit de propriétés excellentes et toniques qui en font un breuvage des plus salutaires. » (Dr A. Bordier.)

« Le Gaucho, dit Perrier, est infatigable à cheval et peut s'y tenir plusieurs jours de suite ; il est presque insensible à la douleur ; il dédaigne la vie et méprise la mort, qu'il donne et qu'il reçoit avec une incroyable indifférence. Il devient fréquemment meurtrier, même sans motif et toujours de sang-froid et sans colère. Quand il joue aux cartes, il a tout prêt un poignard ou un couteau fiché en terre à côté de lui, pour égorger la personne avec laquelle il joue, s'il lui soupçonne l'intention de le tromper. Il joue avec le plus grand calme tout ce qu'il possède. »

« Les enfants ont pour jouet un couteau, et comme récréation la vue et les cris d'un animal égorgé par leur père ; l'odeur du sang les enivre, et ils essayent d'y prendre part dans la mesure de leurs forces. »

Ils sont en tout d'une extrême cruauté et torturent leurs prisonniers guaranis ou patagons avec raffinement. Un de leurs supplices favoris est de les coudre dans une peau de bœuf mouillée et bien ajustée ; puis de les exposer à un soleil ardent, qui dessèche et rétrécit cet habillement trop étroit. Le lendemain, si la rosée de la nuit a distendu le cuir, on resserre les coutures et le supplice recommence.

Fig. 66. — Un Botocudos.

Ils marchent mal et dédaignent tous les ouvrages qui ne peuvent se faire à cheval; mais ce sont d'incomparables cavaliers, des hommes-centaures.

LES BOTOCUDOS.

On distingue encore dans la population autochtone du Brésil différentes peuplades qu'il est impossible de rattacher soit entre elles, soit avec les Guaranis. Telles sont les tribus qui habitent le versant oriental des Andes : les *Antés* du Pérou, les *Moxos* et les *Chiquitos* de la Bolivie ; tels sont encore les *Botocudos* que leur « botoque » a rendus célèbres de par le monde. On les rencontre au nord de Rio de Janeiro, dans les vallées boisées du Rio-Doce et du Mucury ; ils errent par petites hordes, sans lien social, ignorant l'agriculture et vivant du gibier qu'ils peuvent atteindre avec leurs flèches gigantesques. Ils ne sont guère plus civilisés que les Bochimans ; toute leur industrie consiste à faire des filets avec des fibres végétales (fig. 66).

On leur a donné plusieurs noms : « Aymorès, Guaymorès, Botocudos. etc. Ce dernier vient du mot portugais botoque qui signifie « bondon », la pièce de bois qui sert à boucher la bonde, l'orifice arrondi par lequel on emplit un tonneau. » (Hovelaque.)

Les Botocudos ont en effet l'étrange coutume (qu'ils partagent avec les races les plus diverses) de porter dans la lèvre inférieure un disque large comme deux ducats et épais d'un doigt qui rappelle la forme du bondon. Dès l'enfance, ils font à leurs enfants une petite incision parallèle aux lèvres, et y introduisent une petite botoque qu'ils remplacent successivement par d'autres de plus en plus grandes.

Ces dilatateurs peuvent atteindre de six à huit centimètres de large. Ils les gardent pendant leurs repas et s'en servent quelquefois comme d'une assiette. Lorsque la botoque est trop grande, elle ébranle et fait tomber les incisives, ou elle s'échappe en déchirant la bordure de la lèvre, dont les deux bouts restent pendants.

« Quelquefois, raconte Thevet, ils ôtent leur botoque et s'amusent à passer la langue par cette seconde bouche. »

Les élégants font subir la même opération aux lobes de l'oreille.

Pour achever de se donner un caractère d'originalité, ils ne laissent qu'une calotte de cheveux au sommet de la tête et rasent le pourtour avec le tranchant de certains roseaux.

« La langue des Botocudos est différente de celle qui était parlée par la plupart des indigènes brésiliens ; sa prononciation est aspirée; les consonnes sont peu articulées. Elle est très difficile à fixer par l'écriture; elle est très riche en onomatopées ; ainsi *ha-ha-ha*, qui signifie coq, exprime bien le chant de cet oiseau. *Poun* veut dire fusil, et *poun-poun*, fusil à deux coups, etc.

Leurs petits yeux un peu bridés ont été cause qu'on a voulu les rattacher aux Chinois. Quel que soit le changement que ce caractère apporte à la physionomie, un simple pli des paupières ne suffit certainement pas pour établir une filiation ethnique entre deux races aussi différentes sous tous les autres rapports.

Les rapprochements tentés entre les Botocudos et les Fuégiens de la Terre de Feu semblent moins aventureux.

Des considérations géologiques donnent à l'étude des races primitives de l'Amérique une importance capitale. « La nature du plateau central du Brésil, dit Lund, démontre qu'il formait déjà un vaste continent lorsque les autres parties du monde étaient encore submergées au fond de l'Océan, ou surgissaient à peine sous forme d'îlots peu étendus ; le Brésil doit donc être regardé comme le plus ancien continent de notre planète. »

VI. — LES TRIBUS DES PAMPAS. LES ARAUCANS. LES FUÉGIENS.

Avant l'introduction du cheval et du bœuf dans les Pampas, les nombreuses tribus de ces régions menaient une vie analogue à celle des Peaux-Rouges du nord. Ils ont montré depuis qu'ils leur étaient supérieurs en devenant pasteurs, si toutefois on peut donner le nom de troupeau à leurs bandes d'animaux indisciplinés dont l'exploitation est encore plus primitive que celle pratiquée par les Gauchos.

Les mœurs et les croyances de ces peuples s'écartent peu des caractères communs aux autres Américains du Sud, à l'exception de quelques modifications apportées dans leurs habitudes par la vie nomade. On distingue parmi eux cinq groupes principaux :

1° Au nord, sur la rive droite du rio Parana, les ennemis des Guaranis, les sanguinaires tribus du *Grand-Chaco* dont l'ethnographie est mal connue et qui comprennent les *Tobas*, les *Mcobobis*, les *Matayuayos*, les *Abiponcos*.

2° Au sud des Guaranis, *les Charruas de l'Uruguay* dont le teint marron, presque noir, fait contraste avec le teint feuille morte de leurs voisins. Leur taille est élevée (1m,68 en moyenne), leur aspect est sombre et même féroce chez les deux sexes, qui se distinguent à peine l'un de l'autre. Ils ont presque entièrement disparu aujourd'hui, mais leur extermination a coûté aux Espagnols plus de soldats que la conquête du Pérou et du Mexique.

3° *Les Puelches et les Tehuelches* qui habitent la Patagonie et dont la taille a été l'objet de tant de contes fantastiques. D'après d'Orbigny, la taille des Tehuelches ou vrais Patagons ne dépasserait pas 1m,90 ; la moyenne serait de 1m,73, ce qui est déjà considérable. D'autres mensurations donnent une moyenne de 1m,78.

4° *Les Araucans ou Aucas* du versant occidental des Andes, qui ont pu jusqu'à présent défendre leur indépendance contre les Chiliens. Ils sont plus sédentaires que leurs voisins orientaux et font un peu d'agriculture. Ces considérations jointes à d'autres font regarder leur nation comme un rameau perdu des Ando-Péruviens.

5° *Les Fuégiens ou Pêcherais* de la Terre de Feu. Pritchard les croit congénères des Patagons et d'Orbigny voit en eux des Pé-

LES FUÉGIENS AU JARDIN D'ACCLIMATATION DE PARIS.
(D'après une photographie de Pierre Petit.)

ruviens primitifs, des descendants dégénérés des Araucans.

Quelle que soit leur origine, il est hors de doute que les Fuégiens se rattachent aux familles américaines et nullement à la race noire comme Bory de Saint-Vincent l'avait avancé. Leurs cheveux droits et rudes, à section ronde vue au microscope, suffiraient pour le prouver. Les autres caractères de leur signalement sont également américains. La couleur de leur peau rappelle celle du vieux cuivre sale ; leurs petits yeux sont bridés comme ceux des Botocudos. Leur crâne a le même volume et leur face le même prognathisme que chez les Américains continentaux. Enfin l'expression de leurs yeux est atone (Pl. III). D'après d'Orbigny, « on ne remarque jamais chez eux cet air féroce qui caractérise quelques nations de chasseurs; ils ont, au contraire, le sourire doux, plein de naïveté ; leur caractère répond du reste à leur extérieur ; ils sont naturellement obligeants ; aucun navigateur n'a eu à se plaindre d'eux jusqu'ici, et beaucoup même ont eu à s'en louer ».

A défaut de caractères physiques, les Fuégiens sont suffisamment distingués de leurs voisins par l'infériorité de leur civilisation. Condamnés à vivre dans un pays froid et pluvieux, ils n'ont rien inventé pour se protéger contre les éléments; ils ne savent même pas se couvrir. « Chez les tribus centrales, les hommes n'ont qu'une peau de loutre ou un morceau de peau quelconque, grand à peu près comme un mouchoir de poche et à peine suffisant pour leur couvrir le dos jusqu'aux reins. Ce morceau de peau est lacé sur la poitrine avec des ficelles, et ils le font passer d'un côté à l'autre de leur corps, selon le point d'où souffle le vent. . . . . . Une femme qui nourrissait un enfant nouveau-né vint un jour auprès du vaisseau ; la seule curiosité l'y retint longtemps, bien que la neige tombât sur son sein nu et sur le corps de son enfant. » (*Voyage d'un naturaliste autour du monde*, par Darwin.)

Les Fuégiens sont avant tout pêcheurs et quelque peu chasseurs.

Leur pays montagneux, déchiqueté par l'Océan (fig. 67), les

force à vivre sur les bords de la mer et à se transporter d'une côte à l'autre à mesure qu'ils ont épuisé les produits d'une région, surtout les coquillages ; mais ils reviennent souvent aux mêmes endroits, comme le prouvent les amas de coquillages qu'on rencontre fréquemment et qui sont identiques aux *kjækkenmæddings* du Danemark.

Ces déplacements obligés les ont rendus navigateurs, et tandis que les Patagons n'ont jamais eu l'idée de passer une rivière sur un radeau, les Fuégiens se construisent des pirogues ; c'est là le seul effort qu'ils aient jamais fait pour améliorer leur sort. « On les voit, raconte d'Orbigny, réunis par deux ou trois familles et quelquefois moins, se construire des pirogues d'écorce d'arbre cousue avec des tendons d'animaux, leur donner jusqu'à 12 ou 15 pieds de long sur 3 de large, boucher les joints avec du jonc, soutenir le dedans par des branches et enduire le dehors de résine ; le tout sans autre outil que des coquilles ou des morceaux de silex. »

Quand ils changent de résidence, ils emportent toujours avec eux quelques tisons enflammés qui reposent dans leur canot sur un lit de galets ou de cendres. Ils savent pourtant produire des étincelles par le choc de deux caillous ; mais la difficulté de se procurer du bois sec rend l'allumage très difficile. Aussi ont-ils l'habitude, à peine débarqués dans une station, d'y établir des foyers permanents, qui la nuit sont visibles de la pleine mer : de là le nom de Terre-de-Feu, *Tierra del Fuego*, donné à ce pays, et celui de *Fuégiens* à ses habitants.

Ceux de nos lecteurs qui ont vu en 1880 l'exhibition des Fuégiens au Jardin d'acclimatation, ont certainement remarqué le soin avec lequel ils entretenaient leurs feux dans leur cantonnement, et pourtant la température de notre automne ne devait pas sembler rigoureuse à ces sauvages qui peuvent braver comme des animaux les froids de l'hiver.

Tout le monde a pu voir que les explorateurs n'avaient rien exagéré quand ils nous dépeignaient les Fuégiens comme dévorant leur viande à peine chauffée sous les cendres et encore saupoudrée de braise. Dans leur pays, quand ils ont faim, ils font encore moins de façons. Wallis les a vus croquer des poissons tout crus, à peine sortis de l'eau. Avant de les avaler, ils commençaient par leur donner un coup de dent près des ouïes, pour les tuer.

Ces Fuégiens nous ont également montré leur procédé pour tailler le silex en forme de flèches. Au lieu de procéder par petits coups secs, comme nous serions tentés de le faire de prime abord, ils enlèvent chaque écaille de silex par pression, par écrasement. Le travail, pénible au début, devient facile dès que les premiers éclats sont détachés (L. Manouvrier).

Tel devait être le procédé de nos ancêtres pour tailler leurs flèches et leurs haches de pierre.

Les Fuégiens paraissent n'avoir aucune religion ; on sait pourtant qu'ils ont des sorciers dont on ignore les fonctions. Ils évitent de parler des événements qu'ils redoutent ; ils ne prononceront jamais, par exemple, le nom des morts, de peur de mourir ; ils ne se plaindront point d'un excès de chaleur, de peur d'amener la pluie. Les personnes qui raisonnent ainsi ne sont pas rares, même en France.

Le mariage est chez eux absolument libre, et ils pratiquent une polygamie très large. Ils font faire par leurs femmes tous les travaux qui les rebutent. Pendant qu'ils chassent, la femme plonge dans la mer pour arracher des coquilles et des œufs de poisson ; la famille voyage-t-elle, c'est la femme qui pagaye ; au camp, elle est chargée d'entretenir le feu et de construire une hutte de branchages. Enfin en hiver, si la chasse et la pêche ont été infructueuses, le Fuégien dévore les vieilles femmes de sa horde avant de manger ses chiens. On demandait à un jeune indigène pourquoi cette préférence. « Les chiens, répondit-il, attrapent les loutres, et les vieilles femmes ne les attrapent pas. » Puis il raconta comment on les étouffait en leur maintenant la tête au-dessus du feu. Il riait en imitant les mouvements des victimes et en indiquant les parties du corps qu'il considérait comme les meilleures.

Il faut rendre cette justice aux Fuégiens, qu'ils ne sont anthropophages que par besoin. Quand ils ne sont pas poussés par la faim, ce sont des êtres assez sociables, qui rendent aux étrangers tous les services en leur pouvoir; mais ils n'oublient pas de se faire payer. Ce sont des mendiants sans pudeur: « Jeunes et vieux, hommes et enfants (raconte Darwin), ne cessent de répéter le mot *yammershouner*, qui signifie : donnez-moi ! Après avoir indiqué l'un après l'autre presque tous les objets, même les boutons de nos habits, en répétant leur mot favori sur tous les tons possibles, ils finissent par l'employer en lui donnant un sens neutre et s'en vont répétant : yammershouner! Après avoir yammershounéré avec passion, mais en vain, pour tout ce qu'ils aperçoivent, ils ont recours à un simple artifice et ils indiquent leurs femmes et leurs enfants, comme s'ils voulaient dire : Si vous ne voulez pas me donner à moi ce que je vous demande, vous ne le refuserez certes pas à ceux-là ! »

On s'est demandé si les Fuégiens étaient aussi inférieurs en intelligence que leur état social pourrait le faire supposer. A l'encontre de beaucoup de sauvages, ils sont peu curieux ; notre civilisation les laisse assez froids; mais ils ont un talent d'imitation extraordinaire. « Ce sont d'excellents mimes, écrit Darwin ; aussi souvent que l'un de nous toussait, ou bâillait, ou faisait un mouvement un peu singulier, ils le répétaient immédiatement. Un de nos hommes, pour s'amuser, se mit à loucher et à faire des grimaces: aussitôt un des jeunes Fuégiens se mit également à faire des grimaces et il faut avouer qu'elles étaient bien plus hideuses que celles de notre matelot. Ils répètent très correctement tous les mots d'une phrase qu'on leur adresse, et ils se rappellent ces mots pendant quelque temps. Nous savons cependant, nous autres Européens, combien il est difficile de distinguer séparément les mots d'une langue étrangère. »

Cette faculté de mimique, de singerie, disons le mot, se retrouve chez les Australiens, chez les Cafres, etc. Dans la race blanche, elle est toujours plus développée chez l'enfant que chez

Fig. 67. — Pointe Saint-Michel (Détroit de Magellan).

l'adulte. L'art du mime n'est donc pas nécessairement en proportion avec l'intelligence, quoiqu'il décèle toujours chez l'acteur des qualités d'observation et de mémoire qui sont après tout des facultés humaines.

Les essais qu'on a faits jusqu'ici pour les civiliser n'ont pas donné de résultats durables. Le capitaine Fritzroy, qui avait transporté quatre Fuégiens en Angleterre, s'était tout d'abord beaucoup loué d'eux. Ils avaient fini par apprendre passablement l'anglais et étaient devenus soigneux, propres et coquets. Au bout de quatre ans, il les rapatria et les installa, sous la direction d'un missionnaire, dans une maisonnette avec un bout de champ tout défriché. Quand il revint quelques mois après, il trouva la maison renversée et dut reprendre à son bord le pauvre missionnaire qui courait les plus grands dangers. La petite colonie avait été dévalisée et dispersée, et ses membres avaient repris la vie sauvage avec plaisir. Fritzroy eut l'occasion de revoir un de ses anciens élèves : il était complètement nu, parlait encore tant soit peu anglais et raconta qu'il était enchanté de son existence.

« La parfaite égalité qui règne chez les Fuégiens retardera longtemps leur civilisation, dit Darwin. Il en est pour les races humaines comme pour les animaux sociables, ils sont plus propres aux progrès s'ils obéissent à un chef..... Il semble impossible que l'état politique de la Terre-de-Feu puisse s'améliorer, tant qu'il n'aura pas surgi un chef quelconque, armé d'un pouvoir suffisant pour assurer la possession des progrès acquis, la domination des animaux, par exemple. D'un autre côté, il est difficile qu'un chef surgisse, tant que ces peuplades n'auront pas acquis l'idée de propriété[1]. »

1. Le lecteur qui voudrait avoir d'amples renseignements sur les peuples anciens du Nouveau-Monde pourra consulter le remarquable ouvrage que M. de Nadaillac vient de faire paraître à la librairie G. Masson, sous le titre *l'Amérique préhistorique* (1 volume in-8 de 590 pages, avec 216 figures dans le texte).

TROISIÈME PARTIE

LES PEUPLES DE L'OCÉANIE

I. — LES AUSTRALIENS. — LES TASMANIENS.

L'Australie semble avoir conservé une page de l'histoire de la terre dans sa faune et sa flore qui présentent tant de rapports avec les fossiles des anciens continents.

Peut-on étendre cette comparaison aux Australiens, et les rapprocher d'une des races sauvages qui habitaient l'Europe du temps de la pierre taillée? L'étude scientifique du crâne (la crâniologie), fondée par Broca, n'est pas encore assez avancée pour justifier de semblables hypothèses.

L'Australien tel qu'on peut l'observer de nos jours confine au dernier degré de l'humanité. Si son existence est un peu moins misérable que celle du Fuégien, ce n'est pas à sa supériorité intellectuelle, mais aux ressources de son vaste continent qu'il faut l'attribuer.

L'Australien, comme tous les *Mélanésiens*, a la peau noirâtre. Il se distingue du nègre par ses cheveux droits, soyeux, quelquefois frisés ou même crêpés, mais jamais laineux. Les caractères les plus frappants de sa physionomie sont en outre : un nez étonnamment large, mais non aplati, une bouche énorme et proéminente, des lèvres épaisses, un front bas et des sourcils fort saillants toujours séparés de la racine du nez par une profonde dépression. Le système pileux est très développé, les épaules et la poitrine sont couvertes d'une véritable toison. Sa cavité crânienne est une des plus petites de l'espèce humaine : 1332 c.c., soit un dixième en moins de celle des Français. Mais cette infériorité porte surtout sur le lobe frontal, dont la différence proportionnelle chez les deux races doit par conséquent être infiniment plus considérable.

Du reste, les descriptions des voyageurs présentent entre elles de nombreuses différences. Les premiers navigateurs dépeignaient les Australiens sous les couleurs les plus défavorables : « Qu'on se figure une tête garnie de cheveux ébouriffés avec une face plate, élargie transversalement, des arcades sourcilières très saillantes, des yeux d'un blanc jaunâtre très enfoncés, des narines écrasées et écartées, des lèvres passablement grosses, des gencives blafardes et une bouche très grande ; qu'on ajoute à cela une teinte de suie, un corps maigre et grêle et des jambes plus grêles encore. La disproportion des bras et des jambes est telle qu'on peut bien comparer ces individus à certains oiseaux de la famille des échassiers. — Maintenant, qu'à un corps ainsi constitué on donne pour vêtement une peau de kangourou bien râpée, ne couvrant que la moitié de la poitrine et tombant à peine de l'autre côté jusqu'à la chute des reins — et l'on aura une idée assez complète des autochthones de l'Australie » (Dumont d'Urville).

Les explorateurs modernes du nord et du centre du continent ne reculent, au contraire, devant aucune expression pour dépeindre les splendeurs de leurs formes, qui sont, disent-ils, des modèles accomplis pour le statuaire.

C'est M. Topinard qui le premier a fait ressortir ces différences. En collationnant les nombreux récits des voyageurs, il est arrivé à mettre hors de doute la dualité primitive de la race australienne : un type petit, à peau noire et à cheveux crépus, a dû être absorbé, à une époque lointaine, par des envahisseurs venus du Nord, à stature très élevée, au teint cuivré et à cheveux lisses. Le rapt des femmes d'une tribu à une autre, pratiqué dans toute l'Australie, a mélangé le type primitif des vaincus avec celui des vainqueurs ; il faut descendre jusqu'à la côte sud et à la côte ouest pour retrouver quelques représentants altérés de la première race.

Cette dualité ethnique permet d'expliquer les différences notables qu'on remarque d'une province à une autre dans les instruments rudimentaires des indigènes. Les modèles les mieux faits appartiennent partout au plus beau type physique, aux populations de l'intérieur des terres, c'est-à-dire, suivant l'ingénieuse théorie du Dr Topinard, à la race envahissante.

Pourtant les grands traits de l'ethnographie australienne sont encore plus similaires que dissemblables, et le mélange, quoiqu'en proportions diverses, a été trop intime, pour qu'on puisse généralement séparer ce qui appartient à chacune de ces races.

Les Australiens sont presque toujours nus. C'est à peine si en hiver ils portent une dépouille de kangourou sur les épaules, et se couvrent la tête d'un bonnet orné de plumes. Pour se protéger contre les intempéries et les morsures des insectes, ils se frottent le corps de graisse mélangée d'ocre ou de charbon pulvérisé. Mais comme tous les peuples primitifs qui vont nus et qui ont cette coutume, ils ne se rendent pas compte du résultat de cet acte, et se laissent plutôt guider par une espèce de coquetterie.

Ce même sentiment les pousse à se pratiquer de grossiers tatouages au moyen d'une pierre tranchante. Des bourrelets cicatriciels ornent leur poitrine, leurs bras et leurs jambes de lignes parallèles qui ressortent sur leur peau noirâtre. D'autres fois, ils se peignent de larges bandes sur la poitrine avec une terre blanche. Tous les ans, ils font de grandes réunions, des *korobo-ris*, pour percer la cloison du nez de leurs jeunes gens, et ils profitent de ces occasions pour se faire brûler les cheveux et la barbe, n'ayant pas d'instruments pour se raser.

« On voit souvent des naturels dont le nez est peint avec de la gomme rouge et qui portent autour des yeux un cercle formé avec une espèce de craie ; c'est, dit-on, un signe de deuil usité à la mort d'un ami » (Grant) (fig. 68). Quand ils vont à la guerre, les indigènes se peignent en rouge ; cette couleur a eu de tout temps la préférence des guerriers.

Aussi pauvrement équipés, ils souffrent beaucoup du froid. Pour peu que la température s'abaisse, ils s'entassent, la nuit, dans des fossés remplis de cendres chaudes. Pendant la saison des pluies, ils se construisent des abris en bois recouverts de feuilles ou d'herbes, qu'ils ont soin d'abandonner à la reprise du beau temps. D'autres habitent dans des anfractuosités de rochers.

Fig. 68. — Un Australien.

Enfin quelques tribus du centre, qui appartiennent au type supérieur, se construisent des huttes bien conditionnées. On trouve donc sur ce point la plus grande diversité; mais il est fort difficile de les amener à changer leurs habitudes. Les missionnaires ont souvent cherché à les attirer dans des maisons qu'ils avaient élevées à leur intention : ils les regardent avec soin, y couchent même quelques nuits, puis disparaissent un matin sans prévenir. Si dans la suite on a occasion de les revoir et de leur demander ce qu'ils pensent des habitations européennes : «Très bonnes, répondent-ils, à condition qu'il pleuve! »

Leur armement est tout aussi primitif. Les Australiens n'ont ni arc ni flèches, si l'on excepte ceux du nord qui les ont probablement reçus des Papous ou des Malais. Leur arme principale est une espèce de javelot qu'ils lancent au moyen du *méara*, bâton recourbé dont ils se servent comme d'une raquette. C'est ainsi qu'ils remplacent l'arc, mais désavantageusement. Ils ont pour arme défensive un petit bouclier oblong, en bois (fig.70). Enfin, ils possèdent des casse-têtes et la classique hache de

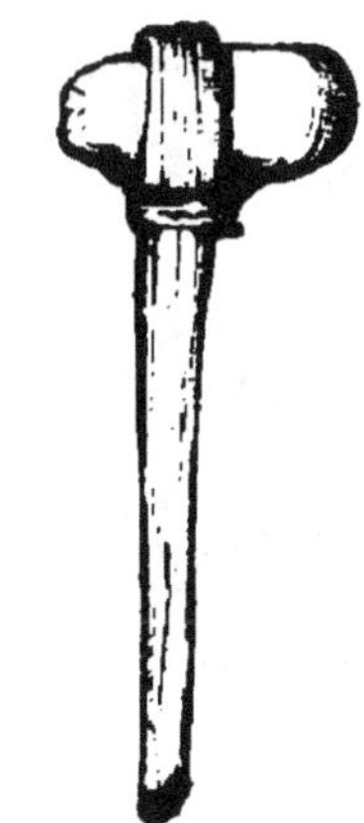

Fig. 69. — Hache de pierre des Australiens.

pierre. Cette arme que l'on retrouve chez tous les peuples et à tous les âges de l'humanité pourrait, aussi bien que le langage, servir de caractéristique à l'homme. Sa facture chez l'Australien est des plus simples et inférieure à celle de nos ancêtres européens de l'âge de la pierre polie (fig. 69).

Enfin, ils se servent pour la chasse ou pour la guerre du *boomerang*, espèce de lame de sabre en bois plus ou moins recourbée sur son tranchant (fig. 70).

« Lancée vigoureusement avec un mouvement spécial, elle s'élève en sifflant et tournant sur elle-même, décrit dans l'air une parabole de 40 à 50 mètres de longueur sur 50 à 60 de largeur, et revient à la façon du cerceau, mais sans avoir rencontré de point d'appui ou de renvoi, vers le but indiqué, qu'il soit devant ou derrière, et cela avec une justesse extraordinaire. Il n'y a qu'un seul individu qui sache s'en servir en Angleterre ; personne n'y a réussi au musée de Saint-Germain » (Dr Topinard).

Fig. 70. — Boomerangs et bouclier australiens.

C'est avec ces modestes outils que les Australiens pourvoient à leur nourriture. La chasse est leur moyen régulier d'existence et l'exercice dans lequel ils font preuve de plus d'habileté. Ils savent se former en bande pour entourer le kangourou et le forcer à passer ainsi à la portée de leurs javelots. S'ils arrivent à le blesser une première fois, ils le rattrapent facilement à la course et l'achèvent à coups de casse-tête.

Comme les Bochimans, ils sont très habiles à suivre une abeille au vol afin de découvrir sa ruche ; mais, pour ralentir sa marche et ne pas la perdre de vue, ils ont soin au préalable de lui coller sous le ventre une petite plume blanche. Disons en passant que les abeilles australiennes n'ont pas d'aiguillon, ce qui facilite l'opération.

Ils ont su observer les heures auxquelles l'émou va boire et le guettent auprès d'une source, pour le frapper de leur lance.

« Quand le noir s'est assuré qu'un opossum s'est réfugié dans un arbre, il en examine l'inclinaison ; puis, assujettissant sa lance derrière le dos, il fait avec sa hachette, dans l'écorce épaisse, trois entailles superposées à un demi-mètre l'une de l'autre. Il passe la main droite dans l'entaille la plus élevée, l'orteil du pied droit dans la plus basse, le pied gauche dans l'entaille intermédiaire, et avec la main gauche il fait une entaille nouvelle pour y poser la main. Prenant sa hachette entre les dents, de sa main droite devenue libre, il ouvre ensuite une autre entaille, et, se soulevant à l'aide de ses mains, il monte d'un échelon. La même opération recommence, et il parvient au sommet d'un gommier en aussi peu de temps qu'un Européen le ferait au moyen d'une échelle. Arrivé au nid de l'animal, il harponne sa proie dans son trou, et, au milieu de cris de joie il lui brise la tête contre le tronc de l'arbre, pour la jeter ensuite à sa femme qui la recueille » (Hovelacque).

Cet orteil, dont les Australiens font un si singulier usage, est remarquablement détaché des autres doigts ; mais il ne faudrait pas croire qu'il soit le moins du monde opposable comme l'orteil du singe.

Pour escalader de très gros arbres, ils préfèrent s'aider d'une corde munie de deux poignées (fig. 71).

Le *dingo*, le chien à moitié sauvage de l'Australien, chasse avec son maître, et reçoit en échange les os du gibier. En temps de disette, il est dévoré à son tour. Quand l'Australien a faim, il mange tous les animaux qui lui tombent sous la main ; il ne dédaigne même pas les rats, les mollusques, les larves, les serpents et les lézards.

On a cru longtemps que ces indigènes étaient condamnés à jeûner dès que la chasse était mauvaise. C'est que nous ne connaissions pas tous leurs moyens d'existence dont quelques-uns nous semblaient impossibles. Ils sucent la sève qui suinte de l'eucalyptus, et mangent avec plaisir les algues marines après avoir eu soin de les faire griller légèrement. La femme fouille le sol avec un bâton pointu pour déterrer des racines et des tubercules. Les racines des grandes fougères australiennes sont mangées cuites ou crues.

Tels ont été chez tous les peuples les premiers pas vers l'agriculture.

Au sud de la Nouvelle-Galles, on rôtit le corps de certains papillons et on en fait des gâteaux.

« Mais la grande aubaine, c'est l'échouage d'une baleine. Sur le champ, ils allument des feux pour porter au loin la bonne nouvelle. Après quoi, ils se frottent de graisse par tout le corps et s'ouvrent un passage à travers le gras de la baleine jusqu'à la viande maigre, qu'ils mangent tantôt crue, tantôt grillée sur un bâton pointu. A mesure que d'autres insulaires arrivent, ils travaillent la baleine sans autres outils que leurs mâchoires, et vous les voyez grimpant sur la puante carcasse, s'y enfoncer, comme les bousiers dans une bouse, à la recherche des fins morceaux. Pendant des semaines, ils restent près de la carcasse, en ruisselant de graisse fétide, gorgés de viande pourrie ; comme enivrés par leur bombance, ils se livrent à des rixes continuelles, et sont bientôt affectés d'une maladie cutanée que leur donne cette nourriture de haut goût »(Dr Bertillon). « Rien de plus extraordinaire et de plus repoussant, dit le capitaine Grey, que de voir une jeune indigène aux formes gracieuses, sortir comme un asticot de la carcasse d'une baleine en putréfaction. »

Une pareille bonne fortune est rare dans la vie d'un Australien, et malgré la surprenante variété de ses subsistances, il est toujours affamé. Pour un peu de nourriture, on lui fait faire bien des choses.

Le premier mot d'australien qu'apprirent les missionnaires de la côte ouest, fut *maragna*, qui signifie aliment. Le *maragna* se trouva être le grand moyen de conversion. Les indigènes furent attirés par du pain, du sucre. Grâce au « maragna », on put faire construire des huttes pour les missionnaires et obtenir la patience nécessaire pour écouter les exhortations de

Fig. 71. — Australien grimpant à un arbre.

l'évêque de Perth. Les missionnaires avaient une pharmacie dont les principaux médicaments étaient du thé, du riz et du sel, qui, donnés à des doses convenables, agirent toujours favorablement sur les malades et provoquèrent des sentiments de gratitude enthousiastes. Grâce à divers « petits services » du même genre, la mission acquit une réelle autorité. Mais le maragna manquant, la réponse fut prompte : « Tout cela est bel et bien, mais j'ai faim! Donnez-moi du pain. » Et à défaut de pain, l'Australien disparut (P. Salvado).

Comme dernière ressource contre la faim, l'Australien se frictionne le creux de l'estomac avec de la terre!

Un pareil meurt-de-faim doit naturellement être anthropophage. Il déterre volontiers les cadavres, et on a remarqué la rareté des tumulus chez les tribus qui ensevelissent leurs morts. Comme le Fuégien, il mange les vieilles femmes de son clan. La poitrine de femme passe même pour un morceau de choix, et Cunningham raconte qu'il en a trouvé une dans le sac d'un des Australiens qui l'accompagnaient.

Son anthropophagie n'a pas eu le temps d'être consacrée par la religion ; il la pratique sans passion et y renonce aussitôt qu'il a des vivres. On raconte pourtant que la graisse de rognons d'homme passe chez eux pour produire des effets miraculeux, et que tous les sorciers doivent en avoir mangé. Sans l'arrivée des Européens, cette croyance aurait peut-être évolué à la longue vers un cannibalisme religieux.

Certaines tribus de l'Australie se servent de crânes humains en guise de verre à boire. Mais aussi les malheureux n'ont pas de poterie! Pour faire cuire leurs grosses pièces de venaison, ils les déposent dans un grand trou garni avec des pierres chauffées à blanc, qu'ils comblent ensuite de terre.

Ils se procurent du feu par le frottement de deux morceaux de bois auxquels ils donnent un mouvement de va-et-vient et non un mouvement de rotation, comme font la plupart des peuples primitifs. C'est d'un labeur très grand, et pour peu que le bois ne soit pas parfaitement sec, l'opération ne réussit pas. Aussi dans toute l'Australie, lorsque la tribu voyage, le devoir de la femme est de porter des tisons enflammés. La braise vient-elle à s'éteindre, on préfère souvent faire un long voyage pour aller demander du feu à une tribu voisine que de chercher à le rallumer.

En général, ils ne sont pas plus experts dans la construction de leurs pirogues de pêche. Le procédé de navigation le plus simple qu'on puisse rêver est certainement celui dont parle le commandant Stokes : des femmes et des enfants debout sur quelques fagots reliés ensemble par des branches — le tout traîné par cinq ou six hommes à la nage, s'appuyant eux-mêmes sur une pièce de bois !

Sur la côte sud et sud-est, les pirogues sont formées par une écorce d'arbre d'une seule pièce, attachée aux deux bouts et dont le milieu est tenu écarté par quelques branches. Dans ce genre de canots, c'est le choix de l'écorce qui importe le plus. Ils préfèrent, s'ils peuvent en trouver, un arbre un peu re-

Fig. 72. — Procédés employés par les naturels australiens pour enlever l'écorce destinée à la confection de leurs canots.

courbé dont l'enveloppe, taillée suivant la ligne $x\ x'$, prendra plus facilement la forme voulue (fig. 72, A).

Pour la détacher, ils introduisent progressivement des perches entre l'arbre et l'écorce (fig. 72, B). S'ils ne trouvent pas un morceau à leur choix au bas du tronc, ils travaillent souvent, la hache à la main, à une grande hauteur, retenus par une simple corde qui entoure l'arbre et leur passe autour du corps au niveau de la chute des reins (fig. 73).

Les Australiens ne sont pas dépourvus de toute prévoyance et on raconte que souvent ils enfouissent dans la terre les viandes qu'ils veulent conserver quelques jours. Des lois locales interdisent de cueillir les plantes à l'époque de leur floraison, de détruire les nids, etc. Ils doivent couvrir les sources avec des branchages pour les empêcher de dessécher, boucher avec de l'argile les entailles qu'ils pratiquent aux arbres pour en extraire la sève ou la gomme.

Leur conception de la propriété est fort remarquable. Ils distinguent deux sortes de bien : le territoire commun à toute la tribu pour la chasse ou le gros gibier, et le territoire privé dont ils ont la jouissance absolue, dont ils peuvent, par exemple, brûler les herbes pour faire lever le gibier.

Ils sont toujours errants sur l'une ou l'autre de ces deux propriétés à la recherche de vivres ; aussi leurs bandes ne peuvent guère dépasser vingt à trente individus sous peine de mourir de faim.

Dans ce petit groupe, tous se regardent comme égaux. Cette idée est tellement entrée dans leur esprit, qu'il est très difficile de leur apprendre quelques formules de politesse. Les quelques indigènes que les colons ont essayé de dresser à leur service appellent leurs maîtres par leur nom sans jamais employer de titre, s'asseyent aussitôt en entrant dans une chambre, sans s'occuper des personnes présentes. Si on leur fait des observations, si on les excite à travailler, ils répondent que tout ceci est très bon pour les blancs, mais que les noirs sont « trop gentlemen » pour s'y plier.

Comme tous les peuples enfants, ils sont du reste fort égoïstes. Les sentiments d'amitié pour le prochain n'existent pas chez eux. Si un de leurs amis disparaît de la tribu pour quelque temps, ils le voient revenir sans la moindre émotion, sans manifester la moindre joie. Bien plus : tout individu qui rentre au clan après une absence un peu prolongée leur est suspect! — Avant de se mêler aux siens, le voyageur doit s'asseoir silencieusement à côté du campement. Un de ses parents s'approche seul pour s'assurer qu'on n'a pas affaire à un esprit ; puis on lui donne à manger et la conversation ne s'engage qu'après que chacune des personnes présentes l'a appelé par son nom.

En temps de paix, ces petites associations ont entre elles de bons rapports, se rendent visite et pratiquent une certaine hospitalité.

Ces réceptions sont accompagnées de danses sauvages et de chants sur un rythme monotone. Le choc cadencé des armes de bois soutient, pendant des heures entières, la répétition

Fig. 73. — Australien taillant des plaques d'écorce pour la construction d'un canot.

indéfinie de mêmes mots vides de sens. Le savant ethnologiste anglais Tylor regarde les refrains de nos chansons, tels que *turluri, turlurette! ah! ah! ah!* etc.... comme des survivances de chants préhistoriques, analogues à ceux des Australiens.

Ces *koroboris* servent aussi à régler les différends entre tribus, qu'il s'agisse d'enlèvement de femme ou de violation du droit de chasse ; car le braconnage, quoique sévèrement puni, est la source de conflits continuels.

La guerre ne peut-elle être écartée, on s'envoie des ambassadeurs qui règlent les conditions du combat. Les deux partis sont rangés en face l'un de l'autre. Chacun sort à son tour et lance un trait à son vis-à-vis qui cherche à l'éviter ou à le parer avec son bouclier. Quand la série de ces combats singuliers au javelot est épuisée, on quitte le bouclier pour prendre la massue. Chacun doit donner et recevoir un seul coup, qu'il est défendu de parer : la victoire appartient au crâne le plus résistant ! La tribu vaincue est celle qui, à la fin du combat, compte le plus de pertes. Souvent la paix se scelle par le sacrifice d'une femme ou d'un enfant.

Mais leurs guerres ne sont pas toujours si loyales. Quelquefois, ils s'accroupissent en se tenant immobiles, et la couleur de leur peau les fait prendre de loin pour une souche d'arbre desséchée, ce qui leur permet de surprendre l'ennemi qui vient à passer ; d'autres traînent leur lance à terre en la maintenant entre l'orteil et le second doigt, et attaquent à l'improviste la tribu rivale qui, les croyant sans armes, les a laissés approcher.

Les querelles entre particuliers se règlent par des combats singuliers au premier sang. Dans ces duels, chaque coup est porté successivement, comme à la guerre ; il est défendu de frapper son adversaire désarmé, etc...

Si la loyauté qui préside d'habitude à ces combats est vraiment étonnante de la part d'une race si peu avancée, les rapports entre l'homme et la femme sont, par contre, des plus révoltants. Dans la généralité des tribus, le mariage par enlèvement se pratique encore dans toute sa rudesse primitive.

« L'Australien qui a envie de se gratifier d'une femme va, le plus traîtreusement qu'il peut, rôder aux alentours d'un village fort éloigné du sien. Il épie les jeunes filles qui en sortent, en attire une dans une embuscade, la frappe dès qu'elle y arrive, à grands coups de casse-tête, et sur la bouche et sur le crâne, jusqu'à ce qu'elle perde connaissance. Il la charge alors sur ses épaules, et la rapporte, le plus vite qu'il peut, toute palpitante chez lui » (Foley).

S'il arrive que les parents avertis accourent pour reprendre leur fille, il s'en suit une bagarre où la pauvre fiancée perd souvent la vie.

Dans les clans d'Australiens, les femmes sont toujours en nombre inférieur aux hommes ; en partie, parce qu'on les sacrifie à la naissance plus volontiers que les garçons ; en partie, à cause de la polygamie des vieux guerriers. Force est donc aux jeunes hommes de recourir au rapt des femmes des tribus voisines.

La morale australienne s'est chargée de justifier cette façon de faire. Un des jeux des enfants est de simuler cet « enlèvement des Sabines ». Les missionnaires qui s'efforcent de changer ces mœurs rencontrent, surtout de la part des femmes, la plus vive opposition.

Dans bien des cas l'enlèvement est entièrement fictif ; les partisans du mari et ceux de la femme sont d'accord avant de se livrer un combat simulé. La cérémonie de l'enlèvement n'en doit pas moins être le prélude de l'union. Dumont d'Urville assista un jour à l'un de ces mariages :

« La malheureuse, raconte-t-il, poussait des cris aigus, pendant que deux guerriers l'entraînaient de force, sans s'inquiéter de sa résistance. Elle se cramponnait aux troncs d'arbres ; sa tête se heurtait aux cailloux et aux branches, et le sang mêlé à ses larmes en faisait un objet digne de pitié. Je voulus aller au secours de cette pauvre créature : « Gardez-vous en bien, me dit-on ; c'est un mariage qui s'accomplit ; la femme est peut-être d'accord avec ses ravisseurs. Elle doit appartenir à l'un d'eux après la comédie jouée. »

Dans le dialecte de la côte d'Adélaïde, le mot « mari » se traduit par « propriétaire d'une femme ». La famille telle que nous la comprenons n'existe pas en Australie. Les frères du mari ont presque les mêmes droits sur les femmes que le mari lui-même, très accommodant du reste envers tout le monde. La famille est toute maternelle, et le père n'est pas considéré comme le parent de ses enfants. Si l'on demande à l'un de ces galants pourquoi il se donne tant de mal pour posséder une femme, il vous répond : « C'est pour qu'elle porte le bois, l'eau, les vivres, le feu !... » Chez cette nation qui n'a encore ni esclaves, ni bêtes de somme, c'est la femme qui remplace l'un et l'autre.

Tous les bagages de la famille sont disposés dans des filets à nœuds, semblables à ceux qu'on retrouve dans les stations lacustres de la Suisse. La femme place le paquet sur son dos à côté des enfants en bas âge qu'elle peut avoir ; une de ses mains supporte le fardeau, l'autre tient les tisons enflammés. L'homme suit en portant sa lance. Sous le prétexte le plus futile, il frappe, blesse et quelquefois tue sa compagne !

Les femmes ne mangent pas avec les hommes et ne peuvent toucher aux restes que juste avant les *dingos*. Ce privilège ne constitue nullement un droit ; s'il plait aux hommes de manger le tout, la femme est réduite à quérir sa pitance elle-même. Mais elle ne doit chercher à s'emparer ni de pigeons, ni de certains poissons, ni de tortues, qui sont des mets trop délicats pour elle.

C'est au milieu de tous ces soucis que la malheureuse doit allaiter son enfant « jusqu'à ce que soit tarie la source même du lait, souvent jusqu'à quatre et cinq ans. Il est trop certain que sans cette alimentation prolongée, incapables de trouver eux-mêmes leur nourriture, les pauvres petits périraient littéralement de faim » (Hovelacque).

Les unions si grossières des Australiens sont soumises dans bien des tribus à des lois restrictives très sévères. Ici, le mariage dans le même clan est interdit sous peine de mort ; là (chez les Kamilaroïs), le clan se divise en deux groupes, subdivisés eux-mêmes en deux sous-groupes :

Ier Groupe :

Hommes.	*Femmes.*
1. Ippai	Ippata.
2. Kumbo	Buta.

IIe Groupe :

Hommes.	*Femmes.*
1. Murri	Mata.
2. Kubbi	Kubbota.

Les mariages entre gens du même groupe sont interdits ; les

Fig. 74. — Momie australienne trouvée dans un arbre (d'après une photographie).

enfants suivent la division de la mère, mais appartiennent à l'autre subdivision. Ainsi, par exemple, si un Ippaï ou un Kumbo épouse une Mala, les enfants seront Kubbi et Kubbota : si, au contraire, c'est un Murri ou Kubbi qui épouse une Ippata, les enfants seront Kumbo ou Buta (Ridley).

Il ne faut pas voir dans ces règlements le souci d'éviter les effets funestes qu'on attribue à la consanguinité dans le mariage. Nul peuple n'a aussi peu cure de sa progéniture que les Australiens. Stuart raconte qu'ils brisent le crâne de leurs enfants malades et utilisent leur petit corps en le dévorant une fois rôti. Les filles, beaucoup moins prisées que les garçons, sont immolées encore plus facilement : toute troisième fille dans une famille n'est pas élevée.

Les Australiens ont-ils une religion ? — Missionnaires et explorateurs n'ont jamais trouvé la moindre trace de culte à l'adresse d'une divinité. Ils paraissent néanmoins croire à l'existence de certains esprits, généralement malveillants. « Pendant l'orage, raconte le Dr Letourneau dans sa *Sociologie*, on maudissait ces êtres méchants, on les injuriait, on crachait à leur adresse vers le ciel. »

N'ayant aucune idée des lois de la nature, ils sont incapables de distinguer le naturel du surnaturel. A leur avis, on ne peut mourir que de blessures ou de sortilèges ; ils n'admettent point la mort par maladie. Lorsque ce cas vient à se produire, c'est alors pour les amis du défunt un devoir sacré de trouver et de tuer l'auteur des maléfices, qui ont été cause de la mort. Différents augures servent à les diriger dans leurs recherches : malheur à la sorcière qui se trouve dans la direction de la flamme qu'ils allument sur le bûcher ! Les tribus qui ne brûlent pas leurs morts se guident sur le vol de la première mouche qui vient se poser sur le cadavre.

Le nombre des innocents qu'ils massacrent sur ces indications est proportionnel à l'amour qu'ils ont porté au défunt.

Le R. P. Salvado avait inspiré tant d'affection à un Australien, que celui-ci avait voulu s'engager par devers lui à venger sa mort par le massacre d'une demi-douzaine de ses compatriotes.

On retrouve chez les Australiens les trois principaux modes de funérailles que les hommes aient inventés : l'ensevelissement, la crémation et la préparation du corps pour être conservé en tout ou en partie.

Les momies australiennes, dont les musées d'Europe ne contiennent que de rares exemplaires, sont préparées par simple dessiccation au soleil ou à feu nu, le corps étant dans l'un et l'autre cas suspendu sur une estrade (fig. 74).

Dans le Queensland, la chair des morts est mangée le jour des funérailles ; quant à la peau, elle est découpée en lanières et séchée au soleil; ainsi préparée elle est d'un bon usage (Dr Topinard).

Quand on parle des croyances et de la psychologie des sauvages, il faut le faire avec une grande réserve. Outre qu'ils se font un plaisir de vous induire en erreur, rien n'est plus facile que de se tromper dans l'interprétation de faits même exacts.

C'est ainsi que les Européens, voyant que les indigènes appelaient *oueunda* tout ce qui n'appartenait pas à leur monde, un guerrier mort par exemple, en ont conclu que la croyance à l'immortalité de l'âme se retrouvait en Australie. Mais depuis, on s'est aperçu que les Européens étaient aussi *oueunda*, et même les premiers taureaux vus par les Australiens à Victoria (Cauvin) !

Si on les interroge directement, ils se préoccupent avant tout de satisfaire l'interlocuteur, répondent *oui*, *non*, se contredisent impudemment, sans le moindre embarras. Un Européen, voulant un jour éprouver un indigène, lui montra un jeune eucalyptus et lui demanda : « Cet arbre, restera-t-il petit ? » « Oui, oui, » répondit l'Australien sans hésiter. Le soir, il lui en désigna un autre de la même espèce et du même âge : « Cet arbre-ci, il va devenir très grand, n'est-ce-pas ? » « Oui, oui, il deviendra très grand, » dit avec le même empressement notre complaisant sauvage.

L'amour pour la vérité, que l'Australien semble ne pas connaître, croît chez l'homme en même temps que son niveau intellectuel. Nous possédons pour la vérité, surtout scientifique, un bien autre respect que nos ancêtres, mais le mensonge est encore pratiqué, en diplomatie, par toutes les nations européennes.

Il ne faut pas croire que l'Australien soit dénué de sens moral; il en possède un, différent du nôtre, mais tout aussi développé, auquel il obéit d'autant plus aveuglément qu'il raisonne moins.

« La femme d'un sauvage australien étant morte de maladie, raconte le Dr Maudsley, le mari déclara aux Européens chez qui il vivait, qu'il irait tuer une femme d'une tribu lointaine pour que l'esprit de son épouse pût trouver du repos. Comme on le lui défendit impérativement en le menaçant de la prison, il en devint triste et dépérit; puis, un jour, il disparut et fut absent pendant quelque temps. A son retour, il était bien portant, car il avait réussi à tuer une femme; le chagrin que lui causait l'omission d'un devoir sacré s'était dissipé, il avait donné satisfaction au sentiment moral de sa tribu. »

L'Australien a donc sa valeur morale et même intellectuelle; il ne s'agit que de savoir l'interpréter en se dépouillant des points de vue spéciaux à notre race et à notre civilisation.

Dans son cercle d'action, sa mémoire est extrême : il s'apercevra, par exemple, de l'absence d'un arbre ou d'un rocher dans un champ qu'il n'aura pas vu depuis longtemps. La finesse de ses sens égale celle du Peau-Rouge : il peut suivre, la nuit, le passage d'une voiture rien qu'en tâtant la terre avec le pied; il reconnaît les traces d'un homme sur le sol avec une facilité merveilleuse et peut ainsi le rejoindre rapidement. Ces dispositions policières ont même été utilisées par les colons pour poursuivre les convicts échappés et pour traquer les pauvres Tasmaniens.

Leur talent d'imitation est peut-être supérieur à celui des Fuégiens. Ils imitent exactement tout ce qui est caractéristique chez les Européens qu'ils ont vus jusqu'à présent. Ils conservent ainsi entre eux une espèce de registre historique de tout ce qu'ont fait les Anglais.

Est-ce à ce talent d'imitation qu'il faut attribuer leur facilité surprenante pour le dessin ? — Les grandes scènes que nous re-

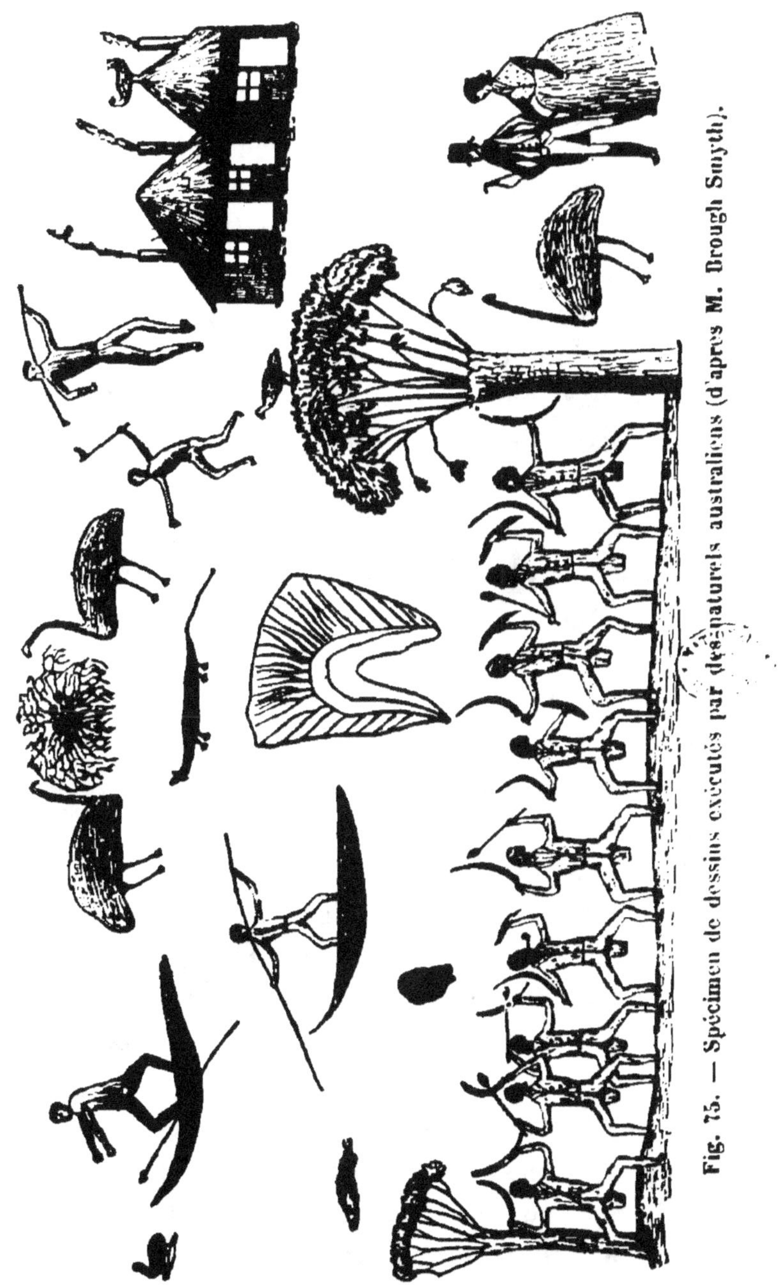

Fig. 75. — Spécimen de dessins exécutés par des naturels australiens (d'après M. Brough Smyth).

produisons (fig. 75) dépassent comme composition tout ce que nous ont laissé les troglodytes périgourdins : Dans le bas, une file d'indigènes revêtus du frac européen exécute une danse de guerre ; à droite, un colon donne le bras à sa femme qu'on reconnaît de suite pour une Anglaise ; sa vaste crinoline nous indique suffisamment l'époque où fut composé le dessin. Au-dessus, on voit une maison européenne, des indigènes poursuivant un lézard, des émoux en contemplation devant leurs œufs au fond d'un nid, etc.

Tous les Australiens ne sont pas aussi habiles, et ici encore, nous retrouvons les traces de deux races différemment douées. Quelques tribus ne peuvent reconnaître un dessin d'homme que si la tête est dessinée hors de proportion avec le reste du corps (comme dans certaines de nos caricatures), et prennent, par exemple, le dessin d'un homme en pied représenté d'après nos règles, pour une figuration de kangourou, d'émou, etc.

Au lieu d'expliquer ces inégalités dans le sens artistique des Australiens par une pluralité d'origine, quelques auteurs ont cru y reconnaître des traces d'influence européenne. Mais il est peu probable que les Australiens se soient modifiés d'eux-mêmes sur ce point spécial dont les Européens n'avaient cure, tandis qu'ils se sont montrés rebelles à tout autre progrès.

Les tentatives pour civiliser les Australiens ont toujours échoué misérablement. Les exemples abondent : Barrington, entre autres, nous parle de jeunes Australiens des deux sexes, capturés à l'âge de neuf à dix ans et élevés avec zèle par un ministre protestant jusqu'à l'adolescence, et qui alors abandonnèrent leur bienfaiteur, se dépouillèrent de leurs vêtements et gagnèrent les bois. C'est en vain qu'un botaniste anglais élève et soigne un sauvage qu'il a recueilli. L'indigène, de retour en Australie après plusieurs années de séjour en Angleterre, n'a rien de plus pressé, malgré les objurgations de son maître, que de rejoindre ses congénères et de reprendre son ancien genre de vie.

Les Australiens, incapables de se plier à la civilisation comme les Maoris de la Nouvelle-Zélande, incapables de lutter contre elle les armes à la main, comme les Peaux-Rouges, disparaissent sans résistance devant l'invasion des colons. Des tribus qui comptaient plusieurs milliers d'individus à l'arrivée des premiers Anglais, il ne reste plus rien aujourd'hui. La phtisie, l'alcoolisme et les maladies contagieuses, tous fléaux importés par les Européens, les déciment avec une telle rapidité que, de 1861 à 1871, la population noire de la province de Victoria est descendue de 5,000 à 3,000 âmes.

Si l'acclimatation de la race anglo-saxonne réussit aussi bien au nord qu'au sud du continent (ce que l'expérience n'a pas encore démontré), quelques métis d'indigènes et de blancs seront bientôt tout ce qui restera des races australiennes.

LES TASMANIENS.

L'anéantissement dont nous venons de parler est un fait accompli pour les Tasmaniens. Lorsqu'en 1803 les Anglais y établirent une colonie pénitentiaire, l'île de Tasmanie, un peu moins grande que l'Irlande, comptait de 4,000 à 6,000 indigènes. Elle n'en possède plus un seul aujourd'hui !

Pour arriver à ce triste résultat, les colons ne reculèrent devant aucune atrocité. Les Tasmaniens, fort maltraités, avaient commencé une guerre acharnée contre leurs envahisseurs. Les Anglais, ne pouvant en venir à bout, mirent vers 1820 leurs têtes à prix : on donnait 5 livres pour la capture d'un adulte, et 2 livres pour celle d'un enfant. Pour faciliter cette chasse à l'homme, on fit venir des indigènes d'Australie, si habiles à suivre sur le sol la piste d'un ennemi.

L'extermination ne marchant pas encore assez rapidement au gré des Anglais, on organisa, sous la direction du gouverneur Arthur, un cordon composé de tous les colons et de tous les soldats qu'on put réunir, et on pratiqua une battue sur l'île entière. La dépense s'éleva à la somme prodigieuse de 70,000 livres pour ne capturer que deux Tasmaniens ! Tous les autres s'échappèrent.

Cependant, acculés dans les montagnes et privés des ressources alimentaires que leur offraient les rivages de la mer, les malheureux indigènes ne tardèrent pas à dépérir. Les Anglais hâtèrent de leur mieux ce résultat. Quelques-uns d'entre eux employèrent même l'arsenic et osèrent s'en vanter! On exposait dans son salon, comme un trophée curieux, les crânes de ses victimes (Gerland).

Ce sont là des faits qu'il est utile de rappeler pour montrer combien peu la civilisation a pénétré en nous et avec quelle facilité l'Européen, sous l'influence de ses passions, peut retourner à la sauvagerie.

Réduits bientôt à quelques centaines, les infortunés firent leur soumission, et furent internés dans l'île Flinders, en 1848. Là, la nostalgie et la misère achevèrent ceux que la fureur des colons avait épargnés. Le dernier, recueilli un peu tardivement dans un hôpital d'Australie, y est mort il y a quelques années.

Le Tasmanien, par son physique et par ses mœurs, ne différait pas beaucoup de l'Australien (fig. 76). Ses moyens d'existence et son état social étaient peut-être encore plus arriérés que ceux de ce dernier. Il ne connaissait pas le boomerang, et sa façon de tailler le silex qui lui servait à fabriquer ses armes, est la plus primitive que l'on connaisse. Sa langue extrêmement pauvre ne possédait pas d'adjectifs. Il ne pouvait, par conséquent, qualifier que par comparaison. Il n'avait pas de mot pour exprimer « arbre » en général, mais seulement des mots particuliers pour chaque espèce d'arbre.

Il possédait un terme spécial pour chacun des trois premiers nombres ; pour 4, il disait 3 + 1 ; il ne pouvait rendre le nombre 5, mais il en avait l'idée qu'il traduisait en montrant les cinq doigts de sa main.

Chez tous les peuples sans arithmétique, la numération a commencé par être triennale ou même par s'arrêter à trois. Cette uniformité a son origine dans notre organisme même. Quelle que soit notre habileté à compter, nos sens ne nous permettent pas d'embrasser plus de trois unités à la fois ; pour voir dans notre esprit (l'expérience réussit mieux en fermant les yeux), une rangée de quatre arbres, par exemple, nous sommes forcés de les décomposer en deux parts : 3 + 1, ou 2 + 2. Ce partage ne se fait pas assez instinctivement que nous ne puissions en avoir conscience, en analysant avec soin nos sensations intérieures.

Il a fallu bien des siècles à nos ancêtres pour franchir cette

Fig. 76. — Buste de Menalarguerna, Tasmanien de Oyster-Bay, moulé sur le vivant par Dumoutier.

première limite et pour apprendre à exprimer *quatre*, *cinq*, *six*, *dix*, etc., d'abord par des gestes, puis par des expressions. Les Malais, par exemple, désignent encore le mot cinq par *lima*, qui primitivement signifiait main, mais dont maintenant l'étymologie leur échappe. Nous avons précédemment relevé chez les Nègres et jusque chez les Romains des survivances de la numération quinquennale (page 74). Les Tasmaniens n'en étaient pas encore arrivés à cette période qui est l'enfance du système décimal. Mais avant d'aboutir à ce système qui est le nôtre, comme on sait, la numération passe souvent par un système intermédiaire : *la numération par vingtaines*, dont il reste quelques traces dans notre langue : quatre-vingts, quatre-vingt-dix, etc.

Lorsque les hommes ont voulu aborder la numération des nombres supérieurs à dix, leur première pensée a été de chercher un *supplément de doigts* dans leurs membres inférieurs. Dans le système intermédiaire qui en est résulté, quinze s'est exprimé par un pied et deux mains, seize par deux pieds, une main et un doigt, etc. C'était là ce qu'on appelle vulgairement « reculer pour mieux sauter » : passé vingt (que beaucoup de sauvages désignent par *un homme*), il leur a fallu forcément revenir aux doigts de leurs mains pour exprimer *vingt et un*, *vingt-deux*, etc. Tel est le système dont se servent encore les Galibis, entre autres.

Quel est l'homme de génie qui a découvert que les mains suffisaient et qu'il était inutile de faire intervenir les pieds dans la numération !

Depuis, les mathématiciens ont prouvé que le système duodécimal (un multiple du système triennal), aurait été préférable au système décimal. De sorte que, sur ce point spécial, on est forcé de reconnaître que l'esprit humain a fait fausse route lorsqu'il a inventé la numération par dix, au lieu de perfectionner la numération par trois, qui était celle des malheureux Tasmaniens et probablement celle de nos ancêtres préhistoriques.

II. — LES POLYNÉSIENS ET LES MICRONÉSIENS.

On désigne souvent les habitants des îles de l'Océanie sous le nom de Canaques. Ce mot générique s'applique indistinctement aux *Polynésiens* proprement dits et aux *Mélanésiens* de la Nouvelle-Calédonie, des Fidjis, des Nouvelles-Hébrides et des îles

Salomon (voir le chapitre suivant). Il vient de *Kanaka*, du dialecte d'Havaï, qui signifie *homme* en général, *population*. Ce sont les baleiniers américains et français qui ont répandu cette expression, adoptée depuis par la plupart des voyageurs.

Les indigènes de nos colonies du Pacifique ont fini par entendre ce mot et s'en servent parce qu'ils le supposent français et qu'ils croient ainsi se faire mieux comprendre (Lesson).

Dans ce chapitre, où nous nous occupons spécialement de la *Polynésie* (Nouvelle-Zélande, îles Samoa, Tonga, Taïti, Pomotou, Noukahiva, Havaï, etc.), nous nous servirons de préférence du terme de Polynésiens.

Les Polynésiens appartiennent, comme les Micronésiens et les Malais, à une même race vraisemblablement d'origine asiatique et voisine de la race mongole.

Si l'on se rappelle que les Indiens d'Amérique peuvent aussi se rattacher aux Asiatiques par certains de leurs caractères, on est amené à constater que les *Mongoloïdes*, avant l'extension toute récente des races Indo-Européennes, couvraient plus des deux tiers du globe.

Les linguistes, il est vrai, malgré la tentative malheureuse de Bopp, ne sont pas encore arrivés à rattacher les langues de l'Océanie à l'une des grandes familles continentales. Mais l'étroite parenté des langues *malaisiennes* et *polynésiennes* est un fait unanimement reconnu, que confirme d'ailleurs l'étude des traditions et des légendes de ces peuples.

C'est en s'appuyant sur ces documents, que M. de Quatrefages est arrivé à reconstituer l'histoire des migrations de ces peuples.

D'après l'illustre professeur du Muséum, les Polynésiens auraient émigré à une époque reculée, antérieure à l'ère chrétienne, de l'île Bourou, en plein archipel Malais. Après avoir longé les côtes de la Mélanésie, en laissant dans les populations autochthones des restes de leur passage, ils réussirent à s'établir solidement dans les îles Tonga et Samoa, au centre de la Polynésie, et envoyèrent de là des essaims peupler les îles Taïti,

Noukahiva, Hawaï ou Sandwich et la Nouvelle-Zélande.

Les longues navigations que ces migrations ont forcément nécessitées, mettent d'abord l'esprit en suspicion contre cette hypothèse. Mais les Malais ont été de tout temps de très-bons marins; on a, par exemple, des preuves historiques de leur établissement relativement récent dans l'île de Madagascar. Les Polynésiens qui ont dû se détacher de la branche-mère à une époque où leur civilisation était beaucoup moins avancée, possédaient, à l'arrivée des Européens, de grandes pirogues accouplées et réunies par des ponts, qui affrontaient parfaitement la haute mer et naviguaient même à la voile. Forster vit une flotte de 159 pirogues de ce genre, dont quelques-unes contenaient jusqu'à 200 hommes. Enfin, il faut tenir compte du mousson et des courants qui sont presque toujours accompagnés de contre-courants.

Comme exemple de la façon dont ces nombreuses îles ont pu être peuplées, on peut invoquer le témoignage de Cook qui raconte comment il a retrouvé dans l'archipel de Vanitoo trois habitants de Taïti, qui avaient été entraînés par une tempête et rejetés sur ces côtes.

Un des caractères les plus remarquables de l'ethnographie océanienne est le peu d'altération que la langue des Polynésiens eût à subir à travers les siècles. Le dialecte des îles Noukahiva présente une grande analogie avec celui des îles Hawaï ou Samoa. Un Taïtien, transporté par Cook à la Nouvelle-Zélande, put s'entretenir avec les indigènes malgré leur accent guttural.

Les différences que les Polynésiens présentent entre eux au point de vue physique, sont beaucoup plus grandes. Tandis que les Taïtiens ont la peau presque blanche, les habitants des îles Sandwich et de la Nouvelle-Zélande sont souvent d'une couleur chocolat. En général, la teinte se brunit à mesure que l'on s'éloigne de l'équateur.

On explique cette variété par les divers croisements des Polynésiens avec les habitants antérieurs de ces îles.

Tels qu'ils nous apparaissent aujourd'hui, les Polynésiens ont un aspect général qui rappelle celui de l'Indien d'Amérique. Ils sont bien faits et d'une grandeur dépassant la moyenne. Leurs faces hautes, leur nez étroit, leur bouche petite, les différencient des Malais et leur donneraient un aspect européen, n'était leur peau basanée (fig. 77).

Les Micronésiens se distinguent des Polynésiens par leur langue plus voisine de celle des Malais et par une proportion plus

Fig. 77. — Types polynésiens.

forte de sang noir ; mais ces différences ne paraissent pas être assez importantes pour séparer les deux groupes (Broca).

En résumé, les Polynésiens par leur physique se rapprochent des races supérieures. Il en est de même pour leur intelligence. Ils semblent avoir l'esprit droit, le jugement rapide, la notion du juste et de l'injuste très développée. Tous les auteurs louent leur bonne humeur, leur cordialité et leur générosité. Un indigène des îles Marquises avait le droit d'entrer dans les habitations qui se trouvaient sur son parcours, d'y prendre sa nourriture et de s'en aller sans remercier. Cook les vit en temps de famine se partager scrupuleusement leurs maigres ressources.

Ces qualités sont accompagnées d'une grande instabilité d'esprit. « Je les ai vus, raconte Crozet, passer du fou rire à la mélancolie la plus noire dans l'espace d'un quart d'heure. » Une femme à qui la mort de son enfant faisait pousser des cris perçants, éclata de rire en apercevant un officier européen. Dumont d'Urville raconte qu'un chef de la Nouvelle-Zélande fondit en larmes parce qu'un matelot lui avait saupoudré de farine son plus beau manteau. Les traits de ce genre sont en nombre infini, et nous avons déjà eu l'occasion d'en signaler de semblables chez la plupart des races primitives.

Par une sorte de contradiction, les Polynésiens joignent à cette versatilité une certaine force de dissimulation. Ces individus si changeants, sont capables au besoin de cacher leur ruse sous le masque de la bonhomie, et de combiner de longue main des révoltes dont notre armée coloniale conserve encore le souvenir.

Il faut quand on parle des Polynésiens, séparer la caste noble des plébéiens. Les premiers se distinguent par une taille plus élevée et un teint plus pâle. Ils représentent probablement, à un degré plus pur, l'ancienne race conquérante. On croit, par contre, deviner sous la peau basanée des plébéiens les traces d'une population noire, peut-être papoue.

Des règlements sévères empêchaient le mélange des deux classes. Tout enfant d'un noble avec une plébéienne était impitoyablement tué à sa naissance.

Le peuple, qu'on appelait suivant les localités *toutous*, *kikinos*, *touas*, n'avait aucun droit devant la caste noble. Au patricien qui demandait : « A qui appartient cet arbre ? » le toutou devait répondre : « A toi », ou pour le moins : « A nous deux ». Répondre : « A moi », eût été un crime dont le châtiment ne se serait point fait attendre.

La classe noble était elle-même dominée par un chef suprême dont souvent l'autorité ne dépassait pas une vallée de quelques kilomètres de longueur. Pourtant les archipels de Tonga, de Taïti et d'Hawaï obéissaient à un seul maître. Aux îles Hawaï même, la monarchie héréditaire était organisée à l'européenne et on y comptait une longue suite de princes qui avaient succédé régulièrement les uns aux autres.

Dans les autres archipels, la possession du pouvoir suprême était une source de discorde éternisée par leur façon enfantine de conduire les hostilités. Ils faisaient la paix ou la rompaient sans but, sans rien conclure, pour le simple plaisir de changer : on demandait à un chef demi-civilisé de la Nouvelle-Zélande pourquoi il n'habituait pas ses sujets à l'agriculture plutôt que de les conduire à la guerre : « Le puis-je? » répondit-il avec conviction. « Si je les fais travailler, ils s'endorment ! Ce n'est qu'en faisant la guerre qu'ils ouvrent des yeux aussi grands que ces tasses à thé ! Ne sommes-nous donc plus des hommes, qu'on veut nous empêcher de faire la guerre? » — C'est ce même chef qui s'apercevant qu'un tonneau de poudre qu'il possédait commençait à se détériorer, improvisa bien vite une petite guerre pour ne pas la laisser perdre (Darwin).

Leur patriotisme ne dépassait pas leur village, leur vallée. A Noukahiva, chaque chef venait prier le gouverneur français de l'aider à exterminer la tribu voisine.

Les guerres se faisaient sans pitié. A Taïti, on scalpait la barbe à la méthode des Peaux-Rouges, pour s'en faire un trophée. A la Nouvelle-Zélande, on massacrait même les enfants ; seules, les femmes jeunes avaient quelquefois la vie sauve. Les Hawaïens, plus avancés, avaient des refuges où les femmes, les enfants et même les guerriers pouvaient se retirer et où il était défendu de les poursuivre.

A la Nouvelle-Zélande et à Noukahiva où ces asiles n'existaient pas, les indigènes s'étaient construit des forteresses en entassant rochers sur rochers au sommet de quelque colline escarpée. On voit qu'en tout pays l'architecture a débuté par des constructions cyclopéennes : il fallait l'invention du mortier pour pouvoir remplacer les rochers par de simples pierres.

Pour la guerre, les habitants des îles Carolines se tressent avec des fibres de cocotier un costume complet qui peut jusqu'à un certain point les préserver des flèches (Pl. IV).

Aux îles Marquises, les indigènes savent donner à certaines écorces la souplesse du cuir au moyen de macération et de martelage.

Mais en général, les Polynésiens primitifs n'attachent pas une grande importance au vêtement. Longtemps les femmes indigènes gagnèrent à la nage les vaisseaux européens, portant sur leur tête tout ce qui constituait leur toilette de gala, qu'elles mettaient une fois à bord. Dans beaucoup d'îles, les habitants se contentaient de guirlandes de feuillages.

Néanmoins ils sont très coquets, mais c'est le tatouage qui chez eux remplace le costume. Ils se tatouent absolument comme ils sculptent leurs bateaux, pour l'embellissement. — Mertens ayant demandé à un indigène de Lukunor pourquoi ses compatriotes se soumettaient tous au tatouage, il lui fut répondu : « Le tatouage chez nous, a le même but que les habits chez vous : c'est de plaire aux femmes ! »

M. Banks, compagnon de voyage de Cook, a assisté à l'application d'un tatouage sur le dos d'une fille d'environ treize ans. L'instrument dont se servait l'opérateur, avait trente dents : « Elles firent, raconte-t-il, plus de cent piqûres dans une minute, et chacune entraîna après elle une goutte de sérosité un peu teinte de sang. La petite fille endura la douleur avec le plus ferme courage près d'un quart d'heure, mais bientôt, accablée par de nouvelles piqûres qu'on renouvelait à chaque instant, elle ne put plus les supporter. Mais ses pleurs, ses prières, ses cris, furent inutiles. On la fit tenir par deux femmes qui tantôt l'apaisaient en la flattant, et d'autres fois la grondaient et même la battaient, lorsqu'elle faisait des efforts pour s'échapper. Elle n'eut cependant qu'un côté de gravé et resta privée de l'honneur d'avoir sur les reins ces arcs dont ils sont plus fiers que de toutes les autres figures et dont l'opération est la plus douloureuse. »

UN COSTUME DE GUERRE AUX ILES CAROLINES.

Ils obtiennent le liquide qui leur sert à tatouer en triturant

Fig. 78. — Tatouage des insulaires de Ponapé.

du charbon pulvérisé avec de l'huile. Ce mélange introduit sous la peau produit une coloration d'abord noire, puis bleuâtre. Le tatouage rouge leur est presque inconnu.

Souvent l'opérateur est assisté d'un orchestre d'instruments de musique plus ou moins discordants, dont le tapage étouffe les cris des victimes et qui rappelle parfaitement, en cette circonstance, la grosse caisse, le tambour et les cuivres des dentistes en plein vent des foires de nos pays.

Aux îles Pouapé, ce sont les vieilles femmes qui exécutent ces splendides tatouages qui produisent l'impression d'un vêtement (fig. 78).

Aux îles Marquises, au contraire, les femmes ne doivent pas approcher des lieux où l'on tatoue les hommes ; leur présence ferait maigrir ces derniers et leur rendrait les yeux petits (Radiguet). Quant aux femmes, on les tatoue sur les lèvres parce qu'il passe pour honteux d'avoir les lèvres rouges. Elles ont en outre aux pieds, aux chevilles, aux mains, près des oreilles, sur les épaules, etc., des arabesques multiples qui prennent, suivant les régions, la forme de bottines, de gants, de boucles d'oreilles, d'étoiles ou de soleils.

Le tatouage constitue pour les femmes plutôt une obligation qu'une distinction. Celles qui n'en présentent pas les marques dès l'âge de douze à treize ans, ne peuvent être admises à s'acquitter de la plupart des fonctions de ménagère, notamment de la préparation des aliments et de l'embaumement des cadavres.

Le fait le plus curieux que présentent les Polynésiens au point de vue industriel, est l'absence complète de poterie. Ce caractère a une grande importance, parce qu'il prouve que les Polynésiens ont quitté la Malaisie à une époque où cet art n'avait pas encore pénétré dans cette région. On peut en dire autant pour le fer, que les Malais travaillent si habilement et dont les Polynésiens, il y a un siècle, ne soupçonnaient pas l'existence.

On a été jusqu'à dire que les habitants des îles Mariannes ne connaissaient pas le feu lors du passage des premiers Européens; mais le fait a été contesté.

Tous ces insulaires excellaient dans la taille d'une espèce de serpentine qui leur servait à faire des haches de formes diverses (fig. 79). Les coquilles marines, les dents et les os d'animaux étaient également transformés en outils et en armes. Ils montraient un certain goût pour la sculpture ornementale sur bois,

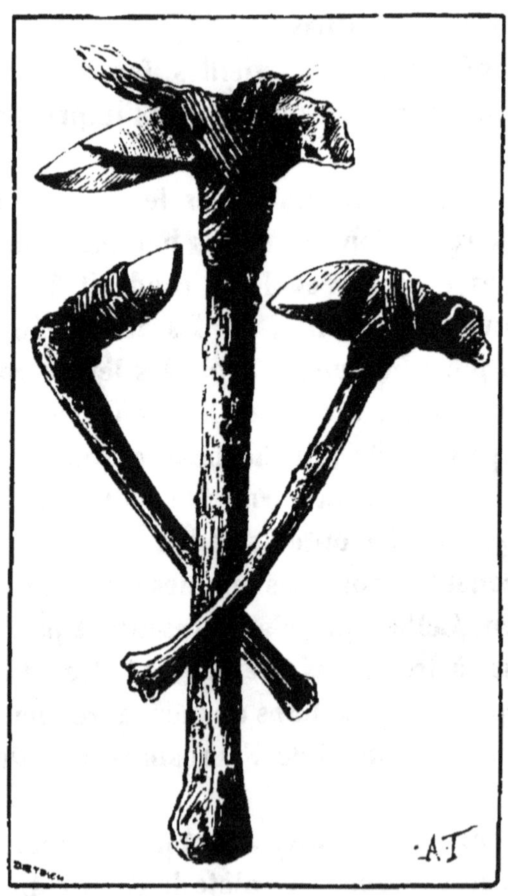

Fig. 79. — Haches de pierre des insulaires de l'Océan pacifique méridional.

sans égaler sur ce point leurs voisins, les Papous. Mais jamais ils ne sculptaient la pierre. C'est encore un problème de savoir à quelle race d'hommes il faut attribuer les gigantesques statues de l'île de Pâques (fig. 80).

« Ces statues sont au nombre de plusieurs centaines. Beaucoup sont couchées à terre ; mais il en reste un certain nombre élevées sur des plates-formes bâties avec d'énormes pierres brutes et d'une étendue considérable. La matière des statues est une lave grise compacte (trachyte) que l'on trouve dans le cratère d'Otuiti, à la pointe nord-est de l'île. Chacune d'elles a reçu des indigènes un nom particulier et cependant ce ne sont pas pour eux des idoles. Elles ont la tête plate ; la figure est carrée, la bouche a les coins pendants et le regard est tourné vers le ciel. On ne sait à quelle profondeur elles sont enfouies dans le sol, mais la partie visible a jusqu'à 7^m55 de hauteur » (De Lapelin).

Le Muséum d'histoire naturelle de Paris possède une de ces têtes sculptées d'un petit modèle, rapportée de l'île de Pâques par le contre-amiral de Lapelin (fig. 81).

M. Markham a cru trouver une ressemblance entre ces statues et les sculptures des Aymaras du Pérou. Mais il ne faut pas trop s'attacher aux analogies que présentent entre eux tous ces produits d'un art primitif. On a remarqué depuis longtemps, par exemple, que les dessins grossiers que les enfants s'amusent à esquisser, sont identiques aux œuvres des artistes sauvages. Dernièrement, on a fait dans une école d'Angleterre l'expérience suivante : on a conseillé à des enfants dépourvus de toute connaissance en dessin et en modelage, de tailler des « bonshommes », et on leur a donné à cet effet du bois et des outils de sculpture. Les monstres à face humaine que fabriquèrent ces écoliers, ont été depuis exposés dans un musée de Londres : ils ressemblaient à s'y méprendre à des idoles africaines !

L'ethnographie détaillée des îles de l'Océanie offre un intérêt tout particulier en ce qu'elle permet d'étudier une même race aux différentes étapes de son évolution vers le progrès. Presque toujours les différences sociologiques que l'on rencontre entre les archipels, trouvent leur explication dans la faune, dans la latitude ou dans la plus ou moins grande superficie de l'île. Les meilleures preuves qu'on puisse donner de l'influence des milieux et de la fatalité du progrès, sont les phases du cannibalisme en Polynésie. (Dr Letourneau).

A Taïti où l'on avait des fruits en abondance, du poisson, des

Fig. 80. — Statues en pierre de l'île de Pâques.

chiens et des troupeaux de petits porcs, l'anthropophagie avait à peu près disparu ; mais on en trouvait encore des survivances nombreuses dans la religion et les mœurs. A chaque sacrifice humain, le grand prêtre devait offrir au roi de l'île l'œil gauche de la victime, que ce dernier refusait d'ailleurs. Pour exprimer une grande disette, on dit encore à Taïti : « une saison à manger de l'homme ».

« Je vais te faire rôtir ! Fais cuire ton grand-père ! Déterre ton grand-père au clair de la lune et avale-le ! » sont des injures courantes entre Taïtiens. Le nom taïtien de la reine Pomaré était *Aïmato*, qui signifie : *mange-œil.* C'était là un nom très répandu dans les familles de chef et qui rappelait le temps où le roi ne refusait pas l'œil de la victime offert par le prêtre.

Aux îles Marquises, on ne mangeait plus de l'homme que par vengeance. Des scrupules commençaient à naître sur la légalité de cette coutume, et les différentes tribus s'accusaient mutuellement d'anthropophagie.

Aux îles Sandwich, un vieillard déclare en riant à Coste « que la viande d'homme est un met savoureux ». Mais des jeunes gens interrogés par Cook sur le même sujet, sont très effrayés de ces questions et se sauvent sans répondre.

Enfin les Néo-Zélandais, dont les grandes îles ne contenaient pas d'autre quadrupède que le chien, étaient des cannibales déterminés. Comme le roi des Momboutlous, ils préféraient la chair tendre des enfants et des femmes à celle de l'homme.

Ces agapes, auxquelles les Néo-Zélandaises pouvaient assister, se faisaient sous la haute direction des prêtres. Ici, l'œil gauche avait conservé tout son prestige, et la personne à laquelle le prêtre l'offrait, n'avait garde de le refuser. On supposait que c'était dans cet organe que résidait l'âme du mort, *le waidoua*, et qu'en le mangeant on doublait son être. « Au plus fort d'un combat, le guerrier, préoccupé avant tout de ne pas laisser échapper sa proie, se précipitait sur l'ennemi qu'il venait de tuer et lui arrachait et avalait son waidoua. » (Dumont d'Urville.)

Comme les cannibales d'Afrique, ils établissaient une différence entre la chair du blanc et leur propre chair. Un chef auquel on demandait s'il avait quelquefois mangé de la viande d'homme blanc et s'il lui avait trouvé bon goût, répondit « qu'il l'avait quelquefois trouvée bonne, d'autres fois mauvaise, mais générale-

Fig. 81. — Tête sculptée de l'Ile de Pâques donnée au Muséum d'histoire naturelle de Paris par le contre-amiral de Lapelin.

ment trop salée. » On voit que la sensualité n'était pas bannie de ces repas.

« Touai, à demi civilisé par un long séjour chez les Anglais, tout en convenant que c'était une fort mauvaise action, avouait qu'il éprouvait le plus grand plaisir à manger la chair de ses ennemis, et qu'il soupirait impatiemment après l'époque où il pourrait de nouveau se procurer cette jouissance. Il assurait que la chair humaine avait le même goût que le porc : « comme du cochon, » disait-il avec le plus grand sérieux. Dans ce moment pourtant, il se trouvait à une table bien servie où rien ne manquait à ses désirs. » (Dumont d'Urville.)

Dans les petites îles de la Micronésie, le cannibalisme était aussi répandu que dans la Nouvelle-Zélande, les détails seuls variaient.

« Comment, dit Voltaire, des hommes séparés les uns des autres par de si grandes distances, ont-ils pu se réunir dans une si horrible coutume? Faut-il croire qu'elle n'est pas aussi opposée à la nature humaine qu'elle le paraît! »

Les Polynésiens sont susceptibles du plus grand attachement les uns pour les autres. A la mort d'un ami ou d'un chef, ils s'abandonnent à un violent désespoir et en donnent des marques qui rebuteraient bien des Européens; ils se taillent le front et les joues avec des cailloux tranchants et gesticulent comme des possédés.

Généralement la femme n'était pas contrainte de se tuer à la mort de son mari; mais la chose était fort bien vue de l'opinion publique. « Quand Touai, raconte Dumont d'Urville, se décida à faire un voyage en Angleterre, son frère Koro-Koro désirait qu'il emmenât sa femme avec lui. M. Kendall voulait l'en dissuader, représentant combien la position de cette femme deviendrait fâcheuse si son mari venait à périr dans le voyage. Koro-Koro se contenta de répliquer qu'en pareil cas la femme ferait très bien de se pendre suivant la coutume des Néo-Zélandaises. »

Quelquefois l'épouse devenue veuve, se contentait d'immoler une de ses esclaves. Des missionnaires anglicans racontent qu'une Zélandaise, nouvellement christianisée, et dont l'enfant venait de se noyer, demandait instamment qu'on sacrifiât une femme du peuple, pour guider et soigner son bébé dans l'autre monde.

Aux îles Marquises, l'usage veut même que la femme couche à côté du cadavre de son mari pendant les premières nuits qui suivent le décès!

Le corps une fois momifié, est placé dans une bière ayant la forme d'un canot et porté au cimetière polynésien, le *moraï* mortuaire. Quelques archipels pratiquent l'inhumation, d'autres suspendent la bière sur des piquets suivant la méthode des Peaux-Rouges.

Tandis que les Néo-Zélandais plaçaient l'âme dans l'œil gauche, les Noukahiviens l'identifiaient avec le souffle, et quand un homme était à l'agonie, ses parents regardaient comme un devoir de lui fermer la bouche et de lui boucher le nez pour retarder son trépas autant que possible. Il en résulta que beaucoup de malades mouraient étouffés.

L'âme, une fois échappée malgré ces bons soins, plane encore trois jours au-dessus du corps, et entend tout ce qu'on dit. Aussi parle-t-on bas quand on veut déjouer sa curiosité. Puis elle part directement pour l'autre monde, le *bolotou*, escortée de l'âme des ustensiles qui lui ont appartenu, de l'âme des présents qui lui ont été offerts durant les funérailles et qu'on a quelquefois soin de briser *pour les tuer plus sûrement.*

Les Noukahiviens, qui placent leur *bolotou* dans une île lointaine, n'oublient jamais de munir de provisions de route le canot qui sert de cercueil.

Comme tous les peuples qui croient en la vie future, les Polynésiens se l'imaginent analogue à leur existence de tous les jours, les soucis et les maladies en moins. On y passe son temps en de gigantesques combats, on se gorge de poissons et de patates douces ; les femmes, toujours jeunes et jolies, y ont des enfants comme sur la terre.

La croyance des Polynésiens en l'immortalité de l'âme, n'est pas liée, comme dans la race blanche, avec une idée de justice divine : « Ils croient à une autre vie, mais ne redoutent aucun châtiment après la mort. Les actions mauvaises sont punies ici-bas ; ce sont choses trop mesquines, disent-ils, pour occuper plus tard l'attention des dieux. » (Radiguet.)

L'idée que les fautes sont punies par les accidents journaliers de la vie, les rend très craintifs, et ils songent avant tout à ne pas contrarier leurs dieux. Par contre, la mort inévitable les effraye peu.

« Pourquoi, écrit Radiguet, le Noukahivien souffrant redouterait-il la mort? Elle vient à lui sans ses affres terribles, et la sinistre lueur des châtiments infinis qui nous menacent, ne rougit point le seuil de son éternité. Dans ses croyances consolantes, la mort est un simple changement de vie, un voyage vers des contrées mystérieuses et favorisées. Les souffrances physiques, l'instinct de la conservation en révolte, le regret de quitter des êtres chéris, attristent seuls les derniers instants du malade. Quant aux terreurs de l'inconnu, aux péripéties poignantes et funèbres de l'agonie, il ne les connaît pas. »

Les Néo-Zélandais croyaient que l'âme, le *waidoua*, avait son représentant dans le ciel sous la forme d'une étoile, en outre de sa résidence dans l'œil gauche qu'ils goûtaient tant. De là une foule d'allusions entre cette étoile et le waidoua. (Dumont-d'Urville.)

Ne croyait-on pas en Europe, il y a quelques siècles, que la destinée de chaque homme sur la terre était liée à une étoile? Les héros des anciens Grecs n'étaient-ils pas personnifiés dans certaines constellations?

Enfin les âmes des chefs, des personnages marquants, passaient facilement à l'état de dieux. Les Hawaïens, qui pourtant avaient tué Cook, rendaient des honneurs divins à ses ossements. Un chef de Somosomo disait à un Européen : « Si vous mourez avant moi, je vous prendrai pour mon dieu. »

Leurs conceptions religieuses commençaient pourtant à se spiritualiser. Dumont-d'Urville ayant demandé à un Néo-Zélandais comment il se figurait l'*eatoua*, ce dernier répondit que c'était un *souffle* tout-puissant ; et il laissait en même temps échapper son haleine pour mieux exprimer sa pensée. Un autre se figurait l'*eatoua* comme une ombre immortelle.

Les *moraïs* étaient leurs temples. C'étaient des lieux ouverts, en forme de parallélogramme, entourés d'un mur de pierres de deux mètres de haut et terminés à l'une de ses extrémités par un immense amas de pierres.

Dans toute la Polynésie, on pratiquait des sacrifices humains. Les prêtres choisissaient les victimes parmi la basse classe, et cette prérogative les rendait, en fait, maîtres de la vie du peuple.

Leurs fonctions étaient multiples : aux naïfs, ils procuraient des entretiens directs avec les dieux au moyen d'un procédé de ventriloquie ; aux souffrants, ils donnaient des médicaments de charlatan ; la plus importante était de prononcer et de révoquer les *tabous*. On appelait ainsi les interdictions temporaires ou permanentes de faire tel ou tel acte. Le *tabou*, la seule loi religieuse et pénale de la Polynésie, était prononcé d'accord avec les chefs, quelquefois dans un but d'utilité générale, mais le plus souvent pour consacrer quelque privilège. On déclarait *tabous*, par exemple, les champs dont la récolte n'était pas faite, pour empêcher le peuple de la manger avant qu'elle fût mûre ; *taboue*, la rivière dont le poisson diminuait. La tribu faisait-elle une pêche en commun, les poissons pris étaient *tabous* jusqu'au partage général. Lorsqu'on trouva, non loin de Honolulu, des cristaux qu'on prit d'abord pour des diamants, le roi Tamehameha fit déclarer la montagne *taboue* afin de conserver tous les trésors pour lui.

Le *tabou* avait quelquefois une grande analogie avec l'excommunication religieuse de notre moyen âge. Un Européen, isolé au milieu des indigènes d'Uwea, s'étant mal conduit envers eux, le roi le fit déclarer tabou ; il en résulta que le malheureux fut abandonné de tous et tomba dans la plus profonde misère.

Les femmes n'étant pas dans l'intimité des dieux, les tabous étaient pour elles beaucoup plus nombreux et plus rigoureux. La viande de porc, entre autres choses, leur était sévèrement interdite. Excepté à la Nouvelle-Zélande, elles ne pouvaient goûter à la chair humaine, sous peine de mort. Tout ce qui avait été fait par la main d'un homme, était tabou pour les femmes. On devine aisément le motif de ces interdictions : ôter à la femme jusqu'au désir de demander ce que l'homme n'a nul envie de lui donner.

La violation, même involontaire, d'un tabou entraînait la mort ou tout au moins une sévère punition, qui arrivait toujours d'une façon mystérieuse. Un coup de casse-tête donné par surprise, loin de tout témoin, débarrassait le monde du criminel ou du mécréant. De plus, les prêtres avaient soin d'attribuer toutes les maladies et les accidents qui survenaient dans le pays à la violation de quelques-unes de ces interdictions. Le suc vénéneux de l'amande *eva* venait souvent en aide au hasard pour venger les dieux irrités.

Le tabou règne encore dans certaines contrées. En 1861, une violation de tabou causa une guerre terrible à Samoa. Il a été souvent adopté par la religion chrétienne : à la Nouvelle-Zélande, par exemple, on appelle le dimanche, le *jour tabou*. Mais comme les indigènes ont remarqué que la violation d'un tabou ne nuisait jamais aux Européens, sa puissance disparaît de plus en plus (Tylor).

La justice sociale existait à peine en Polynésie. On ne punissait le vol aux îles Marquises que dans des circonstances extraordinaires, et, comme à Sparte, c'était plutôt la maladresse du voleur que l'on châtiait.

Après trois jours, le propriétaire perdait ses droits, et l'objet volé devenait la légitime propriété du voleur qui ne pouvait plus être inquiété.

Le mari avait le droit de tuer sa femme adultère, mais il en usait rarement. Les célèbres récits de Bougainville, de Cook et de Radiguet nous montrent que quand il s'agissait d'Européens, ces hommes de la nature n'avaient plus aucun scrupule. On voit qu'il ne faut pas toujours imputer à la civilisation les vices qui, de tout temps, ont déshonoré l'humanité.

Rien n'est plus simple qu'un mariage en Polynésie. Les fiancés demandent à leurs parents la permission de vivre ensemble. S'il n'y a aucun obstacle, les deux familles se réunissent dans un banquet dont un cochon fait les frais, et les nouveaux mariés se retirent dans la case de l'une des familles. Par une exception assez bizarre, le prêtre polynésien, dont l'autorité s'étend sur la vie entière, oublie ici d'intervenir.

Grâce à la douceur du climat et à la fertilité du sol, la condition de la femme polynésienne est moins pénible que l'état général de leur civilisation ne le ferait supposer. Comme chez tous les peuples de la terre, c'est elle qui prépare les aliments, prend soin des enfants, fait un peu de jardinage. Elle écrase et fait fermenter le

Fig. 82. — Tête tatouée de Maori, de la Nouvelle-Zélande.

fruit de l'arbre à pain, qui, sous le nom de *popoï*, forme le fond de la nourriture polynésienne. C'est elle également qui mâche la racine fraîche du *piper methysticum* et qui délaye dans de l'eau et de la salive les résidus de cette mastication pour en faire *le kava*, la fameuse boisson enivrante des Polynésiens. On choisit généralement pour ce travail les femmes qui ont les plus belles dents.

« Le kava, dit Cuzent, est une boisson essentiellement aqueuse ; sa couleur rappelle celle du café au lait ; sa saveur (!) est douce et n'est nullement alcoolique et brûlante. » La boisson est servie aussitôt après la préparation, sans lui faire subir la moindre fermentation. Prise en assez petite quantité, elle produit une somnolence inquiète où tout bruit est odieux.

Les Polynésiens ne connaissaient autrefois que cette seule boisson excitante. Mais depuis qu'au commencement de ce siècle, les Européens leur ont appris à faire fermenter les fruits de leur pays pour en obtenir des liqueurs alcooliques, ils ont été pris de passion pour cette nouvelle et bruyante ivresse. Dès lors tous leurs fruits, l'orange, la pomme de cythère, l'ananas, reçurent cette destination.

Leur agriculture était des plus primitives. Outre les arbres fruitiers spéciaux à leur pays, dont l'arbre à pain est le plus connu, ils cultivaient principalement la patate. La culture, si facile sous le ciel des tropiques, ne leur prenait que quelques heures par semaine. « Le reste de leur temps, raconte Radiguet dans ses *Derniers Sauvages*, se passe à dormir, à chanter, à se baigner, à tresser des couronnes de fleurs, de fruits de pandanus, à s'oindre d'eka-moa (huile de coco teinte en jaune indien par une décoction végétale) ; enfin à faire de la musique. C'est une véritable vie contemplative, c'est l'île de Calypso sans Mentor ! »

Qu'avons-nous fait de ces populations si intéressantes, depuis que nous avons établi notre protectorat sur elles ? Du temps de Cook, le nombre des habitants de Tahiti était évalué à 240,000 âmes. Au commencement de ce siècle, les missionnaires ne comptaient plus que 50,000 indigènes ; le recensement de 1830 a donné un chiffre de 8,500 et celui de 1863 de 7,600 âmes ! — Noukahiva comptait, en 1813, de 60 à 80,000 habitants ; il n'y en a plus 10,000 aujourd'hui. Aux îles Hawaï, où les Européens ne se sont établis que tardivement et où les chefs indigènes eux-mêmes ont tout fait pour arriver à quelques progrès, la population diminue avec la même rapidité.

On a beaucoup écrit sur les causes de cette dépopulation. On a insisté notamment sur l'infanticide, la corruption des mœurs, l'abus des liqueurs alcooliques, les épidémies et surtout la phtisie pulmonaire qui fait chaque année des milliers de victimes.

Si l'on étudie cette effrayante mortalité par causes de mort, on est surtout frappé de la gravité chez les autochthones des maladies les plus bénignes de nos pays. La rougeole, par exemple, dépeuple des archipels entiers. Les germes des maladies européennes trouveraient-ils dans ces organismes non encore éprouvés un terrain plus propice à leur développement?

La maladie de beaucoup la plus meurtrière est la phtisie. On attribue le grand développement de cette affection à l'insuffisance de leur nourriture, à leur débauche précoce et à leur façon irrégulière de se couvrir. Avant l'introduction des produits européens, les indigènes allaient toujours nus; depuis ils sont alternativement nus ou habillés, suivant les fluctuations de leur bourse. De là des rhumes continuels, des catarrhes, etc.

On a aussi accusé l'influence dépressive des races supérieures. On entend par ces mots le marasme, le dégoût de la vie, qui s'empare d'une race lorsque des hommes manifestement mieux doués, s'installent à côté d'elle. Une des idées les plus enracinées dans le cœur de l'homme est la croyance en sa supériorité personnelle et en la supériorité de sa race. C'est une des conditions nécessaires de notre activité. Si des faits indéniables viennent détruire cette illusion, notre orgueil en souffre profondément; les fonctions vitales et notamment la nutrition s'en ressentent: de là, un surcroît de maladies et conséquemment de décès.

Cette influence dite dépressive de la race blanche n'est qu'une hypothèse assez tentante, mais qui échappe aux preuves statistiques. Certains faits même semblent l'infirmer : l'archipel Gambier, par exemple, qui ne compte que cinq blancs, a vu néanmoins sa population baisser de 41 p. 100 dans l'espace de trente ans !

Enfin on a fait intervenir l'influence des missionnaires. Des faits pour et contre la propagation de la foi ont été produits avec beaucoup de passion.

Si avant tout on considère dans ces questions l'intérêt de la France, on constate que ce sont les missions qui ont commencé notre occupation et préparé les voies à l'annexion de la Polynésie française. Elles ont servi de prétexte à notre intervention, et aucun Français ne peut les blâmer du rôle qu'elles ont joué en ces circonstances.

Ont-elles été aussi heureuses dans leurs tentatives de conversion ? La tâche était ingrate et presque impossible Les résultats rapides qu'elles ont obtenus, ne sont que superficiels. Il faut des suites de générations pour changer l'esprit religieux d'un peuple. Une conversion complète est peut-être impossible ? Les Européens, par exemple, sont loin d'avoir adopté le monothéisme judaïque d'une façon absolue et uniforme. Est-ce que, les cas particuliers mis à part, la division de l'Europe entre protestants et catholiques ne correspond pas à une division de races : les protestants ou blonds au nord, les catholiques ou bruns au sud ?

Le résultat le plus clair du changement de religion des Polynésiens a été la perte de leurs anciennes croyances qui constituaient toute leur morale. En vain, les missionnaires ont-ils essayé de greffer la nouvelle doctrine sur l'ancienne : les femmes, l'alcool, etc., ont été déclarés *tabous!* Mais l'arme s'est brisée entre leurs mains, et les insulaires y ont gagné un vice de plus, l'hypocrisie !

« Ils arrivent à bord des navires européens, raconte le Dr Brassac, confiants, gais, serrant la main à tout propos, ôtant leurs chapeaux avec un air de bourgeois endimanchés, mais pieds-nus, et prononcent avec autant de fierté que s'ils comprenaient toute la métaphysique : *catholica romana!* — De retour chez eux, les visiteurs se hâtent de quitter leur pantalon pour se mettre à l'aise, absolument comme nous ôtons nos gants ! »

Seuls, les Néo-Zélandais ont su se plier bravement à la civilisation. Ils ont appris à élever des moutons et des bœufs, à cultiver le blé, le maïs, le houblon et même le mûrier, et ont abandonné presque entièrement les mœurs de leurs ancêtres. Les guerres d'il y a un demi-siècle, sont maintenant oubliées : c'est la justice de paix qui règle les différends précédemment tranchés par les armes.

La colonie anglaise leur a reconnu des droits politiques : le Maori, descendant du terrible anthropophage si finement tatoué (fig. 82), prend part actuellement aux élections et a son siège dans les deux chambres. Et pourtant, là aussi, malgré ces conditions favorables, chaque recensement accuse une diminution considérable dans la population autochthone !

III. — LES PAPOUS ET LES HABITANTS DES ARCHIPELS DE LA MÉLANÉSIE.

Le terme de *Papou,* qui sert à désigner les habitants de la Nouvelle-Guinée et des îles qui lui font suite, vient du malais *papouah,* frisé. La chevelure épaisse et floconneuse des individus de cette race est en effet le caractère qui attire les regards en premier. Ces cheveux si frisés sont au toucher plutôt crépus que laineux. Ils paraissent implantés par touffes séparées, « en pinceaux de brosse » ; mais il est probable que les racines sont distribuées sur le cuir chevelu d'une façon continue et que, comme pour le Bochiman, il s'agit simplement d'un mode particulier de frisure.

La couleur de la peau de ces Mélanésiens est d'un noir fuligineux ; le front est étroit, les pommettes légèrement saillantes ; les yeux largement ouverts sont enfoncés ; ce qu'il y a de plus remarquable dans la configuration de leur face est leur nez à base large, mais proéminent, quelque fois même aquilin ; la poitrine est bien développée et les membres sont vigoureux (fig. 83).

Le type papou pur de tout mélange ne se trouve plus nulle part. Ici, la taille est très élevée ; là, les cheveux ne sont plus ondulés et la peau devient couleur chocolat. C'est dans la moitié occidentale de la Nouvelle-Guinée, cette terre classique des Papous, comme l'appelle M. de Quatrefages, que la race présente le plus d'unité. Les habitants de la moitié orientale ont au contraire la taille plus élevée et le teint plus clair.

Presque tous les archipels de la Mélanésie ont subi l'influence polynésienne.

Fig. 83. — Un Mélanésien des îles Fidji.

C'est aux îles Fidji que ce mélange a été le plus manifeste. Les relations guerrières ou amicales ont été de tout temps très nombreuses entre ces habitants et les Polynésiens de Samoa et de Tonga. Quoique les Fidjiens méritent à coup sûr par la coloration de leur peau la qualification de Mélanésiens, leur civilisation est entièrement polynésienne. Le tabou notamment est la grande loi de l'archipel.

La linguistique mélanésienne confirme ces aperçus en comprenant dans le groupe des langues maléo-polynésiennes les dialectes des îles Fidji, de la Nouvelle-Calédonie, de Loyalty, des Nouvelles-Hébrides, de La Pérouse et des îles Salomon, tandis que les dialectes des Papous proprement dits de la Nouvelle-Guinée n'ont été jusqu'à présent rattachés à aucune autre famille.

Les Mélanésiens ont comme vêtement une ceinture en forme

Fig. 84. — Habitant de la Nouvelle-Guinée.

de T ou un coquillage. Quelque rudimentaire que soit ce costume, ils attachent une grande importance à ne pas le quitter. Par les temps pluvieux, ils se couvrent quelquefois d'un manteau de paille tressée.

Ils se tatouent, mais avec beaucoup moins d'art que les Polynésiens; ils remplacent les piqûres et les incisions par des brûlures. Des nervures de cocotier sont appliquées incandescentes sur la peau, et on les entretient en combustion aussi longtemps que possible en soufflant dessus. Les eschares ainsi obtenues sont avivées et écorchées jusqu'à ce que le tissu cicatriciel soit devenu d'une couleur un peu plus claire que la peau environnante.

Mais tous leurs soins sont pour leurs cheveux qu'ils travaillent de la façon la plus extravagante et la plus variée. Le Néo-Gui-

Fig. 85. — Habitant des Iles Salomon.

néen, par exemple, arrive à donner à sa tignasse la forme d'un shako, sur le devant duquel il étale un diadème de plumes de casoar; un superbe oiseau de paradis plane sur le tout. Son nez est soigneusement traversé par un petit bâton de nacre et son cou orné d'un collier de dents (fig. 84).

Pour ne pas déranger ce chef-d'œuvre, il se sert d'un oreiller de bois et sa tête repose sur son coude.

La coiffure à la mode aux îles Salomon est encore plus curieuse (fig. 85). Les cheveux rougis par la chaux ont pris la forme de l'ancien bonnet de nos grenadiers; on retrouve jusqu'aux deux glands rouges qui ornaient à droite et à gauche ces fameux couvre-chefs. Seule, une décoration barbare de plumes et de coquillages s'écarte du modèle primitif.

Fig. 86. — Habitant des îles de l'Amirauté.

Ne faut-il pas croire avec le Dr Bordier, qui a publié une ingénieuse étude sur les coiffures des Mélanésiens, que ces naturels ont réellement cherché à imiter, avec les moyens dont ils disposent, quelques-unes de nos vieilles coiffures militaires égarées dans ces contrées lointaines par les hasards de la navigation?

Par contre, « la coiffure de certains chefs des îles de l'Amirauté (fig. 86), semble leur appartenir en propre, et je serais tenté, écrit le Dr Bordier, de croire que quelque marin anglais, après avoir fait rire ses camarades par la parodie de la coiffure qu'il avait vue chez ces indigènes, aura ainsi rapporté ce type exotique, devenu depuis le type légendaire du clown : comment ne pas penser à ce comique de nos cirques devant ce personnage dont la figure est barbouillée de blanc et de rouge, dont les cheveux, rougis par la chaux, sont surmontés de plumes de coq ramenées en avant et agrémentées de deux fleurs rouges d'Hibiscus, de l'effet le plus étrange. »

Cette analogie frappante entre le masque des clowns et celui des guerriers des îles de l'Amirauté confirme les aperçus philosophiques de Tylor sur les jeux. Le savant ethnographe anglais a fait remarquer que les amusements des enfants rappellent généralement quelques occupations sérieuses de leurs parents, ou (c'est là le point de vue qui nous intéresse), une occupation sérieuse des races antérieures.

Quel est l'enfant de dix ans qui ne rêve pas de la grotte de Robinson Crusoé ? On donnerait aux enfants de cet âge à choisir entre un arc et un fusil, que beaucoup d'entre eux choisiraient l'arc. Un des grands plaisirs des petits campagnards est de chasser les cri-cris de leurs trous avec un bout de paille : le Bochiman et le Californien n'ont souvent pas d'autre nourriture. La chasse qui pour nous est un plaisir, est le métier, la corvée quotidienne, de tous les sauvages. Tel costume qui inspirait l'effroi à nos ancêtres préhistorique, fait rire nos enfants aux larmes, tout en les effrayant peut-être un peu. En un mot : nos ancêtres lointains réapparaissent dans nos enfants moralement, et sous d'autres points de vue étrangers à ce livre, physiquement. Non seulement la nature ne fait pas de saut d'une espèce à une autre, mais à chaque être d'un type supérieur qu'elle crée, *elle est forcée de passer plus ou moins rapidement par toutes les séries inférieures.*

D'après Moseley, les Amirautiens présentent cet exemple unique d'un peuple n'ayant aucun moyen d'attaque ni de défense. Mais il s'agit là d'un fait particulier aux quelques centaines d'indigènes qui habitent cet archipel. Prise dans son ensemble, la race papoue est essentiellement guerrière; mais son idéal de courage ne ressemble guère au nôtre. Ils ne recherchent dans le combat que le succès; aux yeux du Néo-Calédonien comme à ceux du Peau-Rouge, une témérité qui coûte la vie, est une sottise, une honte. Mort au champ d'honneur, est une phrase qui pour eux n'a pas de sens.

Presque partout la guerre est surtout dirigée contre les têtes des adversaires. Plus on peut en acquérir, plus on devient célèbre. Après la bataille, ces têtes sont rôties au four, et les joues et les yeux sont mangés, ainsi que la cervelle qu'ils retirent par le trou occipital au moyen d'une spatule de bois. Les crânes sont alors l'objet d'une préparation artistique fort soignée. On remplace les chairs par de l'argile qu'on peint en noir; puis on y incruste de petits morceaux de nacre bien découpés qui serpentent en faisant de nombreux détours à travers le front, descendent le long des tempes, dessinent mille arabesques sur les joues et se rejoignent au menton. Les yeux sont figurés par deux morceaux de nacre de forme ovale et soigneusement polis. Les crânes travaillés suivant cette méthode acquièrent une grande valeur et il est très difficile aux étrangers de s'en procurer.

C'est ainsi que les Papous avaient préparé les têtes des compagnons de La Pérouse, et les gardaient dans leurs habitations. Ils ne les cachèrent que lorsqu'ils furent informés de l'arrivée d'un navire français.

Où trouver un plus beau trophée, un souvenir plus vivant d'un bon repas ? Nos chasseurs ne conservent-ils pas dans leur salle à manger les têtes empaillées des cerfs qu'ils ont abattus !

Le goût pour la chair humaine entrait pour beaucoup dans cette chasse à l'homme. « Il y a longtemps que nous n'avons mangé de la viande ; allons en chercher », disait un chef néo-calédonien à ses soldats.

Ces sortes de combat prenaient fin aussitôt qu'il y avait deux ou trois morts. Si par hasard la lutte se trouvait être plus meurtrière, on expédiait quelques quartiers de viande aux alliés douteux dont on voulait se ménager l'affection.

Le cannibalisme des Fidjiens est célèbre ; ils élevaient pourtant des cochons, mais ils leur préféraient l'homme qu'ils appelaient *long-porc*. Williams connaissait un chef qui, à lui seul, avait mangé près de neuf cents hommes. Mariner parle d'un festin des insulaires de Fidji où l'on avait rôti et mangé deux cents ennemis sur place. Quelquefois on coupait un morceau du vivant de la victime et on la forçait à manger sa propre chair après l'avoir rôtie ! La langue, le cœur, le foie, étaient les morceaux de choix. On raconte que le vieux Cakoban qui était encore, il y a quelques années, roi de l'archipel Fidji sous le protectorat de l'Angleterre, coupa, dans un de ces jours d'orgie, la langue d'un prisonnier qui implorait une mort rapide et la dévora toute palpitante.

Le tabou polynésien avait pénétré dans ces îles et la viande humaine y était sacrée, en ce sens qu'on ne pouvait la prendre avec les mains et qu'il fallait se servir d'une fourchette pour la porter à la bouche ; tous les autres aliments étaient mangés avec les doigts. On devait également se servir pour la viande humaine de plats, de chaudrons et de fours spéciaux.

Un missionnaire qui gourmandait un chef et essayait de le dégoûter de la chair humaine, s'attira cette réponse souvent citée : « Dis que cela te répugne ; dis que c'est atroce, si tu veux ; mais ne dis pas que cela n'est pas bon ! » — En parlant d'un met délicat, ces indigènes se servent de l'expression « tendre comme un homme mort ».

Les Néo-Calédoniens se livrent au cannibalisme autant aux époques d'abondance que durant une famine ; ce n'est pas la disette qui les pousse : « ce n'est pas non plus, écrit de Rochas, le délire de la haine et de la fureur comme chez les Américains, puisque ce n'est pas seulement en guerre qu'ils satisfont leur horrible passion et puisqu'ils commettent des meurtres de sang-froid pour l'assouvir ; ce n'est pas la superstition comme chez les Néo-Zélandais qui dévorent le cœur d'un ennemi pour entretenir et augmenter leur courage ; ce n'est pas enfin la religion, comme chez les anciens Mexicains qui mangeaient la chair des victimes humaines qu'ils offraient à leurs sanguinaires divinités : chez les Néo-Calédoniens c'est bien véritablement une affaire de goût et d'instinct, dont ils ne soupçonnaient pas l'horreur avant l'arrivée des Européens! »

Sous le rapport du règne animal, les Papous et leurs métis des

Fig. 87. — La végétation dans les îles Fidji.

îles de la Mélanésie n'étaient pourtant ni mieux ni moins bien partagés que les Polynésiens qui, comme nous l'avons montré, étaient sur la voie de renoncer au cannibalisme. Comme leurs voisins, ils savaient engourdir et pêcher le poisson au moyen de plantes vénéneuses. Tous élevaient de la volaille. Les oiseaux même étaient plus nombreux qu'en Polynésie; mais, chose curieuse : ni à la Nouvelle-Calédonie, ni aux Hébrides, on ne connaissait le chien.

La flore mélanésienne présente au premier abord un coup d'œil enchanteur, quoiqu'un peu monotone. Les espèces y sont trop peu nombreuses et ont une grande analogie avec celles de la Polynésie (fig. 87).

Dans ces îles dépourvues de gros gibier, l'agriculture était une connaissance nécessaire. La règle ethnographique qui veut que l'homme passe par l'état de pasteur avant d'atteindre celui d'agriculteur, n'a pas été plus observée ici qu'en Polynésie. Tous les Papous défrichent la terre avec la hache et le feu, l'ensemencent et pratiquent l'irrigation.

L'agriculture avait amené avec elle la propriété territoriale; mais il faut remarquer que cette convention sociale qu'on appelle « la propriété territoriale » n'a nullement eu chez les Mélanésiens l'influence civilisatrice qu'on lui attribue généralement. La marche vers le progrès est le produit d'un très grand nombre de facteurs, dont beaucoup nous sont inconnus. La propriété territoriale compte probablement parmi les principaux. Néanmoins les Péruviens nous ont montré qu'elle n'était pas indispensable à une organisation sociale développée ; les Papous nous prouvent qu'elle peut exister même au milieu de la sauvagerie.

Le Mélanésien, malgré ses connaissances en agriculture et la fertilité de son pays, n'arrive jamais à se mettre à l'abri de la faim. « Garder une poire pour la soif », est un proverbe inconnu à cette race. « Il sait bien quand il mange, dit M. de Rochas, mais il ne sait pas quand il mangera. »

En temps de disette, ils se remplissent l'estomac avec une sorte de terre ou se serrent le ventre avec une ceinture garnie de poil de roussette. Les deux procédés ont le même résultat et apaisent pour quelque temps les tiraillements de l'estomac.

Ils ne conçoivent guère qu'on puisse avoir d'autres soucis que ceux de bien manger. La nourriture prend à leurs yeux une valeur, dont, grâce à la civilisation, nous avons perdu l'idée depuis longtemps. Dans un vaisseau, ce qui les frappe le plus, ce ne sont pas les cordages et les voiles, les canons, la discipline, — mais le coup d'œil du dîner de l'équipage. « Ces *oui-oui*, disent-ils, ont beaucoup à manger, ils sont puissants. »

Nos colons de la Nouvelle-Calédonie, par contre, leur inspirent un profond mépris. « Pour que ces gens aient consenti à s'expatrier, pensent-ils, il faut qu'il n'y ait plus chez eux de quoi manger ». Les missionnaires, dont les provisions de bouche sont abondantes, sont plus respectés. « Tu parles beaucoup, disait un indigène à un missionnaire après une leçon de morale attentivement écoutée, ta bouche est un ruisseau d'où coulent les paroles; mais quand nous donneras-tu des vivres? L'observation de ce que tu nous prescris, doit-elle nous en rapporter? Vois-tu, ce qu'il nous faut à nous, c'est ce qui remplit le ventre! » (de Rochas.) « Nous t'avons bien écouté, disait un autre, donne-nous maintenant notre récompense. »

Leur système gouvernemental ne diffère pas notablement de celui des Polynésiens : une hiérarchie de seigneurs obéit à un grand chef dont l'autorité est sans contrôle. Aux îles Fidji, où ce système féodal est organisé dans toute sa vigueur, la plèbe appelle le grand chef *racine de guerre*.

L'utilité sociale de ces petits tyrans consiste à établir une certaine police et à faire respecter la propriété; mais eux-mêmes sont au-dessus de la loi, la plèbe ne garde que ce qu'ils veulent bien lui laisser.

De l'Australie aux îles mélanésiennes, le mariage a franchi quelques étapes. Aux îles Fidji, par exemple, le « rapt » est généralement simulé; un festin légalise l'acte accompli. En Nouvelle-Calédonie, on se fiancie souvent dès l'enfance, mais sans attacher une grande importance à cette cérémonie. Enfin en Nouvelle-Guinée, beaucoup de tribus pratiquent le mariage monogame.

Si les préliminaires du mariage varient d'un archipel à un autre, le sort de la femme mariée est partout également malheureux. Comme l'Australien, le Néo-Calédonien châtie sa femme à coups de casse-tête. Généralement la malheureuse tombe sans pousser un cri, pour ne plus se relever. D'autres, par un raffinement de cruauté, calculent la force du coup de façon à ne produire qu'une blessure non mortelle ; puis ils livrent leur victime au chirurgien qui souvent la guérit. Le maître conserve ainsi une esclave utile (Bourgarel).

Dès que dans un sentier une femme rencontre un homme, elle en sort immédiatement pour laisser passer le maître. Ce n'est pas là précisément ce qu'on est convenu d'appeler la « galanterie française ».

Rien d'étonnant si de semblables coutumes rendent les femmes encore plus barbares que les hommes. « Je ne connais rien de si perfide, de si immoral et de si méchant que la femme néo-calédonienne », écrit M. Bourgarel.

Naturellement, ce sont les femmes qui sont chargées de tout l'ouvrage de la famille. Par exception, la profession de charpentier est exercée par les hommes, qui du reste n'habitent pas avec les femmes, mais passent leurs nuits dans des cases communes ou maisons de réunion. (Pl. V.)

Ces populations si arriérées ont des idées religieuses assez développées : « Si les Néo-Calédoniens, écrit le père Montrouzier, n'ont pas l'idée d'un dieu créateur, s'ils admettent que la terre, le ciel, etc., ont existé de toute éternité, ils croyent à une divinité chargée de gouverner le monde, et à une foule de génies attachés à divers lieux et appliqués à diverses fonctions. Ces génies ont tous leurs prêtres, véritables sorciers qui exploitent la crédulité du peuple, et vivent à ses dépens. »

Il y a des dieux pour les pêcheurs, les cultivateurs, les charpentiers, et des dieux de famille. Chaque chef a son génie protecteur qui revêt sur la terre une forme quelconque. Un insulaire de Vanikoro adorait ainsi un crabe qui avait construit son trou près du tombeau de son père et il se targuait volontiers de son dieu auprès des Européens.

L'idée de l'immortalité de l'âme est du reste fortement développée chez toutes ces populations. Les Néo-Guinéens croient

CANAQUES DE LA NOUVELLE-CALÉDONIE DEVANT UNE CASE OU MAISON DE RÉUNION.

(D'après une photographie.)

qu'après la mort les esprits des bons comme des mauvais passent la mer et se retirent dans un endroit nommé *taurau*. Les Fidjiens ont emprunté aux Polynésiens leur *bolotou*.

L'idée que l'on reste dans l'autre monde ce que l'on est au moment de sa mort, est très répandue dans ces tribus, qui tien-

Fig. 88. — Habitant des Nouvelles-Hébrides.

nent beaucoup à quitter la vie avant la vieillesse. Dès qu'on ressent les faiblesses de l'âge mûr, on prévient ses enfants qu'il est temps de partir. Ces derniers du reste ne négligent pas de rappeler cette formalité à leurs parents, en cas d'oubli. La famille entière se réunit, on creuse la tombe et on laisse au vieillard le choix d'être étranglé, d'être assommé d'un coup de casse-tête, ou d'être enterré vif.

M. Lubbock raconte qu'un de ses compatriotes assista, sur

l'invitation même des enfants de la victime, à des funérailles de ce genre. D'abord fort étonné de trouver la trépassée bien vivante au milieu des assistants, il ne tarda pas à être renseigné ; et malgré tous ses efforts pour empêcher cet acte barbare, la cérémonie s'accomplit : la femme fut étranglée par ses deux fils, puis mise en terre suivant les usages habituels. Cette coutume était si fréquente, que le capitaine Wilkes déclare n'avoir pas rencontré, entre plusieurs centaines d'habitants, un seul homme au-dessus de quarante ans.

Les malades sont encore moins épargnés. Quand on les considère comme perdus..., on les étouffe. Souvent ils demandent d'eux-mêmes qu'on mette fin à leur vie. Les missionnaires de la Nouvelle-Calédonie racontent qu'ils ont vu plusieurs fois des jeunes gens atteints d'une maladie incurable se rendre de leur propre gré dans une fosse et s'y coucher. Leurs parents les recouvraient de terre, piétinaient dessus et tout était fini.

Ils ont pourtant des médecins qui font force sortilèges, mais arrivent à de très minces résultats. « Ce qu'il y a de mieux dans leur pratique, dit le père Montrouzier, c'est de se faire payer d'avance. Ils réussissent mieux dans l'art chirurgical, raccommodent bras et jambes, arrachent les pointes de flèches, pratiquent des saignées locales, ouvrent les abcès avec des fragments acérés de quartz ou de coquilles usés sur le grès et qui quelquefois atteignent presque la finesse et le fil d'une lancette. »

Comme la plupart des peuples qui croient à l'immortalité de l'âme, ces indigènes ont un grand respect pour les morts. En Nouvelle-Guinée, ils se coupent les cheveux en signe de deuil ; à la Nouvelle-Calédonie, ils les blanchissent avec de la chaux et se déchirent la boutonnière percée dans le lobe de l'oreille qui pend alors en deux lambeaux hideux.

Pendant quelque temps, ils déposent auprès du cadavre de l'eau et divers aliments. « Ne faut-il pas, disait naïvement un de ces sauvages, que le mort boive et mange comme nous? » (de Rochas.) Ils ne pratiquent jamais l'incinération et rarement la momification.

En Nouvelle-Guinée, ils enterrent d'abord le corps; puis il semble qu'après une période plus ou moins longue, ils exhument la tête et les deux vertèbres supérieures. Le crâne soigneusement nettoyé, est placé au sommet du toit de la maison; la mâchoire inférieure est portée au bras en guise de bracelet et les deux vertèbres, enfilées sur une queue de cochon, servent de breloques.

Le trait le plus original qui distingue les races mélanésiennes, est certainement leur goût pour la sculpture et l'ornementation. Les indigènes des iles Hébrides, par exemple, savent fabriquer, pour les coiffures de leurs chefs, des casques assez coquets, qu'on pourrait comparer à certains chapeaux du temps de Louis XV, n'était la figure grimaçante qui forme visière et cache les yeux et le nez du porteur (fig. 88).

Certains Papous de la côte occidentale savent également construire de grands canots. Le fond de ces embarcations est formé d'un unique tronc d'arbre creux; mais les côtés, l'avant et l'arrière sont déjà surélevés avec des planches. C'est là une forme de transition qui est encore loin des belles pirogues polynésiennes. Cependant ces populations dont les habitations sont souvent élevées sur pilotis et qui vivent toujours sur l'eau, arrivent à se servir très habilement de barques (fig. 89).

On ne retrouve pas en Mélanésie l'unité linguistique si remarquable de la Polynésie. La Nouvelle-Calédonie, par exemple, présente presque autant de dialectes qu'il y a de tribus, et les indigènes ne se comprennent pas d'une vallée à une autre.

Leur littérature n'est ni riche, ni délicate; mais l'apologue et l'allégorie leur sont familières et, comme les fables de La Fontaine et d'Ésope, servent de base à de nombreux proverbes :

« La sole (*davilai*), racontent les Fidjiens, était un grand chantre parmi les poissons; mais un jour elle refusa de chanter malgré toutes les instances de son auditoire, qui impatienté, donna de nombreux coups à l'artiste obstinée; de là sa forme plate. »

Encore aujourd'hui les Fidjiens ne manquent pas de dire d'un artiste qui se fait prier : « Tiens ! voilà M. Davilai ! »

Ces farouches cannibales semblent apprécier certaines politesses de langage. Ainsi, lorsqu'ils se font des cadeaux, il est d'usage de les accompagner de phrases modestes. Un Fidjien dira, par exemple, en donnant des aliments à un étranger : « C'est pour nourrir ton chien ! » Ce qui n'empêche qu'il attendra un contre-présent.

Les Papous ont, comme tous les peuples de la terre, leur forme de salut, leur marque extérieure de respect. Le signe d'amitié le plus répandu en Nouvelle-Guinée, consiste à serrer les narines de son ami avec l'index et le pouce de la main gauche, pendant que l'on dirige l'autre main vers le nombril de la personne à qui l'on fait cette politesse, et qu'on pousse deux ou trois grognements.

Il faut remarquer le rôle important que joue le nez dans l'expression de leurs différents sentiments. C'est que l'odorat est chez l'homme primitif d'une bien plus grande utilité que chez le civilisé. Les Fidjiens, par exemple, ont conservé le baiser polynésien : les nobles se flairent réciproquement la figure, tandis que les inférieurs, suivant leur place dans la hiérarchie, flairent les mains, les genoux ou les pieds de leurs supérieurs.

Il est de politesse de précéder quelqu'un au lieu de passer derrière lui. C'est qu'étant toujours armé, celui qui suit a plus de facilité pour casser la tête de son compagnon. Devant un chef, il faut s'asseoir et non rester debout, ce qui diminue évidemment la possibilité d'une attaque rapide.

Le salut de nos officiers en armes, qui consiste, comme on sait, à abaisser la pointe de son sabre devant son supérieur hiérarchique, est probablement une survivance du même ordre d'idée.

Le fond du caractère des Néo-Calédoniens est la fourberie. « Un des meilleurs chrétiens de Balade avouait aux missionnaires qu'autrefois il avait été bien aimé des anciens qui le désiraient pour chef, parce qu'il était si habile dans l'art de tromper que jamais,

Fig. 89. — Sauvages de la baie Humbold s'enfuyant devant une chaloupe à vapeur.

à l'occasion, il n'était sans trouver un mensonge juste à propos pour se tirer d'embarras. » (Bourgarel.)

Ce que nous appelons le cœur, la reconnaissance, leur manque entièrement. Malgré les plus grands services rendus, ils ne reculeront jamais devant une trahison, lorsqu'ils croiront y voir leur intérêt.

Ils se rendent compte de la supériorité de notre civilisation, mais continuent à répéter : « souffrir pour souffrir, j'aime mieux souffrir la faim que travailler ».

Longtemps les Néo-Calédoniens n'ont montré que du dégoût pour le vin, l'eau-de-vie et toutes les liqueurs alcooliques. Ils étaient parmi les races qui ne boivent que de l'eau. Depuis, ils ne sont que trop revenus de leur première impression. L'alcoolisme s'est joint aux autres causes d'extinction que la race blanche avait amenées avec elle : il est probable que les derniers canaques auront disparu avant que la Nouvelle-Calédonie soit peuplée de Français.

IV. — LES PEUPLES DE LA MALAISIE. — MALAIS. INDONÉSIENS. — NÉGRITOS.

On peut dire, en s'appuyant sur la haute autorité de M. de Quatrefages, que la Malaisie présente un fouillis de races qui n'a qu'un lien commun : la langue. Encore ne sait-on pas si la langue malaise a été importée par les Malais ou si ces derniers n'ont fait qu'adopter le parler de populations antérieures.

Abstraction faite : 1° des immigrations récentes de Chinois, Japonais, Indo-Chinois et Indous qui ont laissé de nombreuses traces dans la population, et 2° des restes de populations noires désignées par les Espagnols sous le nom de *Négritos* et sur lesquelles nous reviendrons à la fin de ce chapitre, on distingue deux types principaux : l'un brachycéphale ou type *malais*, et l'autre dolichocéphale qu'on appelle tantôt *indonésien* (Hamy), tantôt *malayo-polynésien* (de Rochas), à cause de sa ressemblance avec les Polynésiens.

Les Malais proprement dits sont en minorité. Si l'on excepte Java et le nord de Sumatra, tous leurs établissements sont sur les côtes de l'archipel ; on ignore l'époque de leur arrivée et le lieu de leur origine. On a vu en eux successivement des originaires de Sumatra ou de la presqu'île de Malacca, des Mongols ou des Indo-Chinois. Peut-être est-ce une race métisse qui a pris naissance, sur le lieu même, de la combinaison de tous les éléments que nous venons d'énumérer?

Ce sont des hommes de taille moyenne, trapus, aux membres vigoureux ; leur peau est de couleur brun-cuivré. « La race malaise, dit Mme Ida Pfeiffer, ne se distingue pas par sa beauté ; ils sont encore mieux de corps que de figure. Celle-ci est déformée au dernier point par une large mâchoire inférieure très flasque et très saillante. Leur teint est d'un rouge-brun clair ; leurs cheveux et leurs yeux sont noirs ; ils ont le nez plat avec de larges narines ; leurs mains et leurs pieds sont petits, mais trop osseux. » Leur figure est presque aussi large que longue, le front est proéminent, l'occiput aplati, ce qui contribue à donner à leurs crânes la forme globuleuse, la forme brachycéphale.

Le sultan des îles Solo dont nous reproduisons la photographie, (fig. 90) représente un des types malais les plus fins, les plus voisins du type européen.

D'après Fridrich, le mot de « malais » viendrait du javanais « vagabond » ou « coureur » et aurait d'abord été une injure. Nul doute que cette appellation ne leur ait été donnée à cause de leurs traditions de pillards incorrigibles. Le métier de pirate est très estimé chez eux ; les nobles et les princes ne le dédaignent pas ; les romans et les traditions historiques en font l'éloge.

C'est dans le même ordre d'idée que M. de Quatrefages les appelle les Arabes ou les Barbaresques de l'Orient. Ces intrépides navigateurs sillonnent les mers depuis l'Australie jusqu'aux côtes du Céleste-Empire. Ils se sont emparés de la grande île

Fig. 90. — Le sultan de Solo.

de Madagascar, où ils ont asservi les autochthones noirs qu'ils gouvernent encore aujourd'hui.

Ils sont intelligents, mais paresseux, libertins et perfides. Leur caractère est passionné en amour, au jeu, dans les combats; sur un combat de coq, ou sur une partie de cartes, ils risqueront volontiers toute leur fortune, leurs femmes et jusqu'à leur liberté. Leur amour-propre extrême a fait naître entre eux un cérémonial compliqué. Répondre subitement, sans réflexion, passe pour une grande impolitesse; fixer quelqu'un, le contredire, dire des injures, sont des offenses qu'ils ne se permettent jamais. On doit toujours supposer que la personne avec qui l'on parle est assez célèbre pour être connue de tout le monde, et conséquemment lui demander son nom ou celui de ses parents serait une marque de mépris. Ils ont tout un règlement pour leurs lettres : la couleur, l'étoffe, le pli du couvert, le nombre et la place des scellés, varient avec le rang de chacun.

Cette étiquette que d'habitude on ne trouve que dans les sociétés anciennes et policées, s'allie chez eux avec le tempérament le plus sanguinaire. Qu'un Malais souffre d'une vengeance inassouvie, ou qu'il soit simplement las de la vie, il s'armera d'un *kriss*, le sabre national, et parcourra la ville en tuant tout ce qui lui tombera sous la main. Souvent dix, quinze, vingt personnes, femmes ou enfants, seront égorgées avant qu'on se soit emparé du forcené ou qu'on l'ait tué. Cela s'appelle, suivant l'expression anglaise : « *courir un muck* ».

Dans les villes importantes, la police a toujours à sa disposition quelques fourches pour se rendre plus facilement maître de ces fous furieux; attrapés vivants, ils sont toujours condamnés à mort. Ce genre de suicide n'en passe pas moins pour très honorable aux yeux des Malais. En temps de guerre, ces *coureurs de muck* se rassemblent quelquefois en petites bandes pour se jeter en désespérés à travers l'ennemi.

Leur conversion au mahométanisme a donné aux Malais la cohésion et la force qui leur avaient longtemps manqué; elle leur a permis de fonder des empires assez puissants avec lesquels la Hollande lutte encore de nos jours.

On explique le succès rapide de la religion mahométane sur

ces populations par l'habitude que les propagateurs du Coran ont de se lier d'amitié avec les indigènes, d'apprendre leur langue, de choisir femme au pays et de se soumettre à tous les anciens usages, avant de commencer la moindre prédication. Dans leurs tentatives de conversion, ils ne vont jamais que pas à pas. Les Européens, qui agissent d'une façon tout opposée, réussissent beaucoup moins bien.

Les Malais sont du reste très superstitieux, et ont gardé dans l'esprit de nombreux restes des croyances locales, et de leurs anciennes religions brahmaniques et bouddhiques. Ils ont des « endroits maléficiés », des jours de malheur et même des heures de malheur, avec des amulettes pour les conjurer. Les Javanais, par exemple, ont été jusqu'à transformer en dieu un vieux canon centenaire, abandonné dans un champ près de Batavia. On ne tarda pas à lui reconnaître la vertu de guérir la stérilité : longtemps on a pu voir, à toutes les heures de la journée, les dames indigènes, en grande toilette, assises sur ce canon ! Un beau jour, le gouvernement colonial ayant besoin de bronze fit fondre la pièce ; on ne s'est pas aperçu depuis que la natalité ait diminué !

Dans le pays d'Atchin, au nord de Sumatra, les indigènes ont leur « bois sacré » qui rappelle le *lucus* des anciens païens. Une grosse cloche suspendue à un arbre par une chaîne de fer. est chargée d'éloigner les mauvais esprits (fig. 91).

La justice est empreinte des mêmes superstitions et ils ont encore recours aux « jugements de Dieu ». Les épreuves consistent à chercher un anneau dans de l'huile bouillante, ou à se laisser passer un fer brûlant sur la langue. L'assassinat est toujours puni de mort ; en outre, les parents de l'assassin ont à payer aux parents du mort une forte amende dont le juge prélève la moitié.

Les sentences sont édictées par les chefs, les *panghulus ;* mais généralement c'est la famille de la victime qui est chargée de l'exécution du châtiment. Ainsi, l'homme convaincu d'adultère est livré aux amis du mari outragé qui le mènent dans une grande plaine. Là, on lui met un sabre à la main et s'il parvient à s'échapper, il ne peut plus être l'objet d'aucune poursuite judi-

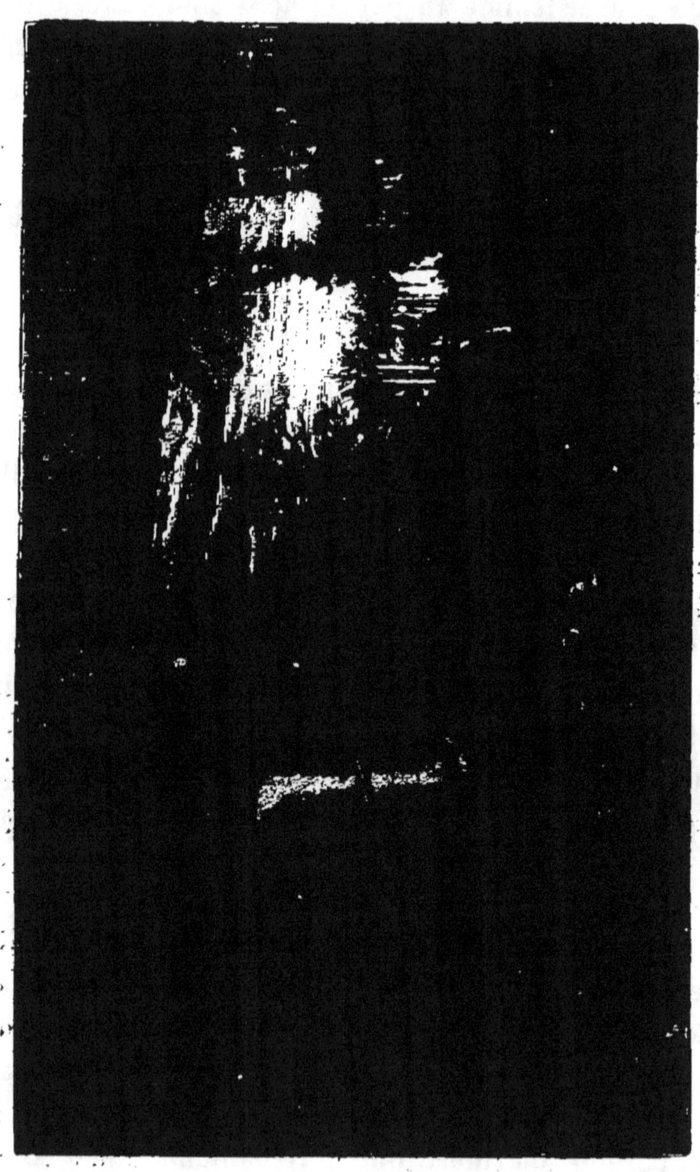

Fig. 91. — Cloche magique dans un bois du pays d'Atchin.

ciaire. Dans la majorité des cas, l'infortuné est mis à mort avant d'avoir pu se défendre.

Pour les affaires d'assassinat, c'est le neveu et non le fils de la victime qui remplit le rôle de bourreau. Cette tâche de « vengeur » se lègue comme l'héritage, suivant la ligne maternelle.

Comme chez tous les peuples qui observent cette ligne de succession, ils ont contre leurs femmes une défiance caractéristique. A Pontianak, une loi condamne à mort tout homme qui, sans être parent, sauve une femme tombée à l'eau.

Les mariages se font et se rompent sans grande cérémonie. Il n'est pas rare de voir de jeunes femmes qui en sont à leur sixième divorce. La maternité commence du reste de très bonne heure : dès l'âge de neuf à dix ans, d'après Kiehl. Le plus souvent la polygamie est permise, mais les femmes doivent être domiciliées dans des villages différents. On distingue trois sortes de mariages :

1° Le *mariage par djudjur* ou achat. La femme et les enfants deviennent la propriété du mari ;

2° Le *mariage par semando.* L'homme donne un cadeau, la fiancée supporte les frais du mariage : les deux époux ont des droits égaux ;

3° Le *mariage par ambil-anak.* Le prétendu n'a rien à payer et dépend entièrement de sa femme qui exerce tous les droits sur les enfants.

Généralement, ce sont les femmes qui cultivent les champs. L'agriculture est antipathique à ce peuple, autant par paresse que par orgueil. Ils considèrent le travail de la terre comme avilissant, mais réussissent assez bien dans les ouvrages manuels. Ils savent tisser des étoffes brochées d'or et d'argent, sont d'assez habiles menuisiers, maçons, charpentiers ; ils sont arrivés à construire de grands navires qui ont jusqu'à trois mâts ; ils forgent le fer de temps immémorial. Les anciens Malais avaient des flèches empoisonnées, des lances, des frondes. Leurs armes nationales étaient le *kriss*, espèce de glaive en forme de flamme, et le *parang*, coutelas plus large et plus lourd au bout qu'à la poignée.

Enfin, un des traits les plus caractéristiques de cette population est l'habitude de mâcher des feuilles de *piper bétel* saupoudrées de chaux. « Cette coutume s'est étendue de proche en proche, et règne actuellement depuis les Moluques jusqu'au fleuve Jaune et jusqu'au bord de l'Indus, c'est-à-dire : en Malaisie, en Cochinchine, dans le sud de la Chine et dans une partie de l'Inde. » Dr Bordier.

Les Javanais se distinguent des autres Malais par un tempérament moins turbulent ; ils sont sédentaires, plus volontiers agriculteurs. Doux, paisibles, hospitaliers, ils ont pleine confiance dans les princes et les gouverneurs indigènes qui se trouvent entièrement sous la direction de la Hollande. Sous l'habile administration de cette puissance, la population de l'île a triplé en l'espace de cinquante ans, et continue de s'accroître. Les habitants y étaient au nombre de seize millions au dernier recensement, et la densité de la population était déjà supérieure à ce qu'elle est en France et en Angleterre. D'après les autorités, un tiers seulement de l'île serait cultivé, et la fertilité du pays permettrait l'entretien d'un bien plus grand nombre d'habitants.

Le caractère des Javanais a été assoupli de longue date par la civilisation hindoue, qui a laissé tant de ruines architecturales sur leur île. Leur littérature, assez riche d'ailleurs, est aussi une importation étrangère à laquelle ils n'ont presque rien ajouté. Nous en dirons autant de leur orchestre, le *gamalan*, dont ils sont si fiers (fig. 92). L'Inde, la Chine, l'Arabie se sont cotisées pour en fournir les éléments, tout comme elles ont contribué à former les populations mixtes qui savent en goûter les accords dissonants. (Hamy.)

Les *Indonésiens*, appelés aussi *Malayo-Polynésiens*, sont les habitants de l'intérieur des terres de l'archipel malais ; c'est un terme général inventé par les savants pour désigner les *Dayaks* de Bornéo, les *Battaks* de Sumatra, les *Alfourous*, les *Makassars* et les *Bougins* des Célèbes. Ces populations se distinguent des Malais par une stature plus élevée, une couleur plus claire et des traits plus réguliers.

Leurs nombreuses tribus parlent des langues analogues, pos-

CHEF DAYAK, DE BORNÉO.
(D'après une photographie.)

sèdent les mêmes usages sociaux et sont arrivées au même état de civilisation ou plutôt de barbarie.

Le costume des Dayaks consiste en une écharpe qui ne leur couvre que la moitié du corps (Pl. VI). Beaucoup, pour avoir les attaches plus fines, s'entourent avec une écorce d'arbre les articulations du genoux et du poignet ; d'autres portent dans le lobe de

Fig. 93. — Habitant de Bornéo.

l'oreille des rondelles de bois de plusieurs centimètres de diamètre qui leur déforment considérablement cet organe. Tous prennent soin de leur chevelure ; tantôt ils l'entourent d'un bandeau, tantôt ils la couvrent de feuillage. Quelques-uns portent sur la tête une petite calotte surmontée d'un élégant panache de plumes d'Argus (fig. 93). Ils usent fréquemment du tatouage inconnu aux Malais.

Les Dayaks ne vont jamais sans armes. Leur moyen d'attaque le plus redoutable est la sarbacane avec laquelle ils lancent des flèches empoisonnées à trente ou quarante mètres. Une pointe en fer, comme la bayonnette de nos fusils, termine ce long tube qui, au besoin, peut servir de lance. Un bouclier complète leur armement.

Ils se construisent de vastes habitations sur pilotis, très bien aménagées et qui durent plus de cent ans (fig. 94). Le village est entouré de hautes palissades en bambous pour le garder contre les ennemis et contre les tigres.

Une coutume spéciale aux Dayaks, et aux Alfourous, est la « chasse aux têtes ». Dans beaucoup de tribus de l'intérieur de l'île un jeune homme ne peut trouver à se marier tant qu'il n'a pas présenté quelques têtes humaines à sa fiancée.

« Lorsqu'un Dayak a fait vœu d'offrir une tête, raconte Mme Ida Pfeiffer, il se met en embuscade dans l'herbe des jungles ou sous des feuilles sèches et guette sa victime des journées entières. Quelque être humain que ce soit, homme, femme ou enfant, qui approche, il lui décoche un trait empoisonné, puis s'élance sur lui comme le tigre sur sa proie, détache d'un seul coup de sabre la tête du tronc. Cette tête, mise dans un panier destiné particulièrement à cet usage et orné de cheveux d'homme, est rapportée dans la tribu. »

En revenant à l'habitation, il annonce son triomphe en sonnant de la conque marine qui est son cor de chasse. Alors les enfants et les femmes viennent à sa rencontre et lui font une ovation.

Le coupeur de tête reçoit des louanges hyperboliques sur la valeur et le courage dont il a fait preuve et les anciens de la tribu cherchent par tous les moyens possibles à exciter la jalousie dans l'âme des jeunes gens pour les déterminer à mériter d'aussi flatteuses distinctions.

Puis on porte en grande pompe la tête sanglante à la case du chef, et avant de la suspendre sur le devant de l'habitation on en fait sucer le sang par les enfants pour qu'ils y puisent le courage.

L'importance d'un chef peut se mesurer à la longueur de la guirlande de têtes suspendues à l'entrée de sa case (fig. 94). Souvent ces crânes sont décorés d'incrustations et d'arabesques très artistiques.

« Ni la soif du carnage, ni le désir du meurtre, ni aucun esprit de vengeance, dit Temminck, ne les porte à couper les têtes : ils ne sont pas non plus anthropophages. Une superstition héréditaire, passée en coutume, les fait commettre ces actes qu'ils croient méritoires. »

Les *Battaks* de Sumatra, chez qui la chasse aux têtes semble être inconnue, pratiquent par contre une anthropophagie mitigée que les ethnographes appellent le *cannibalisme judiciaire*. L'adultère, le traître à la patrie, le bandit, sont mangés vivants *au jus de citron*. Le coupable, attaché à un arbre, reste quelque temps exposé aux regards de la tribu ; puis, à un signal donné, tous se jettent sur lui et arrachent ses membres palpitants qu'ils dévorent immédiatement. L'offensé ou à son défaut ses parents, ont le droit de choisir les premiers morceaux. Les assistants, qui viennent ensuite, mettent quelquefois tant de passion à se disputer les lambeaux de chair qu'ils se blessent les uns les autres dans la bagarre.

Chez quelques tribus de l'intérieur de Sumatra, l'*anthropophagie par piété filiale* est encore en usage. Les enfants, voyant leurs parents devenir vieux ou malades, convoquent leurs amis ; au jour fixé, le vieillard se rendant aux désirs des invités, monte sur un jeune arbre qu'aussitôt tous les assistants entourent et secouent en cadence et en chantant : « La saison est venue, le fruit est mûr, il faut qu'il tombe ! » Le pauvre impotent lâche prise ou descend volontairement ; les parents le mettent alors à mort et mangent avec recueillement sa viande crue, trempée simplement dans un mélange de jus de citron et de sel ; on a soin d'apporter cette sauce toute préparée dans une noix de coco. Boudyck ayant essayé de leur faire quelques observations sur cette sauvage coutume, reçut cette réponse étonnante : « que c'était là un acte de grande piété, et qu'il était certainement préférable d'être mangé cérémonieusement par ses semblables que d'être rongé par les vers ! »

« En aucune autre circonstance, le Battak ne montre de penchant décidé à manger de la chair humaine, ni même celle des prisonniers de guerre. Par conséquent, on ne peut dire qu'il soit anthropophage. Aussi l'administration coloniale n'éprouve-t-elle pas de résistance sérieuse à interdire ces exécutions barbares, qui n'ont plus lieu maintenant que dans les localités les moins accessibles des vallées solitaires. » (Temminck.)

Ces populations à coutumes féroces, Dayaks et Battaks, ont une réputation incontestée de sincérité, de franchise et de honnêteté, qui contraste avec la fourberie reconnue de leurs voisins plus civilisés Malais et Chinois.

Ils vivent en sociétés organisées sous des chefs héréditaires, et obéissent aux règlements d'une sorte de code ; ils sont généralement monogames et traitent bien leurs femmes. Dans le partage des travaux de la famille, ils se réservent toujours la part la plus pénible.

On ne peut même pas les accuser de manquer de religion. Ils croient à un dieu, *Diebata*, qui séjourne au septième ciel. Le sixième est réservé aux âmes bénites des nobles, tandis que celles des gens du commun ne montent que jusqu'au troisième. Quant aux méchants, ils sont condamnés à errer éternellement sur la terre.

Quels sont ces méchants ? Évidemment ceux qui n'ont pas observé, leur vie durant, les coutumes sacrées de la nation, qui ont refusé de participer à la chasse aux têtes ou qui ont négligé d'assister aux funérailles de leurs vieux parents, etc.

Madame Ida Pfeiffer termine le récit de son excursion dans le pays des Dayaks par un nouvel éloge de ces populations, qu'elle a trouvées « honnêtes, bonnes et réservées » plus que tous les peuples dont elle avait fait connaissance jusqu'alors. « On m'objectera peut-être poursuit-elle, que couper des têtes et conserver des crânes ne sont pas précisément des marques de bonté ; mais

Fig. 94. — Habitation des Dayaks de Bornéo (d'après une photographie).

SAUVAGES PIANS.
(D'après une photographie.)

il faut considérer que cette triste coutume est plutôt le résultat d'une profonde ignorance et d'une grande superstition. »

Les *Tagales* des Philippines se différencient des Malais de Java et de Sumatra, par la facilité étonnante avec laquelle ils ont accepté la religion catholique. Faut-il en conclure qu'ils sont d'une race spéciale?

Jusqu'à présent les anthropologistes ne sont pas d'accord sur le groupe auquel il convient de rattacher ces populations. Les linguistes voient en eux des Malais; ils appuient cette opinion sur les ressemblances de la langue tagale avec le dialecte des Howas de Madagascar.

M. de Quatrefages, au contraire, enseigne que les Tagales sont des Indo-Chinois. La théorie du docteur Harmant, qui a trouvé des analogies linguistiques entre le malais et le langage des populations sauvages du Cambodge, les *Charais*, *Piaks*, etc., tend à concilier les deux opinions, en attribuant aux Malais une origine indo-chinoise.

Nous n'entrerons pas dans les considérations ethnologiques du savant explorateur; bornons-nous à faire remarquer la grande ressemblance physique que les Piaks du Me-Kong présentent avec les Indonésiens du type le plus pur (Pl. VII).

LES NÉGRITOS.

Un grand nombre d'îles de l'Archipel indien contiennent une troisième race tout à fait différente des Malais et des Indonésiens et à laquelle les Espagnols des Philippines ont donné le nom de *Négritos*, petits nègres, à cause de leur peau noire et de leur taille extrêmement petite (inférieure à 1^{m},50). Ils diffèrent des Nègres d'Afrique et des Papous par la forme de leur crâne qui n'est pas allongé, mais rond, large, brachycéphale. Leurs lèvres sont aussi moins épaisses et moins proéminentes. La couleur de leur peau et la petitesse de leur taille ont été cause qu'on a cherché à les rattacher aux Akkas du centre de l'Afrique et aux Bochimans du Cap.

La plupart des peuplades négritos ayant adopté le langage des nations qui les entourent, la linguistique ne peut être d'aucun secours dans la solution de ce problème. L'anthropologie anatomique n'a pas non plus, jusqu'à présent, réuni un nombre suffisant de documents pour intervenir. La question reste donc pendante.

Par contre, l'hypothèse qui réunit en une même race les Négritos des Philippines (appelés aussi *Aétas*) et les habitants des îles Andamans ou *Mincopies*, est aujourd'hui universellement admise. On croit retrouver dans ces populations les restes dispersés d'une des races primitives du globe. Peut-être qu'à une époque reculée, les îles Philippines étaient réunies à Bornéo, à Sumatra, à la presqu'île Malacca et aux îles Andamans, et que cette partie de continent était uniformément peuplée de Négritos? On ne peut guère expliquer autrement la présence dans ces îles d'une population semblable par le physique autant que par les mœurs, et ignorant en général la navigation.

Le trait dominant de leur caractère est la crainte et la haine de tout visage nouveau. « Ils sont faux, perfides, écrit le colonel Tiller en parlant des *Andamanites;* les étrangers ont beaucoup de peine à entrer en rapport avec eux, et presque toujours ces rapports amènent l'effusion du sang. »

L'arc est la seule arme de ces noirs. Dès l'âge de quatre à cinq ans, les enfants s'y exercent avec de petites flèches, et à huit ans, ils accompagnent leurs pères à la chasse du cochon dans les jungles. « Il est extrêmement curieux, raconte M. de La Gironière, de voir ces sauvages partir pour la chasse : hommes, femmes et enfants marchent tous ensemble, à peu près comme une troupe d'orangs-outangs qui va à la picorée. »

Les Négritos sont toujours entièrement nus; on ne peut, en effet, qualifier de costume la ceinture ou la corde qu'ils portent quelquefois autour de la taille. Pour se préserver des moustiques, ils se couvrent le corps d'une couche de boue; enfin ils pratiquent quelque peu le tatouage. Les Andamanites ont la curieuse coutume de se raser les cheveux de très près, au moyen d'éclats de silex.

On ne trouve chez les Andamanites ni mariage ni famille; les enfants ignorent leurs pères et sont regardés comme les enfants de la tribu. Quelquefois, une union temporaire s'établit entre un homme et une femme, mais le sevrage des enfants y met toujours un terme.

Les Aétas, d'après M. de la Gironière, sont sous ce rapport bien plus avancés. « Quand un jeune homme a fait son choix, écrit-il, ses amis ou ses parents font la demande de la jeune fille. Dans aucun cas ils n'éprouvent un refus. On choisit un jour; le matin de ce jour, avant que le soleil soit levé, la jeune fille est envoyée dans la forêt; là, elle s'y cache ou ne s'y cache pas, selon le désir qu'elle a de s'unir à celui qui l'a demandée. Une heure après, le jeune homme est envoyé à la recherche de sa fiancée; s'il a le bonheur de la trouver et de la ramener vers ses parents avant le coucher du soleil, le mariage est consommé et elle est sa femme pour toujours. Si, au contraire, il rentre au camp sans elle, il ne peut plus y prétendre. »

Les Négritos, qu'ils soient originaires des îles Philippines, de Bornéo ou des îles Andamans, n'ont aucune idée de la divinité. Leur évolution religieuse semble s'être arrêtée à la croyance de la survivance après la mort. Les Andamanites en toilette portent autour du cou un grand collier formé avec les crânes de leurs parents.

Les Aétas enterrent leurs morts en ayant soin de suspendre au-dessus du tombeau l'arc et les flèches du défunt. Ces sauvages, qui n'ont aucune idée d'un dieu, sont persuadés que le mort sort chaque nuit de sa tombe pour aller à la chasse. N'est-on pas autorisé à voir dans cette croyance les premiers pas vers une religion future?

Les tentatives des Européens pour civiliser ces populations n'ont donné jusqu'à présent qu'un résultat très minime. A Port-Blair, dans les îles Andamans, les Anglais ont disposé pour les indigènes une sorte de refuge où ils peuvent toujours trouver un abri et de la nourriture. Un certain nombre de clans ont pris l'habitude de venir s'y remplir le ventre, mais ils s'éloignent aussitôt leur appétit satisfait. Si l'on cherche à les soumettre à une existence un peu plus civilisée, raconte le colonel Titler qui a vécu parmi eux, ils ne tardent pas à tomber malades et à mourir!

Les Négritos, relégués aujourd'hui dans les points inaccessibles de l'archipel malaisien et de ses dépendances, n'ont pas été sans laisser de nombreux métis dans les populations qui les ont remplacés. C'est ainsi que les montagnards de la péninsule malaise, les *Semangs*, les *Binouas*, les *Jakuns*, etc., combinent, dans une proportion plus ou moins forte, les caractères des Malais avec ceux des Négritos.

M. Favre, qui a étudié sur place les Jakuns, déclare que « jamais nation ne présenta une aussi grande variété de physionomies ». Notre gravure (Pl. VIII), reproduite d'après une photographie, fait naître la même impression. La plus grande des deux femmes, à droite de notre planche, a un type malais bien caractérisé, tandis que la petite rappelle le négrito par ses cheveux crépus et par sa peau plus foncée. Mais aucun n'a le type noir aussi accentué que le guerrier debout, à gauche. Quoiqu'il se tienne très droit, il a près d'une tête de moins que son voisin. Son crâne semble large, son nez est épaté et ses lèvres épaisses. La férocité brille dans ses yeux, ses sourcils sont contractés et il semble tout prêt à se servir de la longue lance qu'il tient à la main.

Les trois personnages assis au premier plan décèlent la même origine, mais d'une façon moins accentuée; tandis que l'individu du milieu qui s'appuie sur une branche, s'approche davantage du type malais par sa grande taille, ses cheveux lisses et sa peau plus claire.

Des traces de sang négrito apparaissent de même, mais avec un caractère de plus en plus effacé, à l'ouest dans l'Inde, et à l'est dans l'île Formose et dans le Japon méridional.

LES JAKUNS DE LA PÉNINSULE MALAISE.
(D'après une photographie.)

QUATRIÈME PARTIE

SUR QUELQUES PEUPLES DE L'ASIE ET DES RÉGIONS BORÉALES.

L'Asie est considérée comme le berceau de la civilisation, sinon de l'humanité, et l'ancienneté des sociétés chinoises, indiennes, assyriennes, etc., a renversé toute la chronologie biblique.

Quoique ce continent compte encore dans son sein bien des peuples sauvages ou barbares, ces populations ont joué un rôle trop important dans l'histoire des nations civilisées pour qu'on puisse les étudier séparément avec fruit. Aussi ne parlerons-nous dans ce chapitre que des Veddahs de Ceylan, et des Aïnos du Japon que la position géographique de leur pays a, en partie, soustraits aux influences civilisatrices.

I. — LES VEDDAHS.

L'île de Ceylan est habitée aujourd'hui par trois races indigènes : au nord, une population tamoule ou dravidienne ; au sud, quelques centaines de mille de Singhalais qui y pénétrèrent vers l'an 500 avant notre ère ; enfin, dispersés dans les forêts du sud-est, quelques milliers de Veddahs, les seuls dont nous ayons à nous occuper ici.

Les Veddahs forment une des populations les plus misérables du globe. Ceux qui errent loin des villages singhalais, sont conplètement nus, et n'ont aucune habitation. Ils couchent dans le creux des rochers ou au pied des arbres. « Dans ce dernier cas, afin d'écarter les bêtes féroces ou d'être avertis de leur approche, ils entourent d'épines et de branchages la place qu'ils occupent. Au moindre bruit qu'ils entendent, ils grimpent sur l'arbre avec une étonnante légèreté. » (Percival.)

Ils se nourrissent de miel, de lézards et des quelques singes et sangliers qu'ils peuvent atteindre de leurs flèches.

Ils ne se marient qu'entre eux, sans aucun rite, mais n'ont d'habitude qu'une seule femme. La pauvreté de leur existence ne leur permettrait guère d'entretenir autour d'eux une nombreuse famille : on se tromperait beaucoup en attribuant leur monogamie à une délicatesse de sentiments.

Ils n'ont aucun vestige de culte, aucune idole, aucun respect pour les morts.

Les Veddahs qui vivent près des établissements singhalais, ont adopté un procédé bizarre et souvent décrit pour se procurer les quelques objets, haches, couteaux, etc., dont ils apprécient la valeur. Pour rien au monde, ils ne se risqueraient le jour dans un village ; quand ils ont l'intention de faire un échange commercial, ils font un modèle de ce qu'ils désirent avec des feuilles d'arbre ; puis ils vont la nuit pendre ce signal, accompagné de quelques pièces de gibier, à l'habitation d'un singhalais. Celui-ci, en apercevant le matin ce que le Veddah a déposé à sa porte, se hâte de se procurer l'objet indiqué et le place la nuit suivante au même endroit où était la viande.

Naturellement l'échange est toujours à l'avantage du singhalais ; si pourtant le marché était refusé, ou si le Veddah se considérait comme volé, il ne manquerait pas de se venger en occasionnant quelques dégâts à son correspondant infidèle. Ce cas excepté, les Veddahs sont des êtres inoffensifs.

Leur langue est peu connue. La plupart des auteurs, tout en constatant son extrême pauvreté, la rattachent aux langues aryennes. Si cette filiation venait à être confirmée, elle n'éclaircirait en rien le problème de l'origine ethnique des

Veddahs que de nombreux caractères physiques séparent des Indo-Européens.

Leur taille moyenne ne dépasse 1^{m},50 que de quelques centimètres. Leur physionomie est dépourvue d'expression et semble privée du rire. Leur teint est cuivré, le crâne remarquable par son peu de capacité et son extrême dolichocéphalie. La forme de leur tête est aussi allongée que celle des Néo-Calédoniens, quoique encore moins volumineuse. Leurs cheveux sont lisses, ce qui les sépare à la fois des Papous aux cheveux crépus, et des Négritos, d'ailleurs brachycéphales.

Les quatre ou cinq mille Veddahs que contient encore l'île de Ceylan restent donc jusqu'à présent une race isolée sur la terre, sans relations immédiates avec aucune des grandes familles humaines.

II. — LES AÏNOS.

Les Aïnos sont une des races asiatiques restées en dehors de la civilisation, qui ont le plus intrigué les ethnologistes. La forme presque européenne de leur visage les faisait regarder, au siècle dernier, comme un rameau de la race blanche. Aujourd'hui, on s'accorde pour en faire, sous le nom de *race kourilienne*, un des éléments constitutifs des peuples de l'extrême Orient.

Ils habitent l'île Ieso et les îles Kouriles. On en rencontre encore quelques-uns à l'embouchure du fleuve Amour et dans l'île Tarrakaï qui lui fait face.

La taille des Aïnos est au-dessous de la moyenne. Leur teint a été comparé par La Pérouse à celui des Algériens. D'autres voyageurs leur attribuent une coloration plus foncée, qui rappelle, disent-ils, celle de l'*écrevisse non cuite*. Ils n'ont ni les pommettes proéminentes, ni les yeux obliques des Mongols. Leur nez est saillant et se termine en boule assez prononcée (fig. 95).

Leur caractère le plus frappant est le développement extrême de leur système pileux. Tandis que leurs voisins, Mongols, Chinois et Japonais, ont le corps glabre, les Aïnos sont communément velus sur tout le corps, « autant et même plus, disent les explorateurs, que les individus les plus poilus parmi nous ». Ils ont une barbe abondante, qui leur descend souvent jusqu'au milieu du ventre; enfin leurs cheveux sont épais, durs, presque toujours noirs, quelquefois roux, jamais blonds. Cette chevelure pourtant est plantée d'une façon plus espacée que celle des autres peuples : tandis que le Japonais ou l'Européen comptent en moyenne de 250 à 280 cheveux par centimètre carré, les Aïnos n'en ont pas plus de 210.

Fig. 95. — Profil d'Aïnos.

Tous les voyageurs qui ont eu des rapports avec les Aïnos sont unanimes à louer leur caractère doux, paisible, généreux, hospitalier. « C'est le meilleur des peuples que j'ai jamais vus, » écrit Krusenstern. Ils ont un grand fond d'honnêteté. Le lieutenant Holland raconte qu'il donna un jour deux boutons à une jeune fille Aïnos, à la condition qu'elle se laisserait photographier. Au dernier moment, le courage faillit à l'enfant et elle se sauva au loin en criant; mais bientôt elle revint d'elle-même pour rendre les deux boutons, qu'elle sentait ne pas avoir gagnés.

Ils sont toujours d'une grande politesse, entre eux comme envers les étrangers. Pour saluer, ils commencent par se frotter les mains, puis ils les élèvent à la hauteur du front, pour les descendre l'une après l'autre autour de leur barbe qu'ils caressent avec satisfaction.

Les femmes sont bien traitées. La polygamie y est restreinte et le divorce est permis aux deux parties. Les femmes ont la mauvaise habitude de se teindre les lèvres et le tour de la bouche

Fig. 96. — Femme Aïnos et son enfant.

avec le suc bleuâtre d'une plante de leur pays et elles se tatouent les bras et les jambes (fig. 96).

Le costume des hommes diffère peu de celui des femmes, et ne manque pas d'élégance (fig. 97). Les chefs se distinguent par le nombre de tours de leur ceinture.

Ce sont les femmes qui tissent les filets de pêche. Elles emploient pour cet usage des écorces de bouleau. Enfin, elles font sécher les saumons pris par la famille et ramassent certaines algues marines, que les Japonais, très friands de cette substance, échangent contre du tabac, du riz et du fer.

Les Aïnos ne font pas d'agriculture. Leur nourriture de tous les jours se compose de poissons, de racines bulbeuses, de champignons, et quand ils peuvent s'en procurer, de viande de daim.

Ils suspendent sur des pieux, autour de leurs habitations, les

Fig. 97. — Vieux chasseur de Jeso.

crânes du gros gibier qu'ils ont abattu (fig. 98). Ils ne parlent du cannibalisme qu'avec répugnance, quoiqu'ils assurent qu'une tribu des Aïnos n'a renoncé que depuis peu de temps à cette coutume. Leurs armes habituelles sont l'arc et les flèches avec des pointes de fer et d'os.

Leurs huttes construites en bois, en roseaux et en terre, sont groupées en petits villages, sans aucun ordre. Les constructions les plus curieuses sont des espèces de petits hangars élevés sur pilotis de sept ou huit pieds de haut, dans lesquels ils amassent des provisions pour l'hiver (fig. 98).

Ils n'ont pas d'autres animaux domestiques que des chiens que l'on dit fort intelligents.

« Tous les deux ans, on va à la recherche d'un jeune ourson nouveau-né, que l'on amène dans la tribu (fig. 99) ; la femme du personnage le plus honoré le reçoit dans sa maison, l'allaite de son propre lait, et plus tard le met dans une cage où les dévots viennent l'adorer ; puis, lorsqu'il a deux ans, on le tue respectueuse-

Fig. 98. — Maison de provisions des Aïnos.

ment à coups de flèches, et on le met au rang des dieux. » (Broca.)

Les Aïnos élèvent aussi par superstition des aigles et des hiboux. Les poils dont ils sont couverts et leur culte pour l'ours ont inspiré aux Japonais diverses légendes sur l'origine de leurs voisins.

Ils adorent tous les produits de la nature et leur font des sacrifices. Quand ils traversent des défilés, ils offrent aux dieux de la montagne une prise de tabac. Quand ils boivent, ils font jaillir de leurs lèvres quelques gouttes de breuvage en l'honneur des esprits, *des kamoui*. « Donnez à un Aïnos à écouter votre montre, dit Dobrotowski, et demandez-lui ce qui frappe là-dedans, il vous répondra : kamoui!... »

Ils croient à la vie future ; l'âme se rend dans le *pahno-kotan* (le village d'en bas). Les bons y jouissent de tous les plaisirs du paradis de Mahomet. Les mauvais y sont torturés. L'ours, le lion et le veau marin partagent avec l'homme le privilège de l'immor-

Fig 99. — Guerrier Aïnos menant un ours.

talité. Les autres animaux n'ont pas accès dans le paradis et meurent entièrement.

Depuis longtemps les Aïnos sont sous l'autorité des Japonais qui les traitent assez durement et lèvent sur eux un tribut en nature. Ils ont néanmoins gardé leurs chefs patriarchaux distincts, que les officiers Japonais rendent responsables de la conduite de tous.

Les Aïnos sont encore aujourd'hui au nombre de dix à quinze mille. Nul doute qu'ils n'aient, à une époque reculée remontant à plusieurs siècles avant notre ère, occupé des territoires beaucoup plus étendus qu'aujourd'hui. On retrouve dans les basses classes du Japon des types manifestement aïnos. Dans l'île Formose, l'élément aïnos forme encore de nos jours un contraste frappant avec le type mongolique et négrito.

« Les Aïnos, écrivent MM. Dally et Guillard, nous paraissent être les restes d'une population primitive de l'Asie orientale, refoulée par les envahissements successifs de peuples plus jeunes et plus guerriers, enfin chassée de presque tout le continent par les Toungouses et obligée de se réfugier dans les îles voisines de sa première patrie. Ils représentent à l'extrémité de l'Asie ce que sont, à l'extrémité opposée de l'Europe, les Bas-Bretons, les Erses et les Gallois. »

III. — LES ESKIMOS.

Les Eskimos se donnent le nom d'*Innuït*, qui signifie hommes. La désignation d'Eskimos (*Eskimantsik*, mangeurs de viande crue) leur a été donnée par leurs ennemis, les Peaux-Rouges, par allusion à leur ancienne coutume de manger crue la viande qui a été congelée.

On divise les Eskimos en trois groupes, suivant leur habitat : les Eskimos du Groënland, les Eskimos de l'ex-Amérique russe, et les Tchoukchis d'Asie qu'on considère comme étant venus d'Amérique en Asie par le détroit de Behring. Les tribus de ces différentes régions, malgré les distances énormes qui les séparent, ont même type et même langage. Un Eskimo du Groënland comprend le parler d'un Tchoukchis, et réciproquement.

L'Eskimo offre à l'ethnologue des caractères tranchés et faciles à déterminer. Son crâne est plus long que celui du Cafre, son indice céphalique est en moyenne de 71 ; ce qui le place parmi les races les plus dolichocéphales, et le sépare nettement des races mongoliques à têtes larges, dont il se rapproche par les traits de sa face et notamment par ses yeux bridés. Son visage est plat et presque circulaire, plus large aux pommettes qu'au front, lequel va en se rétrécissant ; la couleur de sa peau est d'un jaune sale ; il a des joues grosses, potelées, rebondies, une bouche large, toujours béante, à lèvre inférieure pendante. Un menton épilé ou une petite barbe de bouc claire et roide comme sa chevelure achève de lui donner un aspect asiatique peu agréable (fig. 100).

Ses pommettes sont quelquefois si saillantes et son nez si réduit, que King a pu poser une règle horizontale au travers du visage de quelques Eskimos, sans que celle-ci touchât le nez. Ses cheveux gros, cassants, d'un noir d'ébène, ressemblent à ceux des Américains ; il les coupe carrément au-dessus des yeux.

Les Eskimos sont d'une taille peu élevée : 1m,58 en moyenne. Les métis de Danois et Groënlandais, que l'on rencontre assez souvent, sont plus grands (fig. 100, à droite). Un caractère anatomique qui leur est particulier est la petitesse de leur grande envergure par rapport à leur taille. On sait que la grande envergure (ou longueur maximum qu'un homme puisse atteindre en étendant les bras en croix) est supposée par les artistes égale à la hauteur, chez tout individu réalisant l'idéal plastique. En réalité, les Français atteignent presque toujours, en étendant les bras horizontalement, une longueur supérieure de cinq, dix et quelquefois vingt centimètres à leur taille. Chez les nègres, la longueur des bras augmente encore. L'Eskimo, d'après le petit nombre d'observations recueillies jusqu'à ce jour, semblerait au contraire avoir une grande envergure inférieure de plusieurs centimètres à sa hauteur déjà si minime. C'est là une différence capitale qui, jointe à son extrême dolichocéphalie, suffirait à elle seule pour faire reconnaître un squelette d'Eskimo entre beaucoup d'autres de différentes races.

Les femmes, grasses et corpulentes, ont le teint plus blanc,

Fig. 100. — Une famille d'Eskimos au Jardin d'acclimatation de Paris.

les joues plus colorées et les traits plus délicats que leurs maris. Leurs yeux sont moins bridés que ceux des hommes (R. P. Petitot). Leurs cheveux sont relevés sur la tête en un chignon assez original. Aussitôt qu'elles sont nubiles, elles sont tatouées à la figure, principalement à la bouche, au menton et sur le front.

Le reste du costume est le même chez les deux sexes, et bien conditionné pour les protéger contre les basses températures du pôle; bottes hautes, culotte, veste et bonnet fourrés en peau de phoque, les couvrent des pieds à la tête.

Les collines dénudées et le climat rigoureux des régions arctiques leur interdisent toute tentative de culture. L'élevage du renne qui est la grande ressource des Lapons, leur est inconnu et n'est peut-être pas possible chez eux. Leurs uniques moyens d'existence reposent sur les produits de la pêche et de la chasse.

Toute leur intelligence et toute leur énergie, qui est extrême, se sont tournées de ce côté. Ils se construisent pour leurs expéditions des pirogues appelées *kayaks*, qui sont de vrais chefs-d'œuvre d'industrie et que nous avons imitées dans nos périssoires. Longues de 5 mètres au moins, elles ont tout au plus 40 centimètres de large et 30 de hauteur. Elles sont fermées de toutes parts excepté au centre où elles présentent une ouverture circulaire qui peut s'ajuster hermétiquement à l'homme. Ces frêles embarcations n'ont aucun lest, ce qui n'empêche pas l'Eskimo de les diriger avec la plus grande aisance au moyen d'une double pagaie, et d'affronter sur elles les plus gros temps.

Ce qu'il y a de plus étonnant dans ces embarcations, c'est que dans la fabrication de beaucoup d'entre elles, n'entre pas un morceau de bois. Leur pays désolé n'en produisant pas, les Eskimos ne connaissent cette matière que par les troncs d'arbres que les courants de la mer poussent sur leurs rivages. C'est aux produits mêmes de leur chasse qu'ils empruntent tout ce qu'il leur faut pour leur industrie primitive : les côtes des baleines qu'ils arrivent à capturer leur servent à construire la carcasse de leurs embarcations, qu'ils recouvrent ensuite de cuir de phoque tendu comme la peau d'un tambour; les os effilés du morse arment la pointe de leurs flèches ou de leurs harpons ; ces harpons sont eux-mêmes reliés par une longue cordelette de peau de phoque à une vessie pleine d'air. Lorsqu'un amphibie frappé par le chasseur se réfugie dans les profondeurs de la mer en emportant dans son flanc le harpon qui l'a percé, la vessie le suit dans sa course en surnageant et indique d'avance la place où il va émerger pour reprendre sa respiration.

Les procédés des baleiniers européens et américains qui dépeuplent les mers polaires ont été rendus beaucoup plus meurtriers par des perfectionnements de détail dus à notre industrie, mais la méthode est restée celle des Eskimos.

Pour voyager sur terre, l'Eskimo se sert d'un traîneau dont les patins sont construits également avec des côtes de baleine à défaut de bois. Son attelage, composé d'une dizaine de chiens à moitié sauvages, file sur la neige avec une vitesse vertigineuse.

Lorsque le commerce avec les Européens leur procure du fer, dont primitivement ils ignoraient l'usage, ils s'en servent avec intelligence pour améliorer leurs instruments de pierre ou d'os (fig. 101).

L'objet le plus précieux aux yeux d'un Eskimo est le fragment de pyrite ferrugineuse dont les étincelles lui servent à allumer sa lampe. Si jamais le feu a été utile à l'homme, c'est bien dans les pays hyperboréens !

Le genre d'habitation des Eskimos leur appartient en propre et se rapproche plus de la tanière du lapin que d'une maison européenne. Le Dr Bordier, dans son étude sur les Eskimos publiée dans les mémoires de la Société d'Anthropologie, en fait la description suivante :

« Leur maison est composée d'un monticule en terre gazonnée, de forme carrée et rappelant assez nos travaux de fortifications ; on y entre par une porte basse donnant accès dans un couloir étroit et fort bas, dans lequel le Groënlandais lui-même, malgré sa petite taille, est forcé d'entrer en rampant. L'unique chambre dans laquelle ce couloir aboutit, et dont le sol se trouve plus bas que le sol environnant, est aérée par un orifice placé à la partie supérieure; elle est éclairée par deux ouvertures hermétiquement fermées par des bandes cousues ensemble d'une sorte de baudruche, faite avec l'intestin du phoque. Cette sorte de vitrage immobile tamise dans la chambre une lumière très suffisante et semble du dehors complètement opaque. »

L'odeur nauséabonde de ces cabanes en rend le séjour, même momentané, impossible aux Européens. Le lieutenant Bellot, qui

Fig. 101. — Objets des Eskimos.

1, gant en fourrure armé de griffes d'ours. — 2, couteau en os pour nettoyer les barques. — 3, cuillère à puiser. — 4, cuillère en os pour l'usage de la table. — 5, étuis en os représentés avec des faisceaux du fil employé et fabriqué avec des boyaux d'oiseaux. — 6, petit hameçon en os avec plusieurs pointes en fer à sa partie inférieure.

prit sur lui d'en visiter une, raconte dans son journal qu'il a dû faire appel, en cette occasion, à toute son énergie ! — Dans le couloir qui conduit à la hutte et dans la hutte elle-même, le sol est couvert d'une boue infecte de neige fondue amalgamée de morceaux de poisson pourri, de sang caillé et de détritus de toute sorte.

Leur figure enduite de graisse de phoque n'est jamais débarbouillée ; « les femmes semblent plus réfractaires encore au contact de l'eau, écrit M. Charles Edmond ; un morceau de savon que l'un de nous eut l'ironie d'offrir à un groupe de jeunes Groënlandaises fut divisé en morceaux égaux et mangé séance tenante par ces demoiselles ! »

Leur gloutonnerie égale leur saleté ; là encore nous devons voir une influence directe de leur pays glacé sur leur organisme. Pour continuer à y brûler, la lampe humaine a besoin d'une quantité énorme de combustible. Aussi leur appétit dépasse-t-il la voracité des loups affamés. Une quinzaine de livres de saumon constitue pour eux un déjeuner fort modeste. L'animal capturé est-il considérable, une baleine par exemple, ils taillent dans celle-ci de longs rubans de graisse crue qu'ils s'introduisent dans la bouche par un bout, et ils avalent peu à peu ces longues bandes en mâchant continuellement (Ollivier).

Lyon, dans son journal de voyage, fait la description suivante d'un Eskimo en partie fine : « Il avait mangé jusqu'à en être ivre et à chaque moment il s'endormait, le visage rouge et brûlant, la bouche ouverte. A côté de lui était assise Arnaloua (sa femme), qui surveillait son époux pour lui enfoncer, autant que faire se pouvait, un gros morceau de viande à moitié bouillie dans la bouche, en s'aidant de son index ; quand la bouche était pleine, elle rognait ce qui dépassait les lèvres. Lui, mâchait lentement, et à peine un petit vide s'était-il fait sentir, qu'il était rempli immédiatement par un morceau de graisse crue. Durant cette opération, l'heureux homme restait immobile, ne remuant que les mâchoires et n'ouvrant même pas les yeux ; mais il témoignait de temps à autre son extrême satisfaction par un grognement très expressif, chaque fois que la nourriture laissait le passage libre au son. La graisse de ce savoureux repas ruisselait en telle abondance sur son visage et sur son cou, que je pus me convaincre qu'un homme se rapproche plus de la brute en mangeant trop qu'en buvant avec excès. »

Hors des cas très rares et réprouvés par l'opinion publique des Eskimos, le cannibalisme est inconnu chez eux.

L'organisation sociale des Eskimos est fort curieuse et offre un régime de communauté des plus prononcés (Dr Letourneau). Les familles se réunissent en petites sociétés, qui habitent en commun, sans toutefois se mélanger entièrement, et qui exploitent en association une étendue limitée de terrain. D'anciens usages remplacent le code et sont toujours consciencieusement observés. C'est ainsi que tous les gros animaux dont on s'empare sont distribués en parts égales entre tous les associés, car il est admis qu'il est impossible à un seul homme de s'en rendre maître.

Un Eskimo possède-t-il des objets dont il ne peut se servir en même temps, plusieurs kayaks, par exemple, il est obligé de prêter son superflu à ses associés qui ne sont pas suffisamment pourvus; le propriétaire primitif ne peut même pas prétendre à un dédommagement pour des dégâts éventuels.

Il y a pourtant des familles d'Eskimos qui repoussent cette communauté et qui, pour s'en affranchir, vont s'établir en dehors du district.

L'Eskimo se fait généralement remarquer par la douceur de son caractère ; sa femme est relativement bien traitée. La polygamie n'est admise chez lui que lorsque la première épouse est stérile.

Les jeunes Eskimos, adorés par leurs mères, s'amusent, dès qu'ils peuvent courir seuls, à bâtir de petites huttes de neige, semblables à celles de leurs parents, qui ont soin à cette occasion de leur donner de petites lampes avec des mèches pour les éclairer ; les petites filles ont des poupées pour jouer à la maman ; les garçons tirent avec de petits arcs et des flèches sur des chiens et des morses en bois (fig. 102).

Le premier phoque en chair et en os que tue un jeune homme est l'occasion d'un festin. Les invités ont le devoir de louer la qualité de la chair de la bête tuée, et de commencer immédiatement à s'occuper de la fiancée que le jeune chasseur pourrait bien choisir (Charles Edmond). La beauté physique de la future ne les occupe guère : les femmes les plus laides à nos yeux trouvent toujours à se marier.

Les peuplades du Groënland sont les seules à avoir des idées précises sur le rôle de l'homme dans la nature : tout être animé aurait deux âmes : la *respiration* et l'*ombre*. La nuit, une de ces âmes quitterait souvent le corps pour aller chanter et danser avec des âmes d'amis vivants ou défunts, ou encore avec des âmes de chien et de gibier. — Il semble ici bien nettement indiqué que

Fig. 102.

1 et 2, jouets d'enfants en bois sculpté teint, représentant un phoque et un chien. — 3, couteau pour dégraisser les peaux de phoques. — 4, ceinture de chasse en peau de phoque avec médaillon d'ivoire. — 5, tabatière en peau de phoque. — 6, lampe en obsidienne. — 7, hameçons en os avec pointes de fer. — 8, bouppe pour chasser la vermine.

c'est par l'interprétation des songes que ces tribus d'Eskimos sont arrivées à leur conception de l'âme (Charles Edmond).

Après leur mort, les méchants, les mauvais chasseurs et en général tous ceux qui ont été malheureux pendant leur vie, montent au ciel, où ils sont tourmentés par la faim et exposés à la neige et au froid perpétuel. Les bons, au contraire, les courageux, ceux qui se sont noyés ou qui ont été heureux pendant leur vie, descendent dans un élysée situé sous la terre, où il fait toujours chaud, et où l'eau potable, les oiseaux de mer et surtout les phoques sont en abondance. A l'envers des chrétiens, les fatalistes Eskimos croient que le bonheur suit nécessairement dans l'autre monde les heureux de cette terre.

Fig. 103 et 104. — Fac-simile de dessins exécutés par un artiste Eskimo (Episodes de l'histoire du Groenland).

« On plaint les âmes qui sont forcées d'entreprendre le suprême voyage par un froid hiver ou par la tempête. Il est si facile à une âme frêle de s'endommager en chemin ! » (Charles Edmond.) Les cinq premiers jours qui suivent le décès d'un Eskimo, on ne fait pas de travaux bruyants, pour ne pas entraîner l'âme du voyageur à regarder derrière elle et à s'égarer ainsi dans sa route

Ils croient à un déluge universel et en trouvent les preuves dans les ossements de grands cétacés qu'ils rencontrent sur les montagnes. Un seul Eskimo sauvé de la catastrophe aurait, en frappant le sol du pied, fait jaillir une femme, qui aurait repeuplé le monde.

D'autres légendes plus modernes semblent se rapporter aux guerres que les Eskimos soutinrent contre les premières colonies scandinaves, du xe au xve siècle. Des dessins dus à des artistes eskimos reproduisent quelques épisodes de ces luttes. La barbe touffue et le costume qui distinguaient les envahisseurs y sont fidèlement indiqués (fig. 103 et 104).

L'aptitude pour le dessin n'est pas une exception chez les Eskimos et ils ornent souvent leurs instruments de chasse d'esquisses assez gracieuses. Ils sont sous ce rapport beaucoup plus intelligents qu'on ne le croirait à première vue. Beechey reconnaît qu'une carte des côtes dessinée par un Eskimo sur le sable, avec des pierres pour indiquer les montagnes, lui a été de la plus grande utilité pour s'orienter.

Ils sont du reste très complaisants pour les voyageurs qu'ils secourent de leur mieux et, ce qu'il y a de plus étonnant, avec une politesse qui n'exclut pas une certaine hauteur. Un jour que le missionnaire P. Petitot cherchait à leur exprimer la pitié que leur malheureux sort lui inspirait, l'un d'eux lui répondit dignement : « Mon bon frère, je suis encore moins malheureux que toi. Songe que c'est moi qui chasse pour toi, et qui pourvois à ta subsistance ! »

Tous les ethnographes sont d'accord sur ce point que les Eskimos s'étendaient, à une époque récente, beaucoup plus au sud, jusqu'en Terre-Neuve, peut-être même plus bas encore, jusque dans le Massachusetts, et ont été repoussés dans les contrées glacées et peu enviables des régions polaires par la race plus énergique des Peaux-Rouges.

On a retrouvé dans ces provinces des ustensiles et des squelettes ayant manifestement appartenu à des Eskimos. L'histoire des premières colonies danoises du Groënland, conservée dans les *sagas* islandaises, parle du pays de Vinland (qu'on croit être le Massachusetts), comme habité par les Eskimos, que les Scandinaves n'auraient certes pas confondus avec les Peaux-Rouges. Au

Fig. 105. — Un Samoyède.

XIe siècle, les Eskimos auraient donc encore disputé ces territoires aux Algonquins (Dr Bordier).

Mais pourquoi un peuple si industrieux a-t-il succombé dans cette lutte pour l'existence contre les farouches Peaux-Rouges?

La cause doit en être attribuée sans conteste à leur manque de cohésion et de sentiments guerriers. Parry, par exemple, n'a jamais pu leur faire comprendre qu'il y avait des chefs, des officiers et des matelots dans son équipage. Leurs petites communautés, où régnait l'égalité la plus parfaite, rendaient peut-être l'homme plus heureux, mais elles étaient incapables de tenir tête aux hordes guerrières des Peaux-Rouges. Les nations qui ont à lutter contre des ennemis et qui veulent vivre doivent avoir une organisation politique.

IV. — LES SAMOYÈDES ET LES LAPONS.

Les Eskimos d'Asie ont pour voisins à l'ouest les *Jakutes* et les *Toungouses*. Puis viennent les *Samoyèdes*, dans les bassins de l'Obi et de l'Iénisséi (fig. 105).

Toutes ces peuplades mènent le même genre de vie que les Eskimos. Mais leurs langues et la forme globuleuse de leur crâne les distinguent de ces derniers et les font rattacher par les ethnologistes aux races *touraniennes* ou *ouralo-altaïques*.

Ce nombreux groupe humain, qui peuple tout le nord de l'Asie et une partie de l'Europe, compte parmi ses membres des peuples qui, comme les Finnois et les Hongrois, ne le cèdent à aucun autre sous le rapport de la civilisation. La description détaillée de cette famille et de ses principales subdivisions ne saurait donc prendre place dans cet ouvrage.

Nous en dirons autant des Lapons qui habitent, comme on sait, au nord de la presqu'île scandinave, et qui étaient restés jusqu'à ces derniers temps le seul peuple nomade de l'Europe (fig. 106).

Par la langue, les Lapons se rattachent à la famille *ouralo-altaïque*. Mais leur parler d'aujourd'hui est-il le même que celui de leurs ancêtres qui ont laissé des vestiges de leurs habitations et de leur industrie jusque dans le nord de l'Allemagne? Les cheveux châtains, qui sont les plus fréquents chez les Lapons, indiquent peut-être un ancien mélange entre des populations blondes et noires, l'une et l'autre brachycéphales d'ailleurs.

Fig. 106. — Un Lapon.

Telles qu'il nous est donné de les observer, les peuplades de la Laponie sont, de toutes les populations modernes, celles qui se rapprochent le plus de la race fossile de Grenelle. C'est un des types du vieil âge, et à coup sûr le plus curieux de l'Europe moderne.

Peut-être faut-il voir en lui un des ancêtres des races françaises et de notre civilisation ? N'a-t-on pas prouvé qu'à l'époque prodigieusement reculée du type de Grenelle, les habitants de la France avaient déjà domestiqué le renne !

Aujourd'hui, les Lapons réduits au nombre de vingt-six mille, dont deux mille encore nomades (J. Bertillon), sont destinés à être absorbés rapidement par les populations plus vigoureuses de la Suède et de la Norvège. Ils subiront en cela la loi fatale que nous avons vu triompher chez tant de peuples et qui veut que, sans égard pour les services rendus, sans respect pour les droits acquis, la race la plus faible cède la place à la plus forte.

Les *races sauvages* que l'insalubrité de leur habitat ne protège pas contre l'invasion des Européens ou des Asiatiques auront cessé d'être d'ici un siècle, et la lutte éternelle continuera entre les *races dites civilisées*.

TABLE DES MATIÈRES

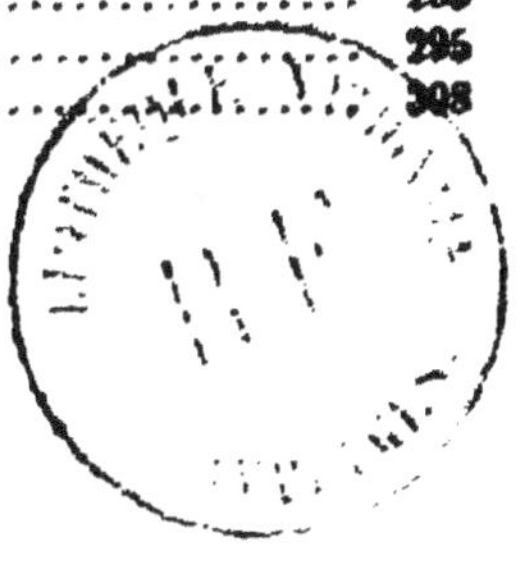

5798 83. — Corbeil. Typ. et stér. Crété.

www.ingramcontent.com/pod-product-compliance
Lightning Source LLC
Chambersburg PA
CBHW050501270326
41927CB00009B/1849

* 9 7 8 2 0 1 2 6 6 1 6 4 6 *